KB181351

Cracking the TOPIK II Writing

Cracking the TOPIK II Writing

Written by	Won Eunyeoung, Lee Yumi
Translated by	Felix Kang
First Published	August, 2019
2nd Published	November, 2022
Publisher	Chung Kyudo
Editors	Lee Suk-hee, Kim Sook-hee, Baek Da-heuin
Cover Design	Kim Gyo-bin
Interior Design	Kim Gyo-bin, Kim Hee-jung
Proofread by	Michael A. Putlack

DARAKWON
Darakwon Bldg., 211 Munbal-ro, Paju-si,
Gyeonggi-do, 10881 Republic of Korea
Tel: 02-736-2031 Fax: 02-732-2037
(Marketing Dept. ext.: 250~252 Editorial Dept. ext.: 420~426)

Price: 15,000 won

ISBN: 978-89-277-3244-0 13710

http://www.darakwon.co.kr
http://koreanbooks.darakwon.co.kr

Visit the Darakwon homepage to learn about our other publications and promotions and to download the contents of the book in MP3 format.

Cracking the TOPIK Ⅱ Writing

DARAKWON

서문

한국어능력시험(TOPIK)의 응시자가 해마다 전 세계적으로 증가하고 있다. 한국으로 유학을 와서 한국어 교육기관에서 한국어를 배우는 외국인은 말할 것도 없고, 자신의 나라에서 K-Pop 등에 흥미를 느껴 재미로 한국어 공부를 시작한 외국인들도 한국어능력시험을 통해 자신의 한국어 능력을 인정받고 싶어 한다. 그런데 응시자들이 가장 어렵게 여기는 시험이 바로 쓰기이다. 모든 수험생들이 유독 토픽 쓰기 시험 득점에 자신 없어 하고 어떻게 대비해야 하는지 방법을 몰라 엄두를 못 내는 경우가 많다.

〈Cracking the TOPIK Ⅱ Writing〉은 이렇게 쓰기 시험을 난감해하는 대다수 수험생들에게 고득점을 받을 수 있는 방법을 알려 주고자 기획하였다.

이 책은 51번부터 54번까지의 문항들을 유형별로 분류해서 제시했다. 일목요연하게 정리된 유형 설명을 통해 수험생들은 문항별 과제가 무엇인지를 정확하게 이해할 수 있을 것이다. 특히 각 문항별 특징에 맞는 쓰기 전략을 제시해 누구라도 답안을 용이하게 작성할 수 있도록 했다. 모국어 쓰기조차 익숙하지 않은 수험생이라 하더라도 이 책의 유형별 전략을 습득하면 답안 쓰기의 길을 쉽고 정확하게 찾을 수 있을 것이다. 각 문항에 해당하는 예상 문제 및 실전 모의고사 문제를 수록해서 수험생들이 자신들이 습득한 답안 쓰기의 요령을 실제적으로 적용해 보며 모든 출제 유형에 대비할 수 있도록 했다.

또한 존댓말이나 간접화법, 문어체, 문장의 호응 등의 연습 문제와 오류 수정 예시 등을 통해서 정확한 한국어 문장 쓰기 실력을 갖출 수 있도록 했으며, 부록으로 선생님 특강 부분에서 유의어 및 반의어, 전형적인 문형, 잘못된 답안의 사례를 풍부하게 제시함으로써 한국어 글쓰기 전반에 대한 안목과 실력이 향상될 수 있도록 하였다.

모쪼록 이 책을 통해 수험생들이 어떤 문제가 출제되더라도 이 책에서 연습한 내용을 바탕으로 고득점을 얻을 수 있기를 바란다. 더 나아가 토픽 쓰기 과정의 단계적 훈련을 통해 점진적으로 사고력과 표현력이 향상되기를 기대한다. 끝으로 딱딱한 수험서를 명쾌하고 산뜻하게 편집해 주셨을 뿐만 아니라 집필 과정에서 적절한 조언을 아낌없이 해 주신 다락원 한국어출판부 편집진께 머리 숙여 감사의 마음을 전한다.

저자 일동

Preface

The number of people taking TOPIK is increasing around the globe annually. Not only international students who come to Korea to learn the language at Korean language institutions but also people living in their own countries who choose to learn Korean after getting interested in K-Pop and other cultural elements, want to be recognized for their fluency in Korean through TOPIK. However, writing is the most difficult part of the test for them. Most test takers lack the confidence to get a high score on the writing part as they do not know how to prepare for the exam.

Cracking the TOPIK II Writing is designed to help most test takers having trouble writing to achieve high-scores.

This book presents questions from number 51 to number 54 in classified types. The explanations organized according to the question types let students recognize what their tasks are for each type. This book also presents some strategies for each type of question to let anyone write the answers easily. Even if you are not familiar with writing something in your mother tongue, you can learn some easy and accurate ways to write answers by acquiring the type-by-type writing strategies presented in this book. As we have included expected questions for each type and mock tests, you can apply the strategies you have learned and prepare for all types of questions. You can also improve your Korean writing ability by solving sample questions on the use of honorifics, indirect discourses, literary sentences, and sentence coherence and by referring to the sample errors and their corrections. The special lecture in the appendix also provides you with synonyms/antonyms, typical patterns, and sample wrong answers to improve your overall perspective and skill at writing Korean.

We hope you can recognize the common features of any questions that might be on the real test and attain a high score by applying the strategies you will learn through this book. We also hope you can improve your thinking and expressing ability gradually by practicing TOPIK writing step by step. Lastly, we sincerely appreciate the editors of the Korean Editorial Department at Darakwon who edited a somewhat formal textbook into a bright and fresh one and spared no advice in the writing process.

From the authors

이 책의 구성 및 활용

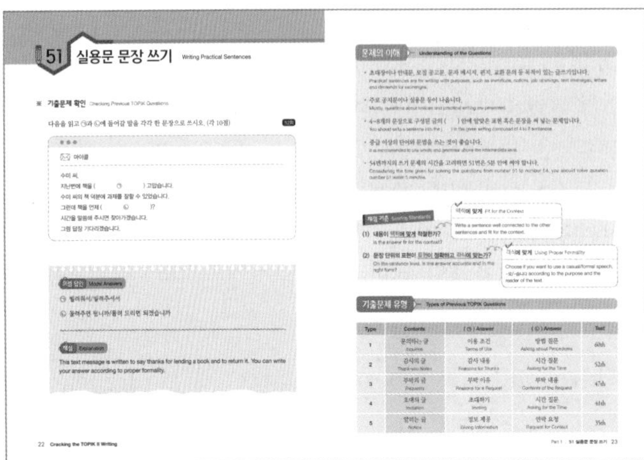

문제 이해하기

먼저 기출문제를 통해 문제의 유형 및 채점 기준 등을 설명하여 명확하게 문제의 특징을 이해할 수 있도록 한다.

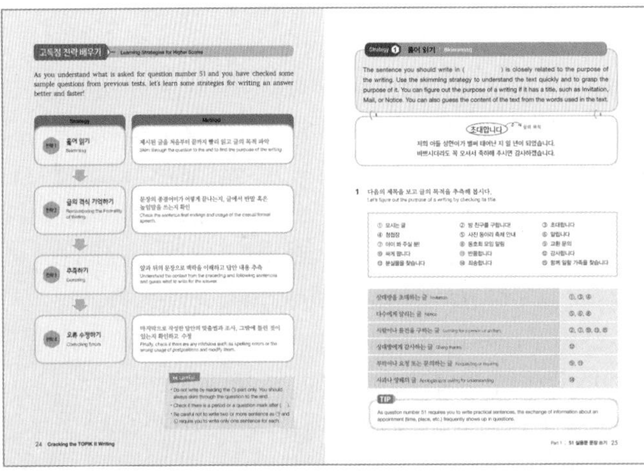

고득점 전략 배우기

앞서 기출문제에서 파악한 각 유형별 고득점 전략을 제시하고, 유형에 따라 어떻게 문제의 지시문을 이해하고 답을 쓸 수 있을지 차근차근 설명하였다.

전략 적용하기

51번과 52번에서는 유형별로 배운 고득점 전략을 문제에 실제 적용해 보는 코너로서 문제에 대한 상세한 답안 설명과 함께 주의해야 할 사항이나, 유용한 문법과 어휘 등도 추가로 배울 수 있게 하였다.

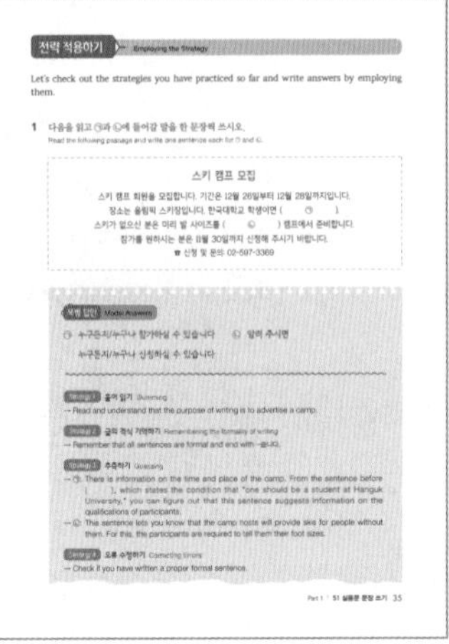

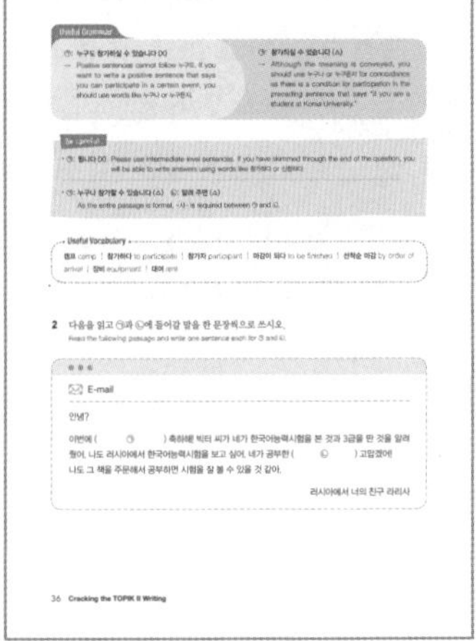

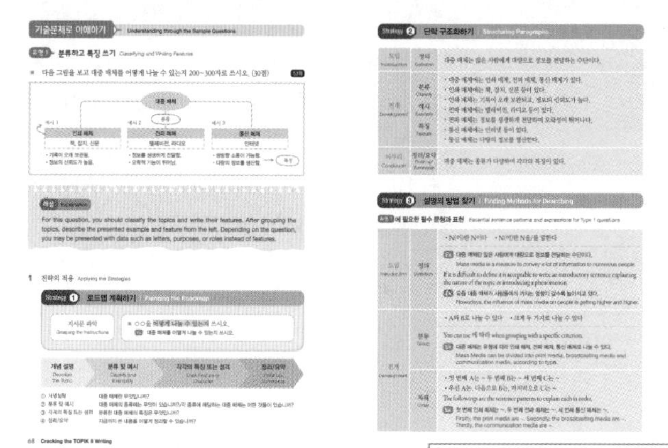

● 기출문제로 이해하기

작문형 글쓰기인 53번과 54번은 기출문제를 통해 이해할 수 있도록 하였다. 로드맵을 활용해 글쓰기 전략을 학습하고 각 유형에 필요한 문형과 예문을 익힘으로써 긴 글 쓰기에 대한 학습자의 자신감을 높였다.

● 예상 문제 & 실전 모의고사

마지막으로 예상 문제를 풀어 보며 앞에서 배운 전략을 유형별로 충분히 연습할 수 있게 하였다. Part 3에서는 총 5회 분의 실전 모의고사를 풀며 자신의 실력을 확인해 볼 수 있다.

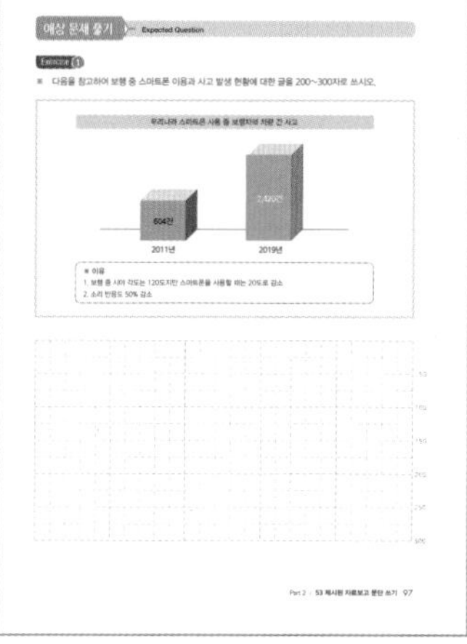

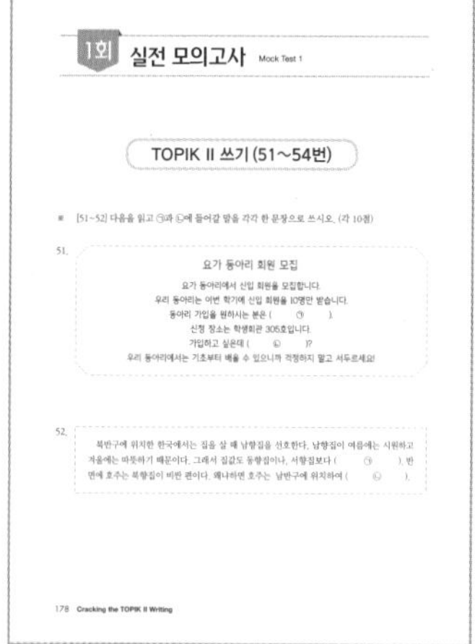

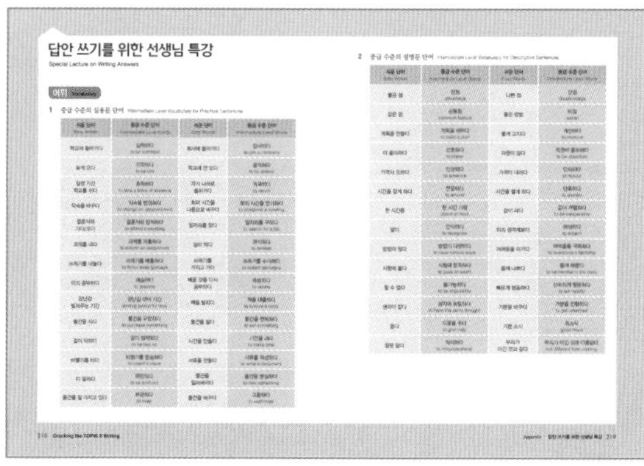

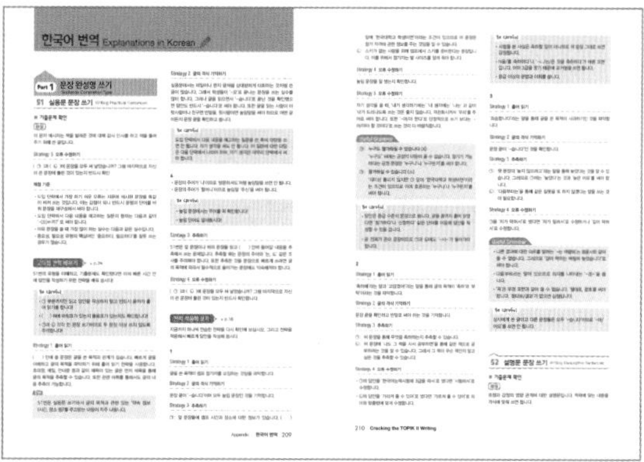

● 답안 쓰기를 위한 선생님 특강 & 한국어 번역

부록의 '답안 쓰기를 위한 선생님 특강' 코너에서는 본문에서 다루지 못한 유형별 필수 어휘, 필수 문형 등과 함께 오류 문장에 대한 예시와 첨삭 지도를 실어 보다 정확한 쓰기 방법을 익힐 수 있게 하였다. 또한 부록에서는 본문의 영어 설명에 대한 한국어 설명이 정리되어 있어 학습자의 이해를 더욱 높였다.

How to Use This Book

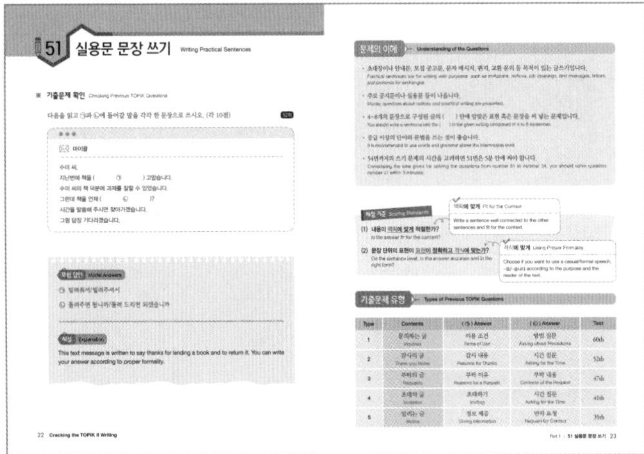

Understanding Questions

Firstly, this book explains the types and scoring standards of each question by using previous TOPIKs to help you understand the features of the questions clearly.

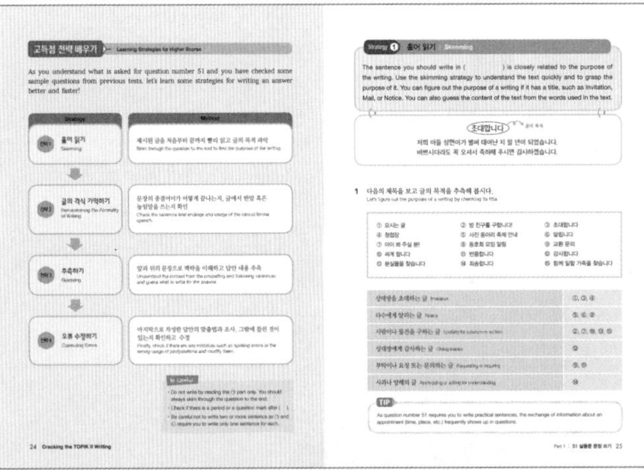

Learning Strategies for Higher Scores

High-score strategies for each type of questions analyzed from previous TOPIKs are presented along with step-by-step explanations to help you understand and answer each question.

Applying the Strategy

For question numbers 51 and 52, we provide you opportunities to employ high-score strategies for each type of question you learn. You can also learn from the detailed explanations on questions, cautions, useful grammar, and vocabulary.

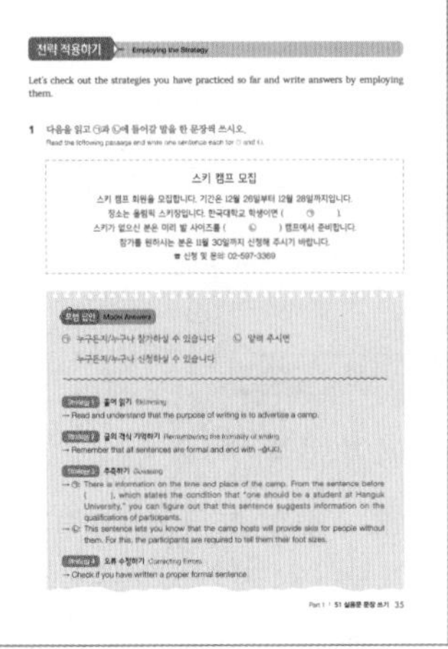

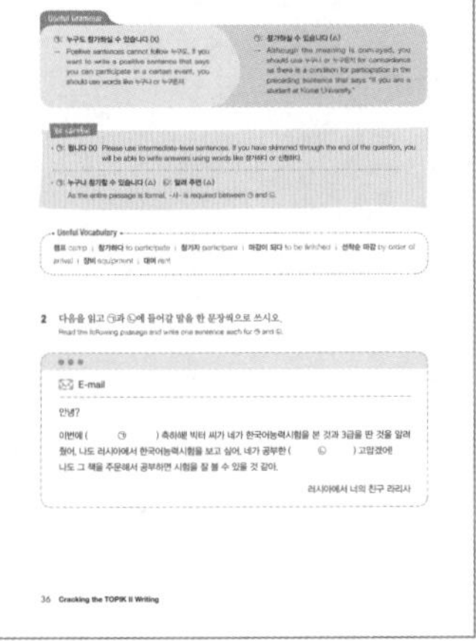

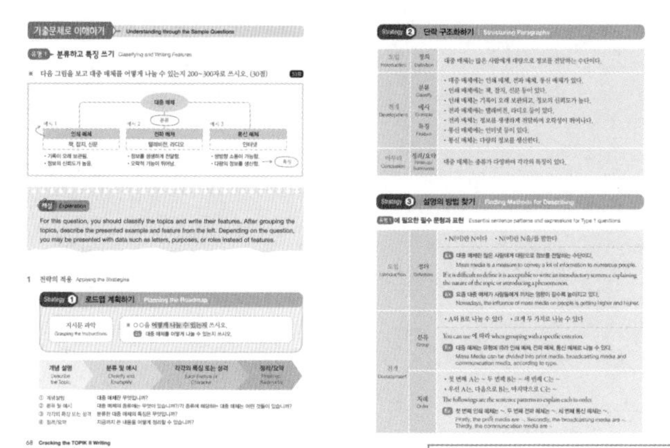

Understanding through Previous TOPIK Questions

Through previous TOPIK questions, this book helps you understand Questions numbers 53 and 54, which require composition writing. You can be more confident in writing longer texts by learning strategies of using the roadmap and by learning necessary sentence patterns and examples for each type.

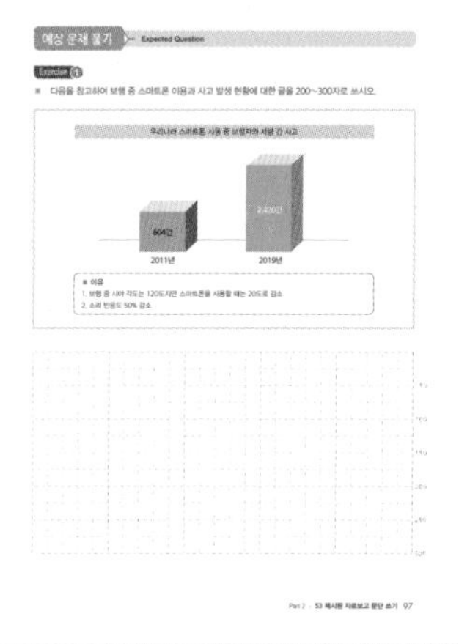

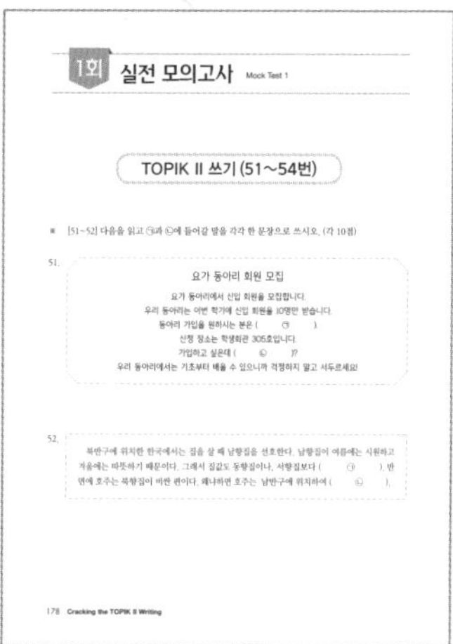

Expected Questions & Mock Tests

In the end, you can practice strategies for each type sufficiently by solving expected questions. You can check your competency by taking the five mock tests provided in Part 3.

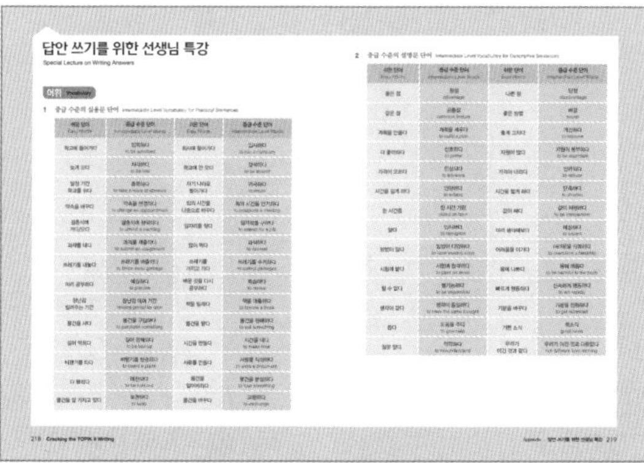

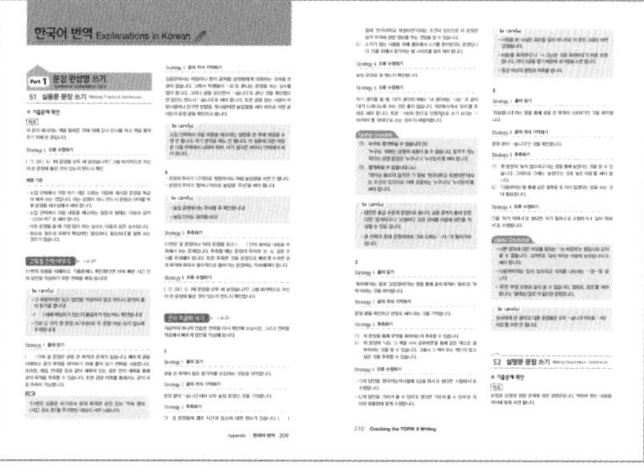

Special Lecture on Writing Answers & Explanation in Korean

The special Lecture on Writing Answers in the appendix helps you learn to write more accurately by providing necessary vocabulary and sentence patterns along with corrections for error examples. The appendix also presents Korean explanations for the main text's English explanations to improve the readers' understanding.

차례 Contents

서문 04
Preface

이 책의 구성 및 활용 06
How to Use This Book

차례 10
Contents

한국어능력시험 안내 12
TOPIK Guidelines

Part 1 문장 완성형 쓰기 Sentence Completion Type

51 실용문 문장 쓰기 22
Writing Practical Sentences

52 설명문 문장 쓰기 43
Writing Descriptive Sentences

Part 2 작문형 쓰기 Essay Type

53 제시된 자료 보고 단락 쓰기 64
Writing a Paragraph Describing Data

54 제시된 주제로 글쓰기 101
Writing on a Given Topic

Part 3 실전 모의고사 Mock Tests

실전 모의고사 1회 178
Mock Test 1

실전 모의고사 2회 180
Mock Test 2

실전 모의고사 3회 182
Mock Test 3

실전 모의고사 4회 184
Mock Test 4

실전 모의고사 5회 186
Mock Test 5

Appendix

정답 및 모범 답안 190
Answers

한국어 번역 209
Explanations in Korean

답안 쓰기를 위한 선생님 특강 218
Sepecial Lecture on Writing Answers

OMR 카드 247
OMR Card

한국어능력시험 TOPIK 안내

1. 시험의 목적

- 한국어를 모국어로 하지 않는 외국인 및 재외 동포의 한국어 학습 방향 제시 및 한국어 보급 확대
- 한국어 사용 능력을 측정 · 평가하여 그 결과를 유학 및 취업 등에 활용

2. 응시 대상

한국어를 모국어로 하지 않는 재외 동포 및 외국인으로서

- 한국어 학습자 및 국내외 대학 유학 희망자
- 국내외 한국 기업체 및 공공 기관 취업 희망자
- 외국 학교 재학 중이거나 졸업한 재외국민

3. 유효 기간

성적 발표일로부터 2년간 유효

4. 시험 주관 기관

교육부 국립국제교육원

5. 시험의 활용처

- 정부 초청 외국인 장학생 진학 및 학사 관리
- 외국인 및 12년 외국 교육 과정 이수 재외 동포의 국내 대학 및 대학원 입학
- 한국 기업체 취업 희망자의 취업 비자 획득 및 선발, 인사 기준
- 외국인 의사 자격자의 국내 면허 인정
- 외국인의 한국어 교원 자격 시험(2~3급) 응시 자격 취득
- 영주권 취득
- 결혼 이민자 비자 발급 신청

6. 시험 시간표

구분	교시	영역	한국			시험 시간(분)
			입실 완료 시간	시작	종료	
TOPIK I	1교시	듣기 읽기	09:20까지	10:00	11:40	100
TOPIK II	1교시	듣기 쓰기	12:20까지	13:00	14:50	110
	2교시	읽기	15:10까지	15:20	16:30	70

※ TOPIK I 은 1교시만 실시합니다.

※ 해외 시험 시간은 현지 접수 기관에 문의하시기 바랍니다.

7. 시험 시기

- 연 6회 시험 실시
- 지역별·시차별 시험 날짜 상이

8. 시험의 수준 및 등급

- 시험 수준: TOPIK I, TOPIK II
- 평가 등급: 6개 등급(1~6급)
- 획득한 종합 점수를 기준으로 판정되며, 등급별 분할 점수는 아래와 같습니다.

구분	TOPIK I		TOPIK II			
	1급	2급	3급	4급	5급	6급
등급 결정	80점 이상	140점 이상	120점 이상	150점 이상	190점 이상	230점 이상

※ 35회 이전 시험 기준으로 TOPIK I은 초급, TOPIK II는 중·고급 수준입니다.

9. 문항 구성

(1) 수준별 구성

구분	교시	영역(시간)	유형	문항수	배점	총점
TOPIK I	1교시	듣기(40분)	선다형	30	100	200
		읽기(60분)	선다형	40	100	
TOPIK II	1교시	듣기(60분)	선다형	50	100	300
		쓰기(50분)	선다형	4	100	
	2교시	읽기(70분)	선다형	50	100	

(2) 문제 유형

- 선다형 문항(4지선다형)
- 서답형 문항(쓰기 영역)
- 문장 완성형(단답형): 2문항
- 작문형: 2문항(200~300자 정도의 중급 수준 설명문 1문항, 600~700자 정도의 고급 수준 논술문 1문항)

10. 쓰기 영역 작문 문항 평가 범주

문항	평가 범주	평가 내용
51-52	내용 및 과제 수행	- 제시된 과제에 맞게 적절한 내용으로 썼는가?
	언어 사용	- 어휘와 문법 등의 사용이 정확한가?
53-54	내용 및 과제 수행	- 주어진 과제를 충실히 수행하였는가? - 주제에 관련된 내용으로 구성하였는가? - 주어진 내용을 풍부하고 다양하게 표현하였는가?
	글의 전개 구조	- 글의 구성이 명확하고 논리적인가? - 글의 내용에 따라 단락 구성이 잘 이루어졌는가? - 논리 전개에 도움이 되는 담화 표지를 적절하게 사용하여 조직적으로 연결하였는가?
	언어 사용	- 문법과 어휘를 다양하고 풍부하게 사용하며 적절한 문법과 어휘를 선택하여 사용하였는가? - 문법, 어휘, 맞춤법 등의 사용이 정확한가? - 글의 목적과 기능에 따라 격식에 맞게 글을 썼는가?

11. 문제지의 종류: 2종 (A·B형)

종류	A형	B형
시행 지역	미주 · 유럽 · 아프리카 · 오세아니아	아시아
시행 요일	토요일	일요일

12. 등급별 평가 기준

시험 수준	등급	평가 기준
TOPIK I	1급	– '자기소개하기, 물건 사기, 음식 주문하기' 등 생존에 필요한 기초적인 언어 기능을 수행할 수 있으며 '자기 자신, 가족, 취미, 날씨' 등 매우 사적이고 친숙한 화제에 관련된 내용을 이해하고 표현할 수 있다. – 약 800개의 기초 어휘와 기본 문법에 대한 이해를 바탕으로 간단한 문장을 생성할 수 있다. – 간단한 생활문과 실용문을 이해하고, 구성할 수 있다.
	2급	– '전화하기, 부탁하기' 등의 일상생활에 필요한 기능과 '우체국, 은행' 등의 공공시설 이용에 필요한 기능을 수행할 수 있다. – 약 1,500~2,000개의 어휘를 이용하여 사적이고 친숙한 화제에 관해 단락 단위로 이해하고 사용할 수 있다. – 공식적 상황과 비공식적 상황에서의 언어를 구분해 사용할 수 있다.
TOPIK II	3급	– 일상생활을 영위하는 데 별 어려움을 느끼지 않으며, 다양한 공공시설의 이용과 사회적 관계 유지에 필요한 기초적 언어 기능을 수행할 수 있다. – 친숙하고 구체적인 소재는 물론, 자신에게 친숙한 사회적 소재를 단락 단위로 표현하거나 이해할 수 있다. – 문어와 구어의 기본적인 특성을 구분해서 이해하고 사용할 수 있다.
	4급	– 공공시설 이용과 사회적 관계 유지에 필요한 언어 기능을 수행할 수 있으며, 일반적인 업무 수행에 필요한 기능을 어느 정도 수행할 수 있다. – 또한 '뉴스, 신문 기사' 중 평이한 내용을 이해할 수 있다. 일반적인 사회적·추상적 소재를 비교적 정확하고 유창하게 이해하고, 사용할 수 있다. – 자주 사용되는 관용적 표현과 대표적인 한국 문화에 대한 이해를 바탕으로 사회·문화적인 내용을 이해하고 사용할 수 있다.
	5급	– 전문 분야에서의 연구나 업무 수행에 필요한 언어 기능을 어느 정도 수행할 수 있다. – '정치, 경제, 사회, 문화' 전반에 걸쳐 친숙하지 않은 소재에 관해서도 이해하고 사용할 수 있다. – 공식적, 비공식적 맥락과 구어적, 문어적 맥락에 따라 언어를 적절히 구분해 사용할 수 있다.
	6급	– 전문 분야에서의 연구나 업무 수행에 필요한 언어 기능을 비교적 정확하고 유창하게 수행할 수 있다. – '정치, 경제, 사회, 문화' 전반에 걸쳐 친숙하지 않은 주제에 관해서도 이용하고 사용할 수 있다. – 원어민 화자의 수준에는 이르지 못하나 기능 수행이나 의미 표현에는 어려움을 겪지 않는다.

13. 성적 발표 및 성적 증명서 발급

(1) 성적 발표 및 성적 확인 방법

홈페이지 (www.topik.go.kr) 접속 후 확인

※ 홈페이지에 접속하여 성적을 확인할 경우 시험 회차, 수험 번호, 생년월일이 필요합니다.

※ 해외 응시자도 홈페이지 (www.topik.go.kr)를 통해 자기 성적 확인이 가능합니다.

(2) 성적 증명서 발급 대상

부정 행위자를 제외하고 합격·불합격 여부에 관계없이 응시자 전원에게 발급

(3) 성적 증명서 발급 방법

※ 인터넷 발급 TOPIK 홈페이지 성적 증명서 발급 메뉴를 이용하여 온라인 발급(성적 발표 당일 출력 가능)

14. 접수 방법

(1) 원수 접수 방법

구분	개인 접수	단체 접수
한국	개인별 인터넷 접수	단체 대표자에 의한 일괄 접수
해외	해외 접수 기관 방침에 의함.	

※ 접수 시 필요한 항목: 사진, 영문 이름, 생년월일, 시험장, 시험 수준

(2) 응시료 결제

구분	주의사항
신용 카드	국내 신용 카드만 사용 가능
실시간 계좌 이체	외국인 등록 번호로 즉시 결제 가능 ※ 국내 은행에 개설한 계좌가 있어야 합니다.
가상 계좌(무통장 입금)	본인에게 발급 받은 가상 계좌로 응시료 입금 지원자마다 계좌 번호를 서로 다르게 부여하기 때문에 타인의 가상 계좌로 입금할 경우 확인이 불가능하므로 반드시 본인 계좌 번호로만 입금해야 함. – 은행 창구에서 직접 입금 – ATM, 인터넷 뱅킹, 폰뱅킹 시 결제 확인 필수 – 해외 송금 불가

15. 시험 당일 응시 안내

홈페이지(**www.topik.go.kr**) 접속 후 확인

TOPIK (Test of Proficiency in Korean) Guidelines

1. Objective of the TOPIK

- This examination aims to set a proper Korean language-learning path for overseas Koreans and foreigners who do not speak Korean as their mother tongue and to promote the use of the Korean language.
- TOPIK scores can also be used for local university applications as well as for employment purposes.

2. TOPIK Target Test Takers

Overseas Koreans and foreigners who do not speak Korean as their mother tongue

- Those learning the Korean language and those with the intention of applying to local universities
- Those who intend to join/work for domestic/overseas Korean companies and public organizations
- Koreans who studied at or graduated from schools overseas

3. Validity

Valid for two (2) years after the announcement of the examination results

4. Administrator

National Institute for International Education (NIIED), Ministry of Education

5. Benefits of TOPIK

- University admission and academic management of foreign Korean government scholars
- Local university admission for foreigners and overseas Koreans who have completed 12 years of education abroad
- Obtaining a work visa for those who want to be employed at Korean companies and serving as a standard for selecting and managing employees
- Recognizing a domestic practitioner license for foreigners with medical doctor qualifications
- Application for Korean Language Teaching Qualification test (levels 2 and 3) and the acquisition of a certificate
- Acquisition of permanent residency rights
- Application for the issuance of a marriage-based immigrant visa

6. Examination Timetable

Exam	Period	Area	Korea			Length of Exam (minutes)
			Entry Time	Start	End	
TOPIK I	1st period	listening reading	By 09:20	10:00	11:40	100
TOPIK II	1st period	listening writing	By 12:20	13:00	14:50	110
	2nd period	reading	By 15:10	15:20	16:30	70

※ TOPIK I consists of only one period.

※ Please contact your local application center regarding TOPIK dates and times.

7. Testing Schedule

- 6 times per year (Korea)
- Exam dates differ by region and time zone.

8. Level and Grade of Examination

- Level of examination: TOPIK I, TOPIK II
- Evaluation grade: 6 grades (1st to 6th grades)
- The evaluation is based on the total score earned, and the cut-off scores by grades are as follows:

Type	TOPIK I		TOPIK II			
	1st Grade	2nd Grade	3rd Grade	4th Grade	5th Grade	6th Grade
Determination of grade	80 or more points	140 or more points	120 or more points	150 or more points	190 or more points	230 or more points

※ Based on the difficulty level before the 35th examination, TOPIK I is the basic level, and TOPIK II is the intermediate/advanced level.

9. Structure of Questions

(1) Structure by difficulty level

Examination Level	Period	Area Tested (length of exam)	Question Type	Number of Questions	Points	Total Points
TOPIK I	1st period	listening (40 minutes)	multiple-choice questions	30	100	200
		reading (60 minutes)	multiple-choice questions	40	100	
TOPIK II	1st period	listening (60 minutes)	multiple-choice questions	50	100	300
		writing (50 minutes)	short answer questions	4	100	
	2nd period	reading (70 minutes)	multiple-choice questions	50	100	

(2) Type of questions

- Multiple-choice question (selecting 1 answer among the 4 given choices)
- Short answer questions (writing)
- • Sentence completion type (short answer): 2 questions
- • Essay type (1 descriptive essay ranging from 200-300 words at the intermediate level and 1 argumentative essay ranging from 600-700 words at the advanced level)

10. Evaluation of Writing Part

Questions	Evaluation Category	Specific Criteria
51-52	Content and task execution	- Are the written contents suitable for the presented task?
	Use of language	- Are the vocabulary, words, etc. correct?

53-54	Content and task execution	- Has the given task been performed adequately? - Is the related writing rich in content? - Is it constructed in a diversified way?
	Development structure	- Is the writing structure clear and logical, and is the key idea conveyed well? - Is the writing well structured based on the given topic? - Are discourse markers used properly in order to logically develop the argument?
	Use of language	- Are vocabulary, grammar, etc. used correctly and in a diversified way? - Are the grammar structures, choice of vocabulary, and spelling correct? - Is the writing written in the correct level of formality according to the purpose and function of the text?

11. Exam Types: 2 types (Type A, Type B)

Type	A	B
Exam Region	Ameriacas, Europe, Africa, Oceania	Asia
Day of Exam	Saturday	Sunday

12. Evaluation Standards by Grade

Examination Level	Grade	Evaluation Criteria
TOPIK I	1st grade	- Able to carry out basic conversations related to daily survival skills, self-introduction, purchasing things, ordering food, etc., and can understand contents related to very personal and familiar subjects, such as himself/herself, family, hobbies, weather, etc. - Able to create simple sentences based on about 800 basic vocabulary words and possess an understanding of basic grammar. - Able to understand and compose simple and useful sentences related to everyday life.
	2nd grade	- Able to carry out simple conversations related to daily routines, such as making phone calls and asking favors, as well as using public facilities in daily life. - Able to use about 1,500 to 2,000 vocabulary words and can understand the natural order of sentences on personal and familiar subjects. - Able to use formal and informal expressions depending on the situation.
TOPIK II	3rd grade	- Able to perform basic linguistic functions necessary to use various public facilities and to maintain social relationships without experiencing significant difficulty in routine life. - Able to carry out a daily routine with fair use of public facilities and able to socialize without significant difficulty. - Able to express or understand social subjects familiar to herself/himself, as well as specific subjects, based on paragraphs. Able to understand and use written and spoken language based on their distinctive basic characteristics.
	4th grade	- Linguistic ability necessary to use various public facilities and to maintain social relationships and can carry out the functions to some degrees which is necessary for the performance of ordinary work. - Able to understand easy parts of news broadcasts and newspapers and can understand and use the expressions related to social and abstract subjects relatively correctly and fluently. - Able to understand social and cultural subjects based on an understanding of Korean culture and frequently used idiomatic expressions.
	5th grade	- Able to some degree to perform linguistic functions which are necessary for research and work in professional fields. - Able to understand and use expressions related to even unfamiliar aspects of politics, economics, society, and culture. - Able to use expressions properly depending on formal, informal, and spoken/written context.

TOPIK II	6th grade	- Able to perform linguistic functions necessary to do research and work in professional fields relatively correctly and fluently. - Able to understand and use expressions related to even unfamiliar subjects of politics, economics, society, and culture. - Experience no difficulty performing the functions or conveying the meaning although proficiency has not reached full native speaker proficiency.

13. Announcement of Examination Results & Issuance of Score Report

(1) How to check the examination results

Log on to the website (www.topik.go.kr) to check the results and status of the score report.

※The number of the examination, the candidate's seat number, and the candidate's date of birth are required to check the results on the website.

※Overseas examinees can also check their score via the homepage (www.topik.go.kr).

(2) Issuance of score report

With the exception of fraud, regardless of whether the candidate attains a level or not, a score report is issued to all candidates.

(3) How score report is issued

※ Internet:

- The score report can be printed online by using the score report issuance menu at the TOPIK website (available from the day the results are announced).

※ Mail:

- The score report will be sent three days after the examination results are announced to those in Korea.
- Please note that delivery is not guaranteed because the score report is sent via ordinary mail.

14. Procedure for Examination Application

(1) Procedure for examination application

Location	Individual Application	Collective Application
Korea	Acceptance of individual online applications	Acceptance of collective applications made by the representative of a concerned group
Overseas	As per the policy of designated overseas organizations to accept applications	

※ A photo and the following information are required for application: English name, date of birth, the examination venue, and the level of the examination.

(2) Payment method for application fee

Type	Individual Application
Credit card	Only domestic credit cards can be used.
Real-time account transfer	Payment can be made immediately based on alien registration number. ※ A domestic bank account number is required.
Virtual account (deposit without a bankbook)	The application fee must be deposited in the unique virtual account issued to the applicant. Applicant should deposit the amount only in the designated account number because the amount deposited into the virtual account of other people cannot be checked considering that different virtual accounts are allocated to each applicant. - Deposit can be made directly at a bank. - In case of payment via ATM, Internet banking, and phone banking, the applicant should check the payment as necessary. - Overseas remittance is not allowed.

15. Guidance on Examination

Please refer to the website **www.topik.go.kr.**

Part 1

문장 완성형 쓰기

Sentence Completion Type

51 실용문 문장 쓰기

Writing Practical Sentences

52 설명문 문장 쓰기

Writing Descriptive Sentences

51 실용문 문장 쓰기 Writing Practical Sentences

※ 기출문제 확인 Checking Previous TOPIK Questions

다음을 읽고 ㉠과 ㉡에 들어갈 말을 각각 한 문장으로 쓰시오. (각 10점) 

마이클

수미 씨,
지난번에 책을 (㉠) 고맙습니다.
수미 씨의 책 덕분에 과제를 잘할 수 있었습니다.
그런데 책을 언제 (㉡)?
시간을 말씀해 주시면 찾아가겠습니다.
그럼 답장 기다리겠습니다.

모범 답안 Model Answers

㉠ 빌려줘서/빌려주셔서

㉡ 돌려주면 됩니까/돌려 드리면 되겠습니까

해설 Explanation

This text message is written to say thanks for lending a book and to return it. You can write your answer according to proper formality.

문제의 이해 Understanding of the Questions

- 초대장이나 안내문, 모집 공고문, 문자 메시지, 편지, 교환 문의 등 목적이 있는 글쓰기입니다.
  Practical sentences are for writing with purposes, such as invitations, notices, job openings, text messages, letters, and demands for exchanges.
- 주로 공지문이나 실용문 등이 나옵니다.
  Mostly, questions about notices and practical writing are presented.
- 4~8개의 문장으로 구성된 글의 (　　) 안에 알맞은 표현 혹은 문장을 써 넣는 문제입니다.
  You should write a sentence into the (　　) in the given writing composed of 4 to 8 sentences.
- 중급 이상의 단어와 문법을 쓰는 것이 좋습니다.
  It is recommended to use words and grammar above the intermediate level.
- 54번까지의 쓰기 문제의 시간을 고려하면 51번은 5분 안에 써야 합니다.
  Considering the time given for solving the questions from number 51 to number 54, you should solve question number 51 within 5 minutes.

채점 기준 Scoring Standards

(1) 내용이 맥락에 맞게 적절한가?
Is the answer fit for the context?

맥락에 맞게 Fit for the Context

Write a sentence well connected to the other sentences and fit for the context.

(2) 문장 단위의 표현이 표현이 정확하고 격식에 맞는가?
On the sentence level, is the answer accurate and in the right form?

격식에 맞게 Using Proper Formality

Choose if you want to use a casual/formal speech, -요/-습니다 according to the purpose and the reader of the text.

기출문제 유형 Types of Previous TOPIK Questions

Type	Contents	(㉠) Answer	(㉡) Answer	Test
1	문의하는 글 Inquiries	이용 조건 Terms of Use	방법 질문 Asking about Procedures	60th
2	감사의 글 Thank-you Notes	감사 내용 Reasons for Thanks	시간 질문 Asking for the Time	52th
3	부탁의 글 Requests	부탁 이유 Reasons for a Request	부탁 내용 Contents of the Request	47th
4	초대의 글 Invitation	초대하기 Inviting	시간 질문 Asking for the Time	41th
5	알리는 글 Notice	정보 제공 Giving Information	연락 요청 Request for Contact	35th

고득점 전략 배우기 Learning Strategies for Higher Scores

As you understand what is asked for question number 51 and you have checked some sample questions from previous tests, let's learn some strategies for writing an answer better and faster!

Strategy	Method

훑어 읽기
Skimming

제시된 글을 처음부터 끝까지 빨리 읽고 글의 목적 파악
Skim through the question to the end to find the purpose of the writing.

글의 격식 기억하기
Remembering the Formality of Writing

문장의 종결어미가 어떻게 끝나는지, 글에서 반말 혹은 높임말을 쓰는지 확인
Check the sentence final endings and usage of the casual/formal speech.

추측하기
Guessing

앞과 뒤의 문장으로 맥락을 이해하고 답안 내용 추측
Understand the context from the preceding and following sentences and guess what to write for the answer.

오류 수정하기
Correcting Errors

마지막으로 작성한 답안의 맞춤법과 조사, 그밖에 틀린 것이 있는지 확인하고 수정
Finally, check if there are any mistakes such as spelling errors or the wrong usage of postpositions and modify them.

Be careful

- Do not write by reading the ㉠ part only. You should always skim through the question to the end.
- Check if there is a period or a question mark after (   ).
- Be careful not to write two or more sentence as ㉠ and ㉡ require you to write only one sentence for each.

Strategy 1 훑어 읽기 | Skimming

The sentence you should write in (   ) is closely related to the purpose of the writing. Use the skimming strategy to understand the text quickly and to grasp the purpose of it. You can figure out the purpose of a writing if it has a title, such as Invitation, Mail, or Notice. You can also guess the content of the text from the words used in the text.

저희 아들 성현이가 벌써 태어난 지 일 년이 되었습니다.
바쁘시더라도 꼭 오셔서 축하해 주시면 감사하겠습니다.

1 다음의 제목을 보고 글의 목적을 추측해 봅시다.
Let's figure out the purpose of a writing by checking its title.

① 모시는 글	② 방 친구를 구합니다!	③ 초대합니다
④ 청첩장	⑤ 사진 동아리 축제 안내	⑥ 알립니다
⑦ 아이 봐 주실 분!	⑧ 동호회 모임 알림	⑨ 교환 문의
⑩ 싸게 팝니다	⑪ 반품합니다	⑫ 감사합니다
⑬ 분실물을 찾습니다	⑭ 죄송합니다	⑮ 함께 일할 가족을 찾습니다

상대방을 초대하는 글 Invitation	①, ③, ④
다수에게 알리는 글 Notice	⑤, ⑥, ⑧
사람이나 물건을 구하는 글 Looking for a person or an item	②, ⑦, ⑩, ⑬, ⑮
상대방에게 감사하는 글 Giving thanks	⑫
부탁이나 요청 또는 문의하는 글 Requesting or inquiring	⑨, ⑪
사과나 양해의 글 Apologizing or asking for understanding	⑭

TIP

As question number 51 requires you to write practical sentences, the exchange of information about an appointment (time, place, etc.) frequently shows up in questions.

2 훑어 읽을 때 도움이 되는 관련 어휘는 다음과 같습니다.
Useful words when skimming are as follows.

Purpose of Writing	Related Vocabulary
상대방을 초대하는 글 Invitation	생일 파티 birthday party, 생일잔치 birthday party, 돌잔치 first-birthday party, 환갑 60th birthday, 칠순 70th birthday, 팔순 80th birthday
	입학식 entrance ceremony, 졸업식 graduation ceremony, 결혼식 wedding, 청첩장 wedding invitation, 참석하다 to participate, 집들이 housewarming party
다수에게 알리는 글 Notice	공연 performance, 축제 festival, 연주회 concert, 전시회 exhibition, 초대장 invitation
	소풍 picnic, 운동회 field day, 수학여행 school trip, 문화 수업 culture class, 체험 학습 field study, 수료식 completion ceremony, 인원 the number of people, 참가비 entry fee, 재료비 material cost
	신입 사원 new employee, 회의 meeting, 회식 get-together, 체육 대회 sports day, 휴가 vacation, 출장 business trip, 문의 사항 inquiry
	회원 가입 membership, 탈퇴 withdrawal, 회비 membership fee, 선착순 마감 by order of arrival, 정기 모임 regular meeting
	신청자 applicant, 신청 방법 how to apply, 상장 certificate of merit, 상금 prize money, 상품 prize, 참여하다 to participate
사람이나 물건을 구하는 글 Looking for a Person or an Item	남녀 사원 모집 recruitment, 직원 모집 hiring, 인원 personnel, 아무나/누구든지 anyone/everyone, 경력 career
	이사 move, 귀국 return to one's country, 무료 free, 구입하다 to purchase, 나눔 giving-away, 나눠주다 to give away
	잃어버리다 to lose, 분실하다 to lose, 분실물 lost article, 보관하다 to keep, 연락처 contact information, 남기다 to leave
상대방에게 감사하는 글 Giving Thanks	도움 help, 덕분에/덕택에 thanks to, 지도하다 to instruct
부탁이나 요청 또는 문의하는 글 Requesting or Inquiring	대신에 instead of, 맡기다 to leave, 확인하다 to confirm, 변경하다 to change, 연기하다 to postpone
	배송 delivery, 교환 exchange, 환불 refund, 반품 return, 제품 이상 product deviation, 영수증 receipt, 기간 period, 이내 within
사과나 양해의 글 Apologizing or Asking for Understanding	지각하다 to be late, 결석하다 to be absent, 잊어버리다 to forget, 잃어버리다 to lose, 지연되다 to delay, 실수하다 to make a mistake, 잘못하다 to do wrong, 진심 the whole heart, 양해하다 to excuse, 이해하다 to understand, 용서하다 to forgive

Exercise 1

다음을 훑어 읽은 후 〈보기〉처럼 글과 관계있는 어휘를 고르시오.

As in the given sample, skim through the following text and choose the related word.

보기

우리 집에 놀러 오세요~

드디어 짐 정리가 끝났습니다.
그래서 이사 때 도와주신 분들을 모시고 즐거운 시간을 보낼까 합니다.

✔ 집들이　② 수료식　③ 기념회　④ 전시회

(1)

알려 드립니다

구입하신 제품에 문제가 있어서 새 제품으로 바꿔 드리고 있습니다.
영수증을 가지고 꼭 방문해 주시기 바랍니다.
기간은 11월 31일까지입니다.

① 수리　② 교환　③ 환불　④ 초대

(2)

주인을 찾습니다!

검정색 서류 가방을 보관하고 있습니다.
3월 17일 컴퓨터실 의자 옆에 있었습니다.
연락이 가능한 시간은 오후 6시부터입니다.

① 분실　② 배송　③ 반품　④ 기간

(3)

여러분과 함께하고 싶습니다!

영화에 관심이 많으십니까?
동아리 방을 방문해 주시면 자세하게 소개해 드리겠습니다.

① 모집　② 축제　③ 회비　④ 소풍

Strategy 2 글의 격식 기억하기 | Remembering the Formality of Writing

Many practical writings, such as mails and letters, are colloquial. So many students make the mistake of using sentences ending with –요. However, if you can see that the sentences in the given text end in –습니다, your answer must also end in –습니다.
You should also use casual speech when the reader is your junior while you should use formal speech when s/he is your senior. So you should always check how the given sentences end.

1 높임말을 정확하게 배워 봅시다. Let's learn how to use formal speech properly.

① 문장의 주어가 사람의 일부이거나 소유물인 경우
When the subject of a text is a part or a possession of a person

- 우리 어머니는 목소리가 크세요. My mom has a loud voice.
- 사장님께서는 오늘 약속이 없으십니다. My boss has no appointments today.

② 높임 단어가 따로 있는 경우
When there is a certain honorific word

- 그분은 성격이 좋으세요. He is a person of good character. 사람 → 분
- 할머니께서 생신 잔치에서 아주 즐거워하셨습니다. My grandmother enjoyed her birthday party a lot. 생일 → 생신

③ 받는 대상을 높이는 경우
Using formal speech for the recipient

- 교수님께 언제 이 보고서를 드릴까요? When shall I present this report to the professor? 주다 → 드리다
- 제가 누구한테 여쭤보면 될까요? Who can I ask? 물어보다 → 여쭤보다

Be careful

Honorific particles can be used after nouns indicating people.
- 이/가 → 께서, 은/는 → 께서는, 에게(한테) → 께

2 높임말 만드는 방법을 잘 알고 있는지 확인해 봅시다. Let's check if you know how to use formal speech.

To honor the subject, -(으)시- is added to the stems of adjectives and verbs.

		Present		Past		Future, Guessing	
A/V	Vowel Ending	-세요	-십니다	-셨어요	-셨습니다	-실 거예요	-실 겁니다
	Example	가세요	가십니다	가셨어요	가셨습니다	가실 거예요	가실 겁니다
	Consonant Ending	-으세요	-으십니다	-으셨어요	-으셨습니다	-으실 거예요	-으실 겁니다
	Example	읽으세요	읽으십니다	읽으셨어요	읽으셨습니다	읽으실 거예요	읽으실 겁니다
Noun	Vowel Ending	-세요	-십니다	-셨어요	-셨습니다	-실 거예요	-실 겁니다
	Example	교수세요	교수십니다	교수셨어요	교수셨습니다	교수실 거예요	교수실 겁니다
	Consonant Ending	-이세요	-이십니다	-이셨어요	-이셨습니다	-이실 거예요	-이실 겁니다
	Example	선생님이세요	선생님이십니다	선생님이셨어요	선생님이셨습니다	선생님이실 거예요	선생님이실 겁니다

3 불규칙도 확인해 봅시다. Let's also check the irregulars.

	Present		Past		Future, Guessing	
듣다	들으세요	들으십니다	들으셨어요	들으셨습니다	들으실 거예요	들으실 겁니다
돕다	도우세요	도우십니다	도우셨어요	도우셨습니다	도우실 거예요	도우실 겁니다
만들다	만드세요	만드십니다	만드셨어요	만드셨습니다	만드실 거예요	만드실 겁니다
붓다	부으세요	부으십니다	부으셨어요	부으셨습니다	부으실 거예요	부으실 겁니다

4 다음은 학생들이 자주 틀리는 문장입니다. 무엇이 틀렸는지 확인해 봅시다.
The followings are frequent mistakes students often make. Let's check how they are wrong.

내가 선생님 집을 방문해도 괜찮아요?
Can I visit your home?

제가 선생님 댁을 방문하셔도 괜찮으세요?	X
제가 선생님 댁을 방문 드려도 괜찮으세요?	O

As the subject of the sentence is 나, you shouldn't use formal speech such as 방문하셔도.

Be careful
- Please make sure to check the subject of a sentence for your senior!
- Please learn various honorifics!

할머니가 준 소중한 물건이에요.
My grandmother gave me this as a precious gift.

할머니께서 드리신 소중한 물건이세요.	X
할머니께서 주신 소중한 물건이에요.	O

As the subject of the sentence is 할머니, you should use the formal 주신.

Exercise 2

높임말을 연습해 봅시다. 다음 빈칸을 채워 보시오.

Let's practice the use of formal speech. Fill in the blanks in the following table.

	Honorifics		Honorifics
집 home		이름 name	
나이 age		자다 to sleep	
죽다 to die		마시다 to drink	
말하다 to speak		데리고 가다 to accompany	
먹다 to eat	잡수시다	있다 to be / to have	계시다
주다 to give	드리다	아들, 딸 son, daughter	아드님

Exercise 3

다음 문장을 〈보기〉처럼 높임 문장으로, 그리고 '-습니다'로 바꿔 보시오.

Like in the sample sentences, change the following into formal speech and use -습니다.

> 보기 나한테 큰 도움을 줘서 감사해요. → 저한테 큰 도움을 주셔서 감사합니다.

(1) 언제 시간이 돼요?

→ ______________________

(2) 이 책을 교수님에게 선물로 주려고 해요.

→ ______________________

(3) 내가 오늘 밤에 집으로 전화해도 돼요?

→ ______________________

(4) 우리 할아버지는 궁금한 게 있으면 인터넷을 찾아봐요.

→ ______________________

Strategy 3 추측하기 | Guessing

Number 51 requires you to guess how to fill in (   ) by reading the preceding and following sentences. When guessing, you should pay attention to the subject and postpositions like 는 and 도. You should also be accustomed to sentences necessary for the purpose of the writing.

박선우

지민 씨,
지난달에 결혼식에 (㉠   ) 감사합니다.
많은 분들의 축하와 응원으로 신혼여행까지 잘 다녀왔습니다.
(㉡   ) 마음으로 다음 주말에 저희 집에 초대할까 합니다. → 글의 목적
토요일 점심 때 시간이 괜찮으실까요? 그럼 답장 기다리겠습니다.

1 글의 목적에 따라 주로 51번 문제에서 사용되는 예문은 다음과 같습니다.
The following is an example used mainly in question number 51 according to the purpose of the article.

Purpose of the Writing	Necessary Content	Example
초대 Invitation	시간 Time	저는 다음 주 주말이 좋은데 OO 씨는 언제가 좋습니까? Next weekend would be good for me, but how about you, Mr. OO?
	장소 Place	저희 집에 초대할까 합니다. I would like to invite you to my home.
	목적 Purpose	저희 아버님 칠순 잔치에 가까운 분들을 모시고자 합니다. I would like to invite close friends to my father's 70th birthday party.
모집/ 행사/ 알림 Recruit/ Social Event/ Notice	시간 Time	9월 26일 금요일 7시에 신입생/새내기 환영회가 있습니다. There is a welcome party at 7:00 on Friday, September 26.
	장소 Place	학생회관 3층 춤 동아리 방에서 신청하시면 됩니다. You can apply at the dance club room on the third floor of the student union.
		장소가 학생회관 휴게실에서 학생 식당으로 변경되었습니다. The place has been changed from the restroom to the cafeteria.

모집/ 행사/ 알림 Recruit/ Social Event/ Notice	대상 Target	노래를 좋아하시는 분이면 누구나/누구라도 환영합니다. Everyone who likes singing is welcome.
	권유 Suggestion	관심 있는 분들의 많은 참여/참가를 부탁드립니다. If you are interested, please come and participate.
	장소 Place	그동안 사용했던 물건들을 정리하려고 합니다. I would like to give away the things I have used.
구함 Help Wanted	이유 Reason	갑자기 일이 생겨서 도와주실 분을 찾습니다. I'm looking for someone to help for an unexpected occasion.
	조건 Condition	근처에 사시는 분이면 좋겠습니다. I want someone who lives nearby.
		야간 근무가 가능하신 분 환영합니다. Someone who can do night duty would be welcome.
감사 Giving Thanks	이유 Reason	저희 결혼식에 참석해 주셔서 감사합니다. Thank you for coming to our wedding.
		조문/문상을 와 주셔서 감사합니다. Thank you for your condolences.
부탁/ 요청/ 문의 Request/ Demand/ Inquiry	이유 Reason	옷의 치수가 맞지 않는데 교환할 수 있을까요? Can I change the size of my clothes?
	요청 Request	다음에는 잘 확인하시고 보내 주시기 바랍니다. Please check carefully before sending something the next time.
사과 Apology	이유 Reason	미리 말씀드리지 못해서 죄송합니다. I'm sorry I didn't tell you in advance.
		약속을 지키지 못한 것을 사과드립니다. I apologize for breaking my promise.
	다짐 Promise	다시는 이런 일이 생기지 않게 주의하겠습니다. I'll never do that again.
		앞으로는 절대/결코 이런 일이 없도록 하겠습니다. I won't let that happen again.

Exercise 4

앞 또는 뒤 문장의 내용을 보고 내용이 이어지도록 (　) 안에 들어갈 문장을 골라 〈보기〉처럼 번호를 쓰시오.

Like in the sample, choose the sentence and write its number to fill in (　) by reading the preceding and following sentences.

보기 주말에는 선약이 있습니다. → (　①　)
(　②　) → 저도 꼭 참석할 예정입니다.

① 혹시 평일에 만나도 됩니까?
② 미영 씨도 이번 모임에 오시지요?
③ 혹시 그림을 못 그려서 걱정되십니까?
④ 신청 기간은 10월 3일 금요일까지입니다.
⑤ 저는 지하철 역 근처면 어디든지 좋아요.
⑥ 갑자기 귀국해야 해서 물건을 정리합니다.
⑦ 신학기를 맞이하여 신입 회원을 모집합니다.
⑧ 참가하실 분은 사무실에 미리 알려 주시기 바랍니다.
⑨ 저는 언제든지 괜찮으니까 편한 시간을 알려 주세요.
⑩ 지난번에 댁으로 초대해 주셔서 재미있는 시간을 보냈습니다.

(1) **수진 씨는** 바쁘시지요? → (　)

(2) **신청은** 이메일로 하시면 됩니다. → (　)

(3) 그런데 약속 장소는 **어디가** 좋겠어요? → (　)

(4) **외국인을 대상으로** 요리 대회가 열립니다. → (　)

(5) (　) → **이번에는** 제가 선생님을 초대하고 싶습니다.

(6) (　) → **그래서** 필요하신 분께 **무료로** 드리겠습니다.

(7) (　) → 태권도에 관심 있으신 분이면 **누구나 환영합니다.**

(8) (　) → **그래도** 초보자를 위한 수업이니까 걱정하지 마십시오.

Strategy 4 오류 수정하기 | Correcting Errors

Did you fill in both (㉠) and (㉡)? Then, let's check if there are any errors in your sentences.

	Point of Caution	Frequent Errors
맞춤법 Spelling	Please make sure to check your spelling as many people even misspell the words in the questions when they are nervous.	그 시간은 안되요. (X) → 그 시간은 안 돼요. (O) I can't make that time. 토요일만 안 돼고 다 됩니다. (X) → 토요일만 안 되고 다 됩니다. (O) Everyday other than Saturday will do.
조사 Postposition	Many people use wrong postpositions. Some people also skip necessary postpositions. Please make sure to check.	이 꽃을 좋아요. (X) → 이 꽃이 좋아요. (O) I like this flower. 예쁘고 값이도 싸요. (X) → 예쁘고 값도 싸요. (O) It's pretty and cheap.

Exercise 5

문장의 빈칸에 조사를 넣어 보십시오.

Fill in the blanks with the proper postpositions.

(1) 신청을 하실 때는 신분증________ 필요합니다.

(2) 이사 날________ 되기 전에 연락 한번 주십시오.

(3) 문화 수업 장소가 용인 민속촌________ 결정되었습니다.

(4) 19일부터 일주일 동안 사진 동아리 전시회________ 엽니다.

(5) 학기________ 끝나기 전에 보고서를 제출해 주시기 바랍니다.

(6) 모임 장소________ 바뀌었으니까 다른 분들에게도 알려 주세요.

(7) 김밥________ 싫은 사람은 미리 말씀해 주십시오. 샌드위치를 준비하겠습니다.

(8) 지하철 4호선 명동역 2번 출구________ 오십시오. 거기________ 기다리겠습니다.

전략 적용하기 Employing the Strategy

Let's check out the strategies you have practiced so far and write answers by employing them.

1 다음 글의 ㉠과 ㉡에 알맞은 말을 각각 쓰시오.

Write an appropriate word in each of the blanks in the following text.

> **스키 캠프 모집**
>
> 스키 캠프 회원을 모집합니다. 기간은 12월 26일부터 12월 28일까지입니다.
> 장소는 올림픽 스키장입니다. 한국대학교 학생이면 (㉠).
> 스키가 없으신 분은 미리 발 사이즈를 (㉡) 캠프에서 준비합니다.
> 참가를 원하시는 분은 11월 30일까지 신청해 주시기 바랍니다.
> ☎ 신청 및 문의: 02-597-3369

모범 답안 Model Answers

㉠ 누구든지/누구나 참가하실 수 있습니다 ㉡ 알려 주시면

누구든지/누구나 신청하실 수 있습니다

Strategy 1 **훑어 읽기** Skimming

→ Read and understand that the purpose of writing is to advertise a camp.

Strategy 2 **글의 격식 기억하기** Remembering the formality of writing

→ Remember that all sentences are formal and end with –습니다.

Strategy 3 **추측하기** Guessing

→ ㉠: There is information on the time and place of the camp. From the sentence before ( ), which states the condition that "one should be a student at Hanguk University," you can figure out that this sentence suggests information on the qualifications of participants.

→ ㉡: This sentence lets you know that the camp hosts will provide skis for people without them. For this, the participants are required to tell them their foot sizes.

Strategy 4 **오류 수정하기** Correcting Errors

→ Check if you have written a proper formal sentence.

Useful Grammar

㉠: **누구도 참가하실 수 있습니다** (X)
→ Positive sentences cannot follow 누구도. If you want to write a positive sentence that says you can participate in a certain event, you should use words like 누구나 or 누구든지.

㉠: **참가하실 수 있습니다** (△)
→ Although the meaning is conveyed, you should use 누구나 or 누구든지 for concordance as there is a condition for participation in the preceding sentence that says "If you are a student at Korea University."

Be careful

- ㉠: **됩니다** (X) Please use intermediate-level sentences. If you have skimmed through the end of the question, you will be able to write answers using words like 참가하다 or 신청하다.

- ㉠: **누구나 참가할 수 있습니다** (△) ㉡: **알려 주면** (△)
  As the entire passage is formal, -시- is required between ㉠ and ㉡.

Useful Vocabulary

캠프 camp | **참가하다** to participate | **참가자** participant | **마감이 되다** to be finished | **선착순 마감** by order of arrival | **장비** equipment | **대여** rent

2 다음 글의 ㉠과 ㉡에 알맞은 말을 각각 쓰시오.
Write an appropriate word in each of the blanks in the following text.

E-mail

안녕?

이번에 (㉠) 축하해! 빅터 씨가 네가 한국어능력시험을 본 것과 3급을 딴 것을 알려 줬어. 나도 러시아에서 한국어능력시험을 보고 싶어. 네가 공부한 (㉡) 고맙겠어! 나도 그 책을 주문해서 공부하면 시험을 잘 볼 수 있을 것 같아.

러시아에서 너의 친구 라리사

모범 답안 Model Answers

㉠ 한국어능력시험에서 3급을 딴 것을 ㉡ 책 제목/이름을 알려 주면/가르쳐 주면

Strategy 1 **훑어 읽기** Skimming

→ From the words 축하해 and 고맙겠어!, you can figure out that the purpose of this passage is to celebrate and to ask for a favor.

Strategy 2 **글의 격식 기억하기** Remembering the formality of writing

→ Check how the sentence ends and remember that you should use the casual form.

Strategy 3 **추측하기** Guessing

→ ㉠: You can guess what is being celebrated from the following sentence.

→ ㉡: From the sentence, 나도 그 책을 사서 공부하면, you can figure out that the writer wants to study the same book. So you can guess that the writer wants to know what book it is.

Strategy 4 **오류 수정하기** Correcting Errors

→ If your answer for ㉠ is 한국어능력시험에 3급을 따서, you should change it to 시험에서.

→ If your answer for ㉡ is 가리켜 줄 수 있어, you should change it into 가르쳐 줄 수 있어 to convey the right meaning and to use proper spelling.

Be careful

- ㉠: **한국어능력시험을 본 것과 3급을 딴 것 (X)**
  → This sentence causes you to lose points as taking the test itself is not what you want to celebrate.

- ㉡: **한국어능력시험에서 3급을 따서 (X)**
  → N을/를 축하하다 and -ㄴ/는/은 것을 축하하다 are correct expressions.
  You should use the past tense as the recipient has already gotten to the third grade.
- ㉡: **책 이름은 뭐야 (△)**
  → Use grammar and vocabulary above the intermediate level.

Useful Vocabulary

급을 따다 to get a grade | **자격증을 따다** to get certified | **시험에 합격하다/붙다** to pass a test | **시험에 불합격하다/떨어지다** to fail a test

3 다음 글의 ㉠과 ㉡에 알맞은 말을 각각 쓰시오.

Write an appropriate word in each of the blanks in the following text.

마이클

부장님,

어제는 많이 죄송했습니다. 추석 전날이라서 (㉠   ).
늦지 않으려고 일찍 출발했는데 고향에 가는 차들이 많았습니다.
다음 회의 때는 (㉡   ).
그럼 추석 잘 보내시기 바랍니다.

로버트

모범 답안 Model Answers

㉠ 길이 막혀서/막히는 바람에 늦었습니다

㉡ 결코/절대로 늦지 않겠습니다
결코/절대로 늦지 않도록 주의하겠습니다

Strategy 1 **훑어 읽기** Skimming

→ From 죄송합니다, understand that the purpose of this writing is to apologize.

Strategy 2 **글의 격식 기억하기** Remembering the formality of writing

→ Check that all the sentences end in -습니다.

Strategy 3 **추측하기** Guessing

→ ㉠: From 늦지 않으려고 in the following sentence, you can figure out that the writer is late for something. So you should fill in ㉠ with the fact that the writer is late and the reason for being late.

→ ㉡: From 다음부터는, you can figure out that you should write sentences which show that he will never do the same thing again.

Strategy 4 **오류 수정** Correcting Errors

→ If your answer for ㉠ is 차가 막혀서, you should change it into 차가 밀려서 or 길이 막혀서.

Useful Grammar

㉠: **차가 많은 바람에 늦었습니다 (X)**

→ -는 바람에 is a sentence pattern for giving reasons for a bad result, and you cannot use it with adjectives. Therefore, you should write 길이 막히는 바람에 늦었습니다.

㉡: **늦지 않습니다 (X)**

→ As there is 다음부터, you should use -겠- to mark the writer's determination.

㉡: **꼭 늦지 않겠습니다 (X)**

→ 꼭 cannot be used with negative expressions. You must use 절대로 or 결코. You will lose points if there is no 절대로/결코.

Be careful

- ㉠: **길이 막혀서 늦었어요 (X)**

→ As this passage is for a boss and all the other sentences end with -습니다, you must not use -아/어요.

Useful Vocabulary

추석 *Chuseok*(Korean Thanksgiving Day) | **설날** *Seollal*(Korean New Year's Day) | **명절** holiday | **연휴** long weekend | **황금연휴** Golden Week | **공휴일** official holiday | **징검다리 휴일** alternating workdays and days off

예상 문제 풀기 Expected Question

※ [1-6] 다음 글의 ㉠과 ㉡에 알맞은 말을 각각 쓰시오.

Exercise 1

지갑을 찾습니다!

10월 2일 학생 휴게실에서 (㉠).
검은색 남자 지갑이고 크기는 어른 손바닥 정도입니다.
지갑 안에 신분증이 모두 들어 있어서 꼭 찾아야 합니다. 제 연락처는 010-1234-5678입니다.
지갑을 (㉡).

㉠ ....

㉡ ....

Exercise 2

E-mail

안녕하세요? 신디예요.
요즘 봄이라서 산에 꽃이 아주 예뻐요.
경수 씨도 산을 (㉠)?
저는 이번 주 토요일이나 일요일에 시간이 돼요.
만약 경수 씨가 이번 주말에 바쁘면 다음 주 주말도 가능할 것 같아요.
저는 약속이 있지만 (㉡) 꼭 되는 시간을 미리 알려 주세요.

㉠ ....

㉡ ....

Exercise 3

보낸 사람	eyw1@never.com
받는 사람	ptoky@anmail.com

교수님께
안녕하세요?
저는 '한국어 문법' 수업을 듣고 있는 쿠사코 에미라고 합니다.
제가 그동안 몸이 아파서 수업에 가지 못했습니다.
그래서 지난주 (　　㉠　　). 정말 죄송합니다.
제가 다음 주에 퇴원하는데 혹시 시험 대신에 (　　㉡　　)?
교수님께서 허락해 주시면 이번 학기가 끝나는 날까지 보고서를 제출하겠습니다.

한국어교육학과 1학년
쿠사코 에미 올림

㉠ ....

㉡ ....

Exercise 4

동아리 알림!

우리 동아리가 가을 축제에서 춤 발표를 합니다.
9월부터 매주 수요일 7시부터 2시간 동안 동아리 방에서 연습합니다.
모든 회원들은 한 사람도 (　　㉠　　) 연습에 참여해 주십시오.
그리고 8월 31일까지 동아리 회비를 (　　㉡　　).
여러분이 낸 회비로 연습 때 먹을 간식을 준비할 겁니다.

㉠ ....

㉡ ....

Exercise 5

보낸 사람	eywey5@naver.com
받는 사람	poky@hanmail.com

안녕하세요?
지난번 저희 어머니가 돌아가셨을 때 와 주셔서 감사합니다.
저에게 큰 힘이 되었습니다.
감사의 마음으로 회사 근처에서 식사를 대접하고 싶습니다.
(㉠)?
바쁘시겠지만 다음 주에 되시는 시간을 알려 주시면 (㉡).

㉠ ....

㉡ ....

Exercise 6

My page:

교환 요청

제가 주문한 사이즈보다 큰 옷이 배달되었어요.
(㉠) 주문한 치수가 없으면 환불해 주세요.
교환이 가능하다면 상품을 (㉡).
처음 주문했을 때는 이 주일 후에 받아볼 수 있었어요.
그럼 빠른 처리 부탁드려요.

㉠ ....

㉡ ....

설명문 문장 쓰기 Writing Descriptive Sentences

※ 기출문제 확인 Checking Previous TOPIK Questions

다음을 읽고 ㉠과 ㉡에 들어갈 말을 한 문장씩 쓰십시오. (각 5점) 

우리는 기분이 좋으면 밝은 표정을 짓는다. 그리고 기분이 좋지 않으면 표정이 어두워진다. 왜냐하면 (㉠). 그런데 이와 반대로 표정이 우리의 감정에 영향을 주기도 한다. 그래서 기분이 안 좋을 때 밝은 표정을 지으면 기분도 따라서 좋아진다. 그러므로 우울할 때일수록 (㉡) 것이 좋다.

모범 답안 Model Answers

㉠ 감정이 표정에 영향을 주기/끼치기 때문이다

㉡ 밝은 표정을 짓는/하는

해설 Explanation

This is descriptive writing on the influential relation between facial expressions and emotions. You can write your answer according to proper formality.

문제의 이해 Understanding of the Questions

- 제시된 설명문의 (　　　) 안에 문장을 쓰는 문제입니다.
  You should write an appropriate sentence in the (　　　) in the given descriptive writing.
- 4~6개의 문장으로 구성된 설명문이며 주제는 다양합니다.
  The descriptive writing is composed of 4 to 6 sentences with diverse topics.
- 중급 이상의 단어와 문법을 쓰는 것이 좋습니다.
  It is recommended that you use words and grammar above the intermediate level.
- 54번까지의 쓰기 문제의 시간을 고려하면 52번은 5분 안에 써야 합니다.
  Considering the time given for writing questions from number 51 to number 54 you should solve the question within 5 minutes.

※ 채점 기준은 51번과 동일합니다. The scoring standards are identical to number 51.

기출문제 유형 Types of Previous TOPIK Questions

Type	Connection of Sentences (Context)	Test
1 이유나 조건 Reason or Condition	• '그래서, 그러므로, 따라서, 이런 이유로, 때문에'로 연결 Connecting with 그래서, 그러므로, 따라서, 이런 이유로, 때문에 • 접속사가 생략될 때는 앞 문장에 '마찬가지이다/다름없다'로 연결 Connecting with 마찬가지이다/다름없다 to the previous sentence when the conjunction is omitted	47th 41st 52nd 35th
2 이유 Reason	• 앞 문장을 보고 '왜냐하면'으로 시작하는 이유 쓰기 Writing a reason naturally connected to the previous sentence, starting with 왜냐하면 • '왜냐하면 –기 때문이다'의 뒤 문장을 보고 앞 문장 쓰기 Checking a sentence with the form 왜냐하면 –기 때문이다 and writing a sentence before it	47th
3 대조 Contrast	• '이와 반대로, 이와 달리, 반면에, 첫째/둘째, 먼저/다음으로, 하나는/다른 하나는'으로 연결 Connecting with 이와 반대로, 이와 달리, 반면에, 첫째/둘째, 먼저/다음으로, 하나는/다른 하나는 • 앞이나 뒤의 문장과 내용이 상반되는 대조의 문장 쓰기 Writing a sentence in contrast with the sentence before or after	37th 52nd
4 반대 Opposition	• '그러나, 그렇지만, 하지만, 그런데'로 연결 Connecting with 그러나, 그렇지만, 하지만, 그런데 • 반대 내용의 문장 쓰기(부분 부정의 문장 쓰기도 있음) Writing an opposing sentence (including partial negation)	35th 60th

고득점 전략 배우기 Learning Strategies for Higher Scores

As you understand what is asked for question number 52 and have checked some sample questions from the previous tests, let's learn some strategies for writing an answer better and faster!

Strategy	How to
 **훑어 읽기** Skimming	제시된 글을 처음부터 끝까지 빨리 읽으면서 주제 단어와 핵심 단어(keyword) 를 찾아 밑줄 치고 문제의 유형을 파악 Skim through the question to the end, find the topic words and keyword, and underline them to identify the question's type.

 **글의 격식 기억하기** Remembering the Formality of Writing	문어체와 종결어미 '–다'를 써야 하는 것을 기억 Remember to use literary Korean and the final ending -다.

 **추측하기** Guessing	앞과 뒤의 문장으로 맥락을 이해하고 답안 내용을 추측 Understand the context from the preceding and following sentences and guess what to write for the answer.

 **오류 수정하기** Correcting Errors	마지막으로 작성한 답안의 맞춤법과 조사, 그밖에 틀린 것이 있는지 확인하고 수정 Finally, check if there is any mistakes such as misspelling or wrong use of postpositions and modify them.

Be careful

- Skim through the question to the end since the crucial information for writing an answer sometimes turns up at the end.
- Be careful not to write colloquial expressions and don't omit postpositions.
- Study the indirect discourse sentences which appear frequently in the text.

Strategy 1 훑어 읽기 | Skimming

Number 52 is a paragraph descriptive writing. Finding topic words will make you understand the text easily, while finding keywords which tell you the type of the question will let you write your answer more readily. So, skim through the passage and underline them.

주제 단어 Topic	The topic is a subject and title for number 52. → It is often included in answers.
핵심 단어 Keyword	The keyword is a clue for writing the answer. → It is always in the preceding or following sentences of ㉠ and ㉡. → It is mainly a conjunction or a subject of a sentence showing the context of writing.

1 다음 설명문의 주제 단어와 핵심 단어는 다음과 같습니다.

The topic word and keyword in the following descriptive writing are as follows.

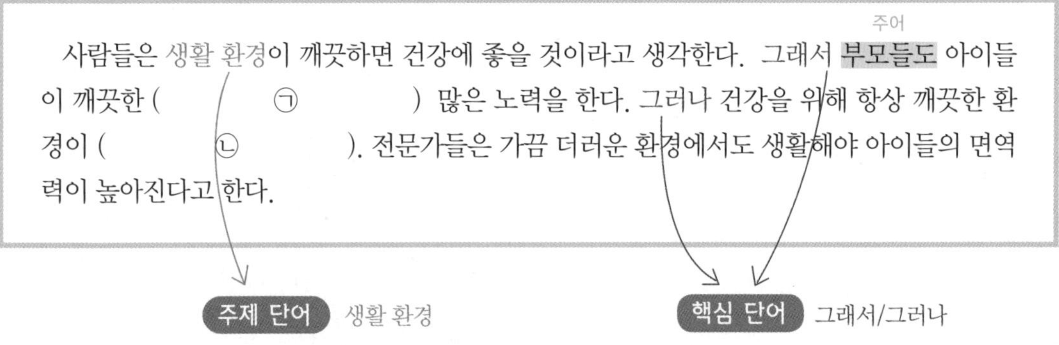

2 답안을 작성하는 데 직접적인 정보를 주는 핵심 단어를 찾았으면 문제의 유형을 생각해 보고 답안을 확인해 보십시오.

Once you have found the keyword that gives you direct information for writing an answer, identify the type of the question and check the answer.

㉠ 그래서로 시작하는 유형 ① 문제 Type 1 problem starting with 그래서

As the subject is 부모들, you should write a sentence with –게 or –도록 for the answer.

㉡ 그러나로 시작하는 유형 ④ 문제 Type 4 problem starting with 그러나

There is a positive effect of a dirty environment in the following sentence, so you should write a partial negation of a clean environment in ㉡.

모범 답안 Model Answers

㉠ 깨끗한 환경에서 생활할 수 있도록/있게

㉡ 좋은 것은 아니다/좋지는 않다

Exercise 1

(1) 다음 설명문을 훑어 읽으면서 주제 단어와 핵심 단어에 밑줄을 치시오.
Skim through the following writing and underline the topic words and keywords.

> 여행을 가는 사람들은 패키지여행을 하거나 아니면 자유 여행을 한다. 패키지여행은 여행사가 만든 일정으로 관광 안내사와 함께 단체 여행을 하는 것이다. 반면에 자유여행은 (㉠). 두 여행 방식 모두 장단점이 있지만 대체로 노인들은 패키지여행을 선호한다. 반대로 (㉡). 체력이 부족한 노인들은 모든 것을 다 처리해 주는 패키지여행을 편하게 느끼지만 젊은이들은 스스로 결정할 수 있는 자유로운 여행을 더 좋아하기 때문이다.

(2) 훑어 읽으면서 밑줄 친 주제 단어와 핵심 단어를 써 보시오.
Write the topic word and keywords you underlined.

주제 단어: ______, ______ 핵심 단어: ______, ______

(3) 다음 글의 ㉠과 ㉡에 알맞은 말을 각각 쓰시오.
Write an appropriate word in each of the blanks in the following text.

㉠ ______________________________

㉡ ______________________________

Strategy 2 글의 격식 기억하기 | Remembering the Formality of Writing

You should be careful to end all of your sentences with -다 in descriptive writing. You should also remember to use not colloquial but literary expressions.

우리는 흔히 취미 생활을 삶에 활력을 주는 (㉠). 그러나 취미 생활이 부정적인 영향을 끼칠 때도 있다. 취미 생활을 즐기느라고 본업을 소홀히 한다거나 취미 생활을 위해 비용을 쓰는 경우도 있기 때문이다. 그러므로 취미 생활은 (㉡) 쓰면서 하는 것이 좋다.

→ 문어체 ←

1 '-다' 로 끝나는 문장의 활용을 알아봅시다. Let's see the use of sentences ending with -다

Present	Verb	Vowel Ending (X)	-ㄴ다	가다 → 간다, 읽다 → 읽는다 ※ Irregular ㄹ: 살다 → 산다
		Consonant Ending (O)	-는다	
	Adjective		-다	필요하다 → 필요하다
	있다, 없다			살다 → 살 수 있다
	-고 싶다			살다 → 살고 싶다
	N이/가 아니다			문제 → 문제가 아니다
	이다		-(이)다	문제 → 문제(이)다 어려움 → 어려움이다
Past	Verb, Adjective		-았/었다	살다 → 살았다, 힘들다 → 힘들었다
	이다	Final Consonant (X)	-였다	문제 → 문제였다
		Final Consonant (O)	-이었다	어려움 → 어려움이었다
Future	Verb, Adjective		-ㄹ/을 것이다	하다 → 할 것이다
	이다		-일 것이다	문제 → 문제일 것이다 어려움 → 어려움일 것이다

2 구어체 표현을 문어체 표현으로 바꾸는 방법을 공부해 봅시다.

Let's study how to change colloquial expressions to literary ones.

구어체 → 문어체 Colloquial Style → Literary Style

- 근데 → 그런데
- 되게, 엄청, 완전 → 매우
- 엄마, 아빠 → 어머니, 아버지, 부모님
- 한테 → 에게
- 명사+(이)랑 → 명사+과/와
- 이건 → 이것은, 이걸 → 이것을, 이게 → 이것이
- 이런 → 이러한
- 같이 → 함께
- –아/어 가지고 → 아/어서, –기 때문에, –(으)ㄴ/는 탓에

설명문에 자연스러운 문어체 표현 Literary Style Appropriate for Descriptive Writing

- 그래서 → 그러므로, –(으)므로, –(이)므로, 따라서
- –(으)면서 → –(으)며
- –(으)려는 → –기 위한
- –(으)려고 → –기 위해서
- 부정의 '안'과 '못' → '–지 않다'와 '–지 못하다'
- –(으)면 좋다 → –(으)ㄴ/는 것이 좋다
- –대요 → –다고 하다, –ㄴ/는다고 하다
- –래요 → –(이)라고 하다

Exercise 2

문장의 끝을 '–다'로 바꾸고 표현도 문어체로 바꾸시오.

Change the sentence to end with –다 and to have literary style.

(1) 고생한 보람이 있을 거예요.

→ ______________________________

(2) 그러니까 급할수록 천천히 하면 좋아요.

→ ______________________________

(3) 아무도 하고 싶은 걸 다 하면서 못 살아요.

→ ______________________________

(4) 근데 불규칙하게 생활해 가지고 건강이 나빠졌대요.

→ ______________________________

Strategy 3 추측하기 | Guessing

Once you have identified the type of question by skimming and finding the topic, you can guess the answer appropriate to the context based on the type.

1 유형별로 글의 맥락에 맞는 답안을 알아봅시다.

Let's find out about answers are appropriate to for the context according to each type.

Type 1 Reason or Condition

외우는 것도 훈련이다. 그러므로 처음에는 외우기를 못하는 사람도 (   ).

Answer 많이 연습하면 잘할 수 있다

▶ Write an answer suited to the reason or condition which comes in front.

Type 2 Reason: (왜냐하면) –기 때문이다

한국에서는 봄에 산불이 많이 난다. 왜냐하면 봄 날씨는 건조하고 바람도 (   ).

Answer 세게/강하게/많이 불기 때문이다

▶ You can write the reason in the preceding sentence. As the sentence begins with 왜냐하면, the answer ends with –기 때문이다.

Type 3 Contrast

일을 하는 태도는 크게 두 가지로 나눌 수 있다. 하나는 일을 빨리하지는 못하지만 꼼꼼히 하는 것이다. 다른 하나는 (   ).

Answer 일을 빨리하지만 대충하는 것이다

▶ You can write content opposite that of the preceding sentence.

Type 4 Opposition

우리는 영원히 살 수 있을 것처럼 산다. 그러나 사람은 누구나 (   ).

Answer 죽을 수밖에 없다/죽게 마련이다

▶ You can write content opposite that of the preceding sentence by using an intermediate level of grammar.

Exercise 3

앞 또는 뒤 문장을 읽고 (   ) 안에 들어갈 문장을 써 보시오.

Write an appropriate sentence in (   ) after reading the preceding or the following sentence.

Type 1 Reason or Condition

(1) 기부도 습관이다.
그래서 (   ).

(2) 일을 잘하기 위해서는 휴식이 반드시 필요하다.
그러므로 아무리 바빠도 (   ).

(3) 결혼한 부부 중에 아이를 낳지 않는 부부가 많다.
그 때문에 우리나라의 인구가 (   ).

(4) 유리는 깨지기 쉽다. 관계도 마찬가지이다.
사람과의 관계도 잘못하면 유리처럼 (   ).

Type 2 Reason: (왜냐하면) -기 때문이다

(5) 숙제는 아이들의 학습에 (   ).
아이들이 숙제를 통해 혼자서 공부하는 습관을 기를 수 있기 때문이다.

(6) 칭찬을 많이 받은 아이가 (   ).
왜냐하면 칭찬이 자존심에 긍정적 영향을 미치기 때문이다.

(7) 어릴 때 만들어진 식습관은 고치기 어렵다고 한다.
왜냐하면 편식을 했던 아이는 (   ).

(8) '잠이 보약이다'라는 말이 있다.
왜냐하면 잠을 푹 자면 면역력이 (   ).

Type 3 Contrast

(9) 밤에 일찍 자고 아침에 일찍 일어나는 생활 습관을 가진 사람들이 있다.
반대로 (   ).

(10) 동양에서는 인간관계에서 (   ).
이와 달리 서양에서는 인간관계에서 나이를 별로 중요하게 생각하지 않는다.

(11) 유행에 관심이 많고 유행을 중요하게 생각하는 사람들이 있다.
반면에 (   ).

(12) 부모와 떨어져 있게 됐을 때 아이들의 태도는 달라진다.
먼저 부모와 함께 있을 때보다 더 조용하게 가만히 있는 아이들이 있다.
다음으로 (   ).

Type 4 Opposition

(13) 직장인들은 보통 월요일부터 금요일까지 일한다.
그러나 장사를 하는 사람들은 (   ).

(14) 보통 (   ) 생각한다.
그런데 돈이 많아도 행복하지 않은 사람이 있다.
그리고 돈이 없어도 행복하게 사는 사람도 많다.

(15) 일반적으로 명품이라고 불리는 제품들이 품질이 좋다.
그렇지만 명품이 (   ).
이름값을 못하는 명품도 많다.

(16) 해마다 여름에는 태풍 때문에 피해가 크다.
그러나 (   ).
극지방은 춥고 적도 지방은 더운 지구의 열 불균형을 해소시켜 주기 때문이다.

Strategy 4 오류 수정하기 | Correcting Errors

Finally, you should check your spelling, postpositions, and whether you wrote the indirect discourses properly. The agreement of the subject and the predicate must be checked as well.

1 문장의 종류에 따라 간접화법의 불규칙 활용이 다른 것에 주의합니다.

Note that the irregular conjugation of an indirect discourse varies depending on the type of the sentence.

Verb	Declarative Sentence			Interrogative Sentence	Imperative Sentence	Suggesting Sentence
	Past	Present	Future			
오다	왔다고	온다고	올 거라고	오냐고	오라고	오자고
받다	받았다고	받는다고	받을 거라고	받냐고	받으라고	받자고
자르다	잘랐다고	자른다고	자를 거라고	자르냐고	자르라고	자르자고
듣다	들었다고	듣는다고	들을 거라고	듣냐고	들으라고	듣자고
벌다	벌었다고	번다고	벌 거라고	버냐고	벌라고	벌자고
줍다	주웠다고	줍는다고	주울 거라고	줍냐고	주우라고	줍자고
낫다	나았다고	낫는다고	나을 거라고	낫냐고	나으라고	낫자고

Adjective	Declarative Sentence			Interrogative Sentence
	Past	Present	Supposition	
싸다	쌌다고	싸다고	쌀 거라고	싸냐고
높다	높았다고	높다고	높을 거라고	높냐고
다르다	달랐다고	다르다고	다를 거라고	다르냐고
힘들다	힘들었다고	힘들다고	힘들 거라고	힘드냐고
더럽다	더러웠다고	더럽다고	더러울 거라고	더럽냐고

N+이다	Declarative Sentence			Interrogative Sentence
	Past	Present	Supposition	
선생님이다	선생님이었다고	선생님이라고	선생님일 거라고	선생님이냐고
교수이다	교수였다고	교수라고	교수일 거라고	교수냐고

Exercise 4

다음 질문에 간접화법으로 대답해 보시오.
Fill in the blanks by using indirect discourses.

(1) 전문가들은 무리하게 운동하는 것은 오히려 건강에 ____________________.
(해롭다)

(2) 인생의 선배들은 항상 감사하면서 ____________________ 조언한다.
(살다)

(3) 성공한 사람들은 끊임없이 도전하는 것이 성공의 ____________________.
(비결이다)

(4) 올림픽에서 금메달을 ____________________ 고 해서 그 선수가 제일 많이 연습한 것은 아니다.
(따다)

2 바른 답안 쓰기를 위해 반드시 문장의 호응을 주의합니다.

Be sure to pay attention to the agreement of the sentences when writing the correct answers.

Expressions		Examples
왜냐하면	-기 때문이다	왜냐하면 희망을 잃지 않았기 때문이다. Because he did not lose hope.
장점은/특징은/ 긍정적인 면은/ 중요한 것/점은	N이다 -은/는 것이다 N(이)라는 것이다	장점은 긍정적으로 생각하는 태도이다. The advantage is a positive attitude. 중요한 것은 태도이다. What is important is attitude. 특징은 언제나 긍정적이라는 것/점이다. His characteristic is that he is always positive.
첫 번째는/하나는	N(이)다 -다는/ㄴ다는/ 라는 것이다	첫 번째는 희망을 잃어버렸다는 것/점이다. The first is that he has lost hope. 다른 하나는 소극적인 태도이다. The other is a passive attitude.
아무리	-아/어도 -더라도	아무리 힘들어도 희망을 잃어버리면 안 된다. No matter how much trouble you are in, you should not lose hope. 아무리 힘들더라도 희망을 잃어버리면 안 된다. No matter how much trouble you are in, you should not lose hope.
-아/어야(만)	-(으)ㄹ 수 있다	희망을 잃지 않아야만 살아남을 수 있다. You can survive only when you do not lose hope.

만약/만일	-(으)면/-다면	만일 희망이 없다면 우리는 살아갈 수 없다. If there is no hope. we cannot live.
아무도/아무것도/ 아무 N도	(부정)	희망을 잃어버리면 아무것도 할 수 없다. If you lose hope, you cannot do anything. 아무 희망도 없이 살 수 있을까? Can we live without any hope?
언제나/항상/ 누구나/반드시	-는 것은 아니다 (부분 부정)	언제나 희망을 가지는 것은 아니다. People cannot always be hopeful.

Exercise 5

어울리는 것끼리 연결해서 설명문의 문장을 완성해 보시오.
Complete the descriptive sentences by connecting the matching pairs.

(1) 이 제품의 특징은	•	•	① 오래 쓸 수 있다.
(2) 왜냐하면 이 제품은	•	•	② 오래 쓸 수 있다는 점이다.
(3) 주의사항은 첫째	•	•	③ 사용 후에 잘 말리는 것이 좋다.
(4) 제품의 주의사항을 기억해야	•	•	④ 사용 후에 잘 말리는 것이다.
(5) 제품을 고장 없이 오래 사용하기 위해서는	•	•	⑤ 고장이 잘 나지 않기 때문이다.

전략 적용하기 Employing the Strategy

Let's check out the strategies you have practiced so far and write answers by employing them.

1 다음 글의 ㉠과 ㉡에 알맞은 말을 각각 쓰시오.

Write an appropriate word in each of the blanks in the following text.

> 사람들은 육체의 건강을 중요하게 생각한다. 그런데 육체의 건강뿐만 아니라 (㉠). 몸에 병이 생기면 어렵지 않게 하던 일도 할 수 없게 된다. 마음에 병이 생겼을 때도 마찬가지이다. 다른 사람이 보기에 (㉡). 그러므로 육체와 정신이 모두 문제가 없을 때 건강하다고 말할 수 있다.

모범 답안 Model Answers

㉠ 정신의 건강도 중요하다

㉡ 어렵지 않은 일/쉬운 일도 할 수 없게 된다

Strategy 1 **훑어 읽기** Skimming

→ Topic words: 건강 | Keywords: 그런데, 마찬가지이다 | Subject: 사람 | ㉠ Type 4 ㉡ Type 1

Strategy 2 **글의 격식 기억하기** Remembering the formality of writing

→ The sentences must end with –다 and use a literary style.

Strategy 3 **추측하기** Guessing

→ ㉠: The sentence starts with 그런데, and the preceding sentence notes that physical health is important. Since there is 뿐만 아니라 in front of ㉠, it is natural to write that things other than physical health are also important. Referring to the last sentence of the passage, you can guess the content of ㉠ that mental health is significant as well.

→ ㉡: There is 마찬가지이다 in the previous sentence and 그래서 is omitted. Write a sentence similar to the preceding sentence by referring to the symptoms when the body gets sick.

Strategy 4 **오류 수정하기** Correcting Errors

→ Correct –아/어요 in your answer to –다.

Be careful

- ㉠: 마음의 건강도 중요하다. (△)
  It is important to skim through the passage to the end BEFORE you write an answer. You can see from the last sentence that the opposite of 육체 is not 마음 but 정신.

- ㉡: 어렵지 않은 일도 할 수 없다. (△), 어렵지 않게 하던 일도 할 수 없게 된다. (X)
  As there is 마찬가지이다 in the preceding sentence, it is recommended to write -게 되다 just like it appears in the third sentence of the passage. However, since 다른 사람들이 보기에 is in ㉡, you cannot write the same sentence as the preceding one.

Useful Vocabulary

육체 body | **정신** mind | **심신** body and soul | **병이 생기다** to get sick | **병이 들다** to fall sick | **병을 앓다** to suffer from a disease | **병이 악화되다** the illness gets worse | **병이 호전되다** the illness condition is improved | **질병** disease

2 다음 글의 ㉠과 ㉡에 알맞은 말을 각각 쓰시오.

Write an appropriate word in each of the blanks in the following text.

낮이 가장 길고 밤이 가장 짧은 날을 '하지'라고 한다. 반면 (㉠) '동지'라고 한다. 예로부터 '동지'가 되면 팥죽을 끓여 먹는 전통이 있었다. 왜냐하면 옛날 사람들은 붉은 색이 나쁜 기운을 물리치고 (㉡). 그래서 밤이 가장 긴 '동지'에 귀신을 쫓기 위해 붉은 색 음식을 먹었다고 한다.

모범 답안 Model Answers

㉠ 밤이 가장 길고 낮이 가장 짧은/낮이 가장 짧고 밤이 가장 긴 날을

㉡ 귀신을 쫓는다고 생각했기 때문이다

Strategy 1 **훑어 읽기** Skimming

→ Topic words: 동지 | Keywords: 반면, 왜냐하면 | Subject: 옛날 사람들 | ㉠ Type 3 ㉡ Type 2

Strategy 2 **글의 격식 기억하기** Remembering the formality of writing

→ The sentences must end with -다 and use a literary style.

Strategy 3 **추측하기** Guessing

→ ㉠: Since there is 반면 in the following sentence, write the opposite, 하지.

낮이 가장 길고 밤이 가장 짧은 날 The day with the longest day and the shortest night

밤이 가장 길고 낮이 가장 짧은 날 The day with the longest night and the shortest day

→ ㉡: You can see that the sentence explains the origin of the tradition of eating *patjuk* referred to in the preceding sentence since it starts with 왜냐하면. The content of ( ) can be guessed from 귀신을 쫓기 위해 in the following passage. However, be careful to write an indirect discourse as the subject is 옛날 사람들, and the color red is only a means.

Strategy 4 **오류 수정하기** Correcting Errors

→ Check whether the answer for ㉡ starting with 왜냐하면 concurs.

Be careful

- ㉠: **낮이 짧고 밤이 길은 (X)**

  길다 should be written as 긴 when a noun comes after it. You can see 밤이 가장 긴 동지 in the last sentence of the passage.

- ㉡: **귀신을 쫓기 때문이다 (X), 귀신을 쫓는다고 생각했다 (X)**

  The subject of this sentence is 옛날 사람들. People "think that they scare away" ghosts by using the color red. The sentence with 왜냐하면 should end with -기 때문이다.

Useful Vocabulary

동지 winter solstice | **하지** summer solstice | **예로부터** from old times | **옛날부터** since early times | **전통** tradition | **풍습** custom | **물리치다** to defeat | **쫓아내다** to drive out

3 다음 글의 ㉠과 ㉡에 알맞은 말을 각각 쓰시오.

Write an appropriate word in each of the blanks in the following text.

> 학교에서 보는 시험 준비로 놀 시간이 없는 아이들이 많다. 이런 이유로 정부가 초등학교에서 (㉠). 시험이 없다면 아이들은 충분히 놀 수 있고 그만큼 스트레스도 줄 수 있기 때문이다. 그러나 시험에는 부정적인 면만 있는 게 아니라 (㉡). 시험을 준비하면서 배운 것을 잊어버리지 않게 복습하기 때문이다. 그러므로 시험을 없애는 것에 반대하는 부모들도 있다.

모범 답안 Model Answers

㉠ 시험을 없앤다고 한다/시험을 폐지한다고 한다

㉡ 긍정적인 면도 있다

Strategy 1 **훑어 읽기** Skimming

→ **Topic words:** 시험 | **Keywords:** 이런 이유로, 그러나 | **Subject:** 정부 | ㉠ Type 1 ㉡ Type 4

Strategy 2 **글의 격식 기억하기** Remembering the formality of writing

→ The sentences must end with –다 and use a literary style.

Strategy 3 **추측하기** Guessing

→ ㉠: You can guess that the government has abolished tests from the following sentence saying 시험이 없다면. As the subject is the 정부, use an indirect discourse.

→ ㉡: Negative effects of tests are described, and then 그러나 follows. The next sentence of ㉡ is about positive effects of tests. So you should say in ㉡ that tests have a positive side.

Strategy 4 **오류 수정하기** Correcting Errors

→ Check if you have written indirect discourses in the colloquial style –ㄴ/는/대요.

Useful Grammar

㉡: 긍정적인 면이 있다 (X)

→ There is 부정적인 면만 있는 게 아니라 in front of ( ). The sentence pattern N만 있는 게 아니라/N만 아니라 N도 is used to say that not only A but also B exists, so you should use the postposition 도.

Be careful

- **㉠: 시험이 없다 (X), 시험을 취소한다고 한다 (X)**
  You should not write 시험이 없다 without considering the subject of the sentence. Using the skimming strategy, write the expression 시험을 없애다 correctly as it appears in the last sentence of the passage.

- **㉡: 좋은 면도 있다 (△)**
  Writing 긍정적인 면, which is the opposite of 부정적인 면, is the best answer.

Useful Vocabulary

예습 preparation | **복습** review | **장점** advantage | **단점** disadvantage | **시험을 보다/치다** to take an exam | **중간고사** midterm exam | **기말고사** final exam | **성적** grade | **성적표** report card | **없애다** to remove | **폐지하다** to abolish

예상 문제 풀기 Expected Question

※ [1-6] 다음 글의 ㉠과 ㉡에 알맞은 말을 각각 쓰시오.

Exercise 1

아이들은 누구나 부모로부터 돌봄과 관심을 받기 원한다. 이것은 동물의 경우도 마찬가지이다. 그러므로 너무 바빠서 (㉠) 반려동물을 키우는 것은 문제가 있다. 또한 반려동물을 장난감처럼 생각하고 키우는 사람들도 문제가 크다. 이런 사람들은 보통 반려동물이 병들면 책임지지 않을 사람들이다. 따라서 전문가들은 반려동물을 키우기 전에 먼저 (㉡) 조언한다.

㉠ ....

㉡ ....

Exercise 2

양력은 지구가 태양을 (㉠) 일 년으로 만든 달력이다. 이와 달리 음력은 달이 지구를 한 바퀴 도는 데 필요한 시간을 한 달로 만든 달력이다. 지금은 양력을 쓰지만 (㉡). 달의 모양으로 쉽게 날짜가 지나는 것을 알 수 있었기 때문이다. 그러나 지금도 설이나 생일 같은 특별한 날을 음력으로 보내기도 한다. 한국의 달력 밑에 있는 작은 크기의 날짜가 음력 날짜이다.

㉠ ....

㉡ ....

Exercise 3

한여름에는 더워서 잠을 잘 못 자는 사람들이 많다. 그래서 잠자기 전에 찬물로 샤워를 하는 사람들이 있다. 그러나 (㉠). 찬물로 샤워를 하면 일시적으로 체온이 내려갔다가 얼마 지나지 않아 올라가지만 미지근한 물은 체온을 내려 주기 때문이다. 또 숙면을 위해서는 (㉡). 운동을 하면 체온이 올라가서 숙면할 수 없기 때문이다.

㉠ ....

㉡ ....

Exercise 4

사람들이 삶을 살아가는 태도는 두 가지이다. 하나는 주어진 환경을 부정적으로 생각하고 불평하는 것이다. (㉠). 어차피 동일한 환경이라면 어떻게 사는 것이 더 행복할까? 물론 불평보다는 감사할 거리를 찾는 태도이다. 긍정적인 생각은 어떤 상황에도 우리를 좌절하지 않게 해 준다. 그러므로 전문가들은 우리가 힘들 때일수록 (㉡) 조언한다.

㉠ ....

㉡ ....

Exercise 5

달리기 경주는 두 가지로 나눌 수 있다. 첫째는 100미터 달리기 같은 단거리 경주이다. (㉠). 그런데 단거리 선수와 장거리 선수들은 체형도 다르다고 한다. 순간적인 힘을 써야 하는 단거리 선수들은 (㉡). 반면에 마라톤처럼 먼 거리를 달려야 하는 장거리 선수들은 몸이 작고 근육도 굵지 않은 편이라고 한다.

㉠ ....

㉡ ....

Exercise 6

사회적으로 외모와 다이어트에 대한 관심이 높아지면서 운동 중독증인 사람도 생겨나고 있다. 운동 중독증인 사람들은 자신이 할 수 있는 능력보다 과도하게 운동을 하려는 증상을 보인다. 그래서 몸이 (㉠). 그러나 전문가들은 피곤할 때 운동을 하면 오히려 (㉡). 자신에게 맞는 운동을 할 때, 그리고 자신의 몸 상태에 맞게 적당한 시간 운동을 할 때 최대의 효과를 볼 수 있다고 한다.

㉠ ....

㉡ ....

Part 2

작문형 쓰기

Essay Type

53 제시된 자료 보고 단락 쓰기
Writing a Paragraph Describing Data

54 제시된 주제로 글쓰기
Writing on a Given Topic

53 제시된 자료 보고 단락 쓰기

Writing a Paragraph Describing Data

※ 기출문제 확인 Checking Previous TOPIK Questions

다음을 참고하여 '인주시의 자전거 이용자 변화'에 대한 글을 200~300자로 쓰시오. 단, 글의 제목을 쓰지 마시오. (각 30점)

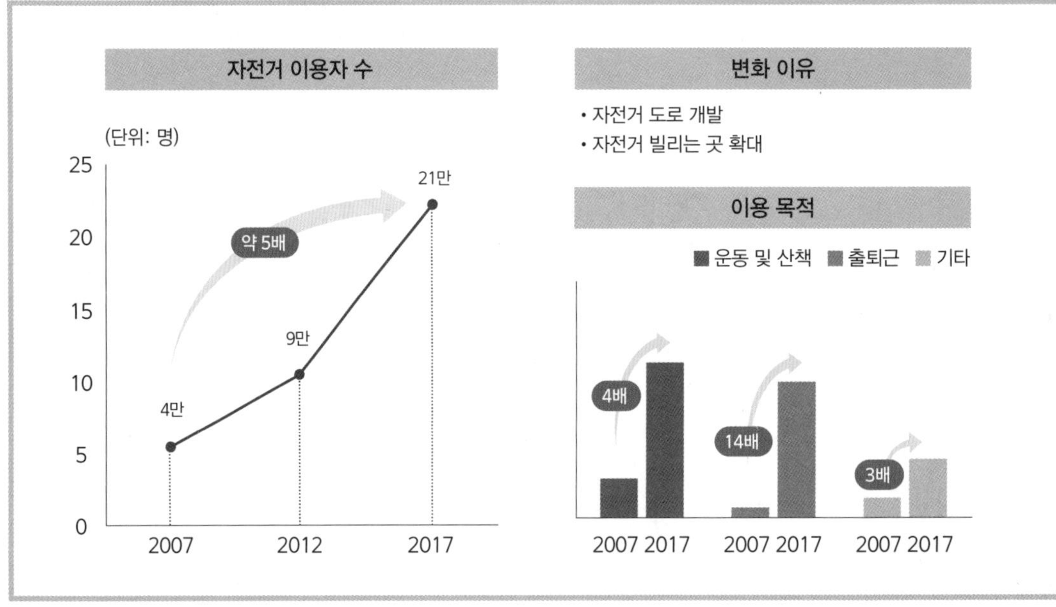

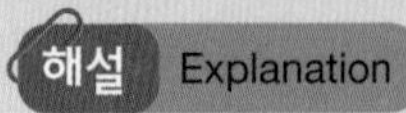

인주시의 자전거 이용자 변화를 살펴보면, 자전거 이용자 수는 2007년 4만 명에서 2012년에는 9만 명, 2017년에는 21만 명으로, 지난 10년간 약 5배 증가하였다. 특히 2012년부터 2017년까지 자전거 이용자 수가 급증한 것으로 나타났다. 이와 같이 자전거 이용자 수가 증가한 이유는 자전거 도로가 개발되고 자전거 빌리는 곳이 확대되었기 때문인 것으로 보인다. 자전거 이용 목적을 보면, 10년간 운동 및 산책은 4배, 출퇴근은 14배, 기타는 3배 늘어난 것으로 나타났으며, 출퇴근 시 이용이 가장 높은 증가율을 보였다.

해설 Explanation

This question requires to describe the data on change of bicycle users. You must explain all three pieces of information: number of users, reason for change, and purpose of use.

문제의 이해 Understanding the Questions

• 문제에 제시된 자료(표나 그래프)를 한 단락으로 설명하는 문제입니다.
You should write a paragraph explaining the data (chart or graph) presented in the question.

• 원고지에 200~300자를 써야 합니다.
The paragraph should be around 200-300 letters on squared manuscript paper.

• 제목은 쓰지 않으며, 도입-전개-마무리의 구조로 씁니다.
Do not include the title. The structure of the writing should be introduction, development, and conclusion.

• 제시된 정보를 글로 풀어 쓰고 필요한 경우 자신의 의견을 붙여서 마무리합니다.
Describe by the provided data, and if necessary, finish the paragraph with your own opinion.

• 중고급 수준의 어휘와 문법을 사용하는 것이 좋습니다.
It is recommended that you use words and grammar above the intermediate-advanced level.

• 54번까지의 쓰기 문제의 시간을 고려하면 53번은 15분~20분 안에 써야 합니다.
Considering the time given for writing questions from number 51 to 54 you should solve the question within 15-20 minutes.

채점 기준 Scoring Criteria

문제에서 **요구하고 있는 과제를 충실히 수행했습니까?**
Does the answer fulfill the task demanded by the question?

Type	Criteria of Scores
내용 및 과제 수행 Contents and Performance of the Task	• 질문 과제 수행 Performing the task of the given question • 주제와 관련된 내용 Contents related to the subject • 풍부하고 다양한 내용 표현 Rich and diverse contents expressions
글의 전개 구조 Structure of the Composition	• 단락의 논리적 구조 Logical composition of a paragraph • 적절한 담화 표지 사용 Use of proper discourse markers
언어 사용 Use of Language	• 적절하고 정확하며 다양한 어휘와 문법 사용 Use of proper, accurate and diverse vocabulary and grammar • 문법, 어휘, 맞춤법의 정확성 Accuracy of grammar, vocabulary, and spelling • 격식에 맞는 글쓰기 Writing with proper formality

제시된 **자료를 적절하게 사용하고 있습니까?**
Are the given data properly used?

TIP

담화 표지 A word or expression that has a certain function, such as 또한, 따라서, 이처럼 logically link sentences with sentences and paragraphs with paragraphs.

기출문제 유형 Types of Sample Questions from Past Tests

유형 Type	문제 유형 Type of Question	종류 Type of Answer	회차 Test Number
1	분류하고 특징 쓰기 Classifying and Writing Features	대상 설명하기 Explaining the Target	37th
2	장점과 단점 쓰기 Writing Advantages and Disadvantages		TOPIK Sample Test
3	현황과 원인 쓰기 Writing the Current State and Cause	조사 결과 설명하기 Describing Survey Results	47th 60th
4	설문 조사 결과 비교 분석해 쓰기 Writing a Comparative Analysis of Survey Results		35th 52nd

고득점 전략 배우기 Learning Strategies for Higher Scores

Let's learn some strategies for writing an answer better and faster!

Strategy	How to
 **로드맵 계획하기** Planning the Roadmap	**문제를 읽고 유형을 파악한 후 글의 순서를 구성** Construct the order of writing after reading the question and figuring out its type. For No. 53, the type of question can be grasped only by reading the instruction. You can anticipate the order of writing an answer from the type of question. Roadmap is a strategy of planning how to construct each paragraph.

 **단락 구조화하기** Structuring Paragraph	**'도입-전개-마무리'의 구조로 한 단락 쓰기** Write one paragraph with the structure of introduction, development, and conclusion. Despite being only one paragraph, you should write the answer with about 200-300 letters and construct its structure with introduction, development, and conclusion when possible. The answer should not exceed a maximum of eight sentences, consisting of one introductory sentence, four developing sentences, and one finishing sentence.

 **설명 방법 찾기** Finding Method for Describing	**문제의 유형에 맞는 전형적인 문형이나 표현으로 쓰기** Write typical patterns patterns or expressions suitable for the type of question. There are typical patternss and expressions depending on the type of question. You should practice one essential sentence right instead of trying many. It is recommended that you use a large vocabulary.

 **오류 수정하기** Correcting Errors	**마지막으로 문어체, 맞춤법, 조사, 원고지 쓰기 등을 확인하고 틀린 것 수정하기** Finally, check and correct any errors in literary style, spelling, postpositions, and writing on squared manuscript papers. Check the literary style, spelling, propositional articles, and so on. As the answer to question number 53 must be written on squared manuscript paper, you should be familiar with it. 원고지 사용법 How to write on squared manuscript paper ▶ p. 95

Be careful

- You should not begin a new line since the answer must be one paragraph.
- Some questions do not require you to write the finishing sentence.
- Be careful not to write your personal point of view as it is a descriptive paragraph.

기출문제로 이해하기 Understanding through the Sample Questions

유형 1 분류하고 특징 쓰기 Classifying and Writing Features

※ 다음 그림을 보고 대중 매체를 어떻게 나눌 수 있는지 200~300자로 쓰시오. (30점) 53회

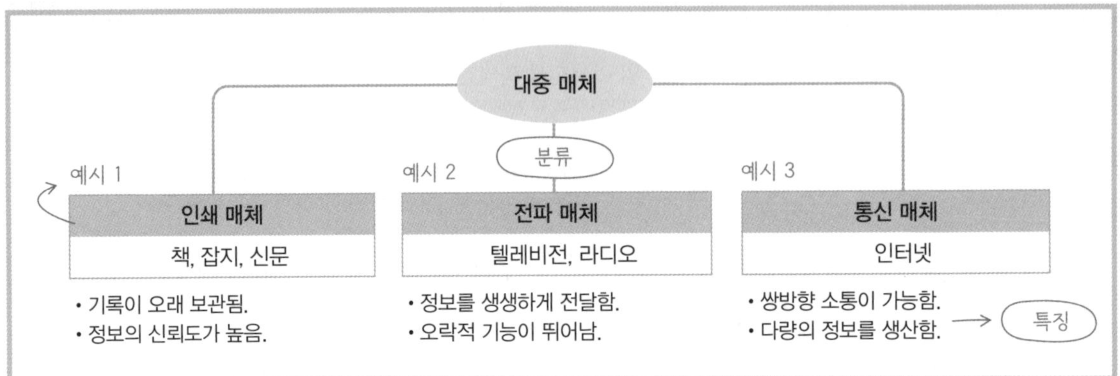

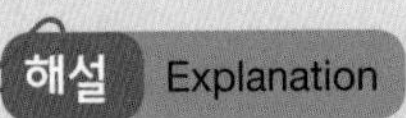

해설 Explanation

For this question, you should classify the topics and write their features. After grouping the topics, describe the presented example and feature from the left. Depending on the question, you may be presented with data such as letters, purposes, or roles instead of features.

1 전략의 적용 Applying the Strategies

Strategy 1 로드맵 계획하기 | Planning the Roadmap

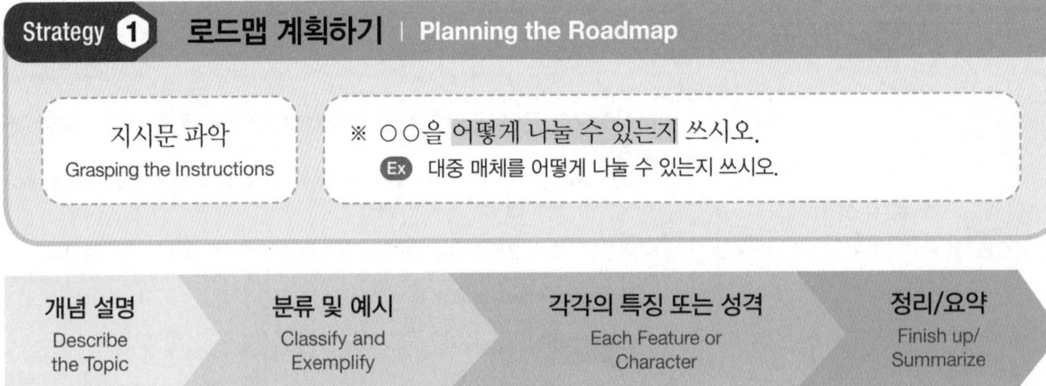

① 개념설명	대중 매체란 무엇입니까?
② 분류 및 예시	대중 매체의 종류에는 무엇이 있습니까?/각 종류에 해당하는 대중 매체는 어떤 것들이 있습니까?
③ 각각의 특징 또는 성격	분류한 대중 매체의 특징은 무엇입니까?
④ 정리/요약	지금까지 쓴 내용을 어떻게 정리할 수 있습니까?

Strategy 2 단락 구조화하기 | Structuring Paragraphs

도입 Introduction	정의 Definition	대중 매체는 많은 사람에게 대량으로 정보를 전달하는 수단이다.
전개 Development	분류 Classify 예시 Example 특징 Feature	• 대중 매체에는 인쇄 매체, 전파 매체, 통신 매체가 있다. • 인쇄 매체에는 책, 잡지, 신문 등이 있다. • 인쇄 매체는 기록이 오래 보관되고, 정보의 신뢰도가 높다. • 전파 매체에는 텔레비전, 라디오 등이 있다. • 전파 매체는 정보를 생생하게 전달하며 오락성이 뛰어나다. • 통신 매체에는 인터넷 등이 있다. • 통신 매체는 다량의 정보를 생산한다.
마무리 Conclusion	정리/요약 Finish up/ Summarize	대중 매체는 종류가 다양하며 각각의 특징이 있다.

Strategy 3 설명의 방법 찾기 | Finding Methods for Describing

유형 1 에 필요한 필수 문형과 표현 Essential sentence patterns and expressions for Type 1 questions

도입 Introduction	정의 Definition	• N(이)란 N이다 • N(이)란 N을/를 말한다 Ex 대중 매체란 많은 사람에게 대량으로 정보를 전달하는 수단이다. Mass media is a measure to convey a lot of information to numerous people. If it is difficult to define it is acceptable to write an introductory sentence explaining the nature of the topic or introducing a phenomenon. Ex 요즘 대중 매체가 사람들에게 끼치는 영향이 갈수록 높아지고 있다. Nowadays, the influence of mass media on people is getting higher and higher.
전개 Development	분류 Group	• A와 B로 나눌 수 있다 • 크게 두 가지로 나눌 수 있다 You can use 에 따라 when grouping with a specific criterion. Ex 대중 매체는 유형에 따라 인쇄 매체, 전파 매체, 통신 매체로 나눌 수 있다. Mass Media can be divided into print media, broadcasting media and communication media, according to type.
	차례 Order	• 첫 번째 A는 ~ 두 번째 B는 ~ 세 번째 C는 ~ • 우선 A는, 다음으로 B는, 마지막으로 C는 ~ The followings are the sentence patterns to explain each in order. Ex 첫 번째 인쇄 매체는 ~. 두 번째 전파 매체는 ~. 세 번째 통신 매체는 ~. Firstly, the print media are ~. Secondly, the broadcasting media are ~. Thirdly, the communication media are ~.

전개 Development	예시 Example	• A에는 a와 b 등이 있다/속한다 ② A는 a와 b 등을 들 수 있다/꼽을 수 있다 • A는 a와 b 등이며/등으로 ~ Ex 인쇄 매체는 책, 잡지, 신문 등이 있는데 기록이 오래 보관되고 정보의 신뢰도가 높다는 특징이 있다. The print media which include books, magazines, newspapers, etc. have the advantage of longer preservation and higher credibility of information.
마무리 Finish	정리/요약 Finish up/ Summarize	• 이처럼 N은 종류가 다양하며 각각 특징이 있다. • 이와 같이 N은 크게 ____가지로 나눌 수 있고 각기 특징이 다르다. Ex 이와 같이 대중 매체는 크게 세 가지로 나눌 수 있고 각기 특징이 다르다. As shown above, mass media can be rouglhy divided into three categories whose characters are different from each other.

• Useful Vocabulary •

종류 kind | **분류하다** classify | **나누다** to divide | **기준에 따라서** according to criteria | **다양하다** to be various | **속하다** to belong to | **예를 들다** to give an example | **꼽다** to point out | **각각** respectively | **특징이 있다** to be characterized by | **특징을 가지다** to have a feature | **목적으로 하다** to have a purpose | **먼저** first of all | **다음으로** second | **마지막으로** finally

Strategy 4 오류 수정하기 | Correcting Errors

Be careful of the favour of grammar and sentences.

- 대중매체이란 (X) → 대중매체란 (O)
- 크게 세 가지를 나눌 수 있다. (X) → 크게 세 가지로 나눌 수 있다. (O)
  It can be divided into three.
- 라디오, 텔레비전 등으로 들 수 있다. (X) → 라디오, 텔레비전 등을 들 수 있다. (O)
  Radio and television can be used as examples.

2 모범 답안 확인 Checking the Best Answer

정의 Definition
분류 Classification
차례 Order
예시 Example
정리 Summary

대중 매체란 많은 사람에게 대량으로 정보를 전달하는 수단이다. 이러한 대중 매체는 다양한데 크게 인쇄 매체, 전파 매체, 통신 매체로 나눌 수 있다. 먼저 인쇄 매체는 책, 잡지, 신문 등으로 기록이 오래 보관되고 정보의 신뢰도가 높다는 특징이 있다. 다음으로 전파 매체가 있는데 텔레비전, 라디오 등이 이에 속한다. 정보를 생생하게 전달하고 오락성이 뛰어나다는 특징을 가진다. 마지막으로 인터넷 같은 통신 매체가 있다. 쌍방향 소통이 가능하며 다량의 정보를 생산한다는 특징이 있다. 이처럼 대중 매체는 종류가 다양하며 각각의 특징이 있다.

TIP You should convert nouns in data in -다 sentences when writing your answer.

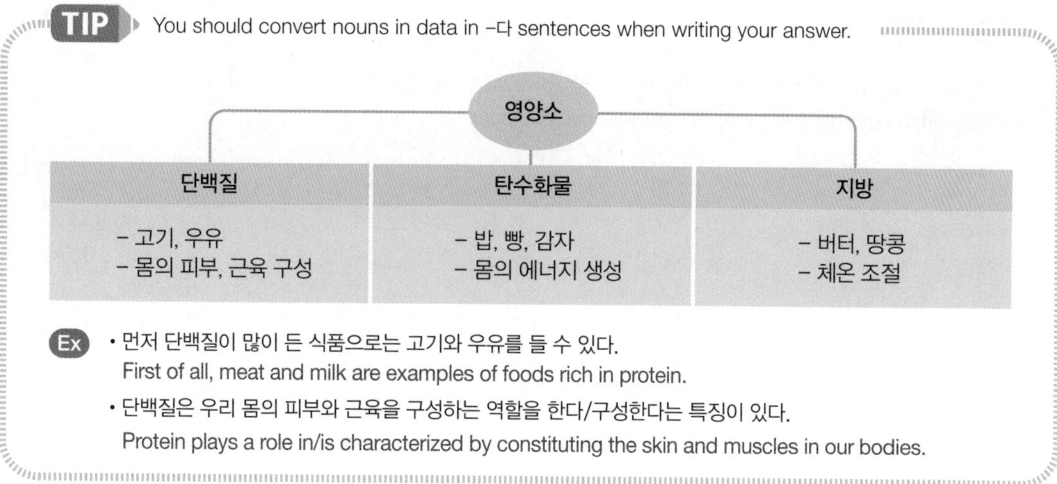

Ex
- 먼저 단백질이 많이 든 식품으로는 고기와 우유를 들 수 있다.
  First of all, meat and milk are examples of foods rich in protein.
- 단백질은 우리 몸의 피부와 근육을 구성하는 역할을 한다/구성한다는 특징이 있다.
  Protein plays a role in/is characterized by constituting the skin and muscles in our bodies.

3 전략을 적용한 답안 작성 연습 Strategy-based Answer Writing Exercise

※ 다음은 광고를 어떻게 나눌 수 있는지에 대한 자료이다. 이 내용을 200~300자의 글로 쓰시오. 단, 글의 제목은 쓰지 마시오. (30점)

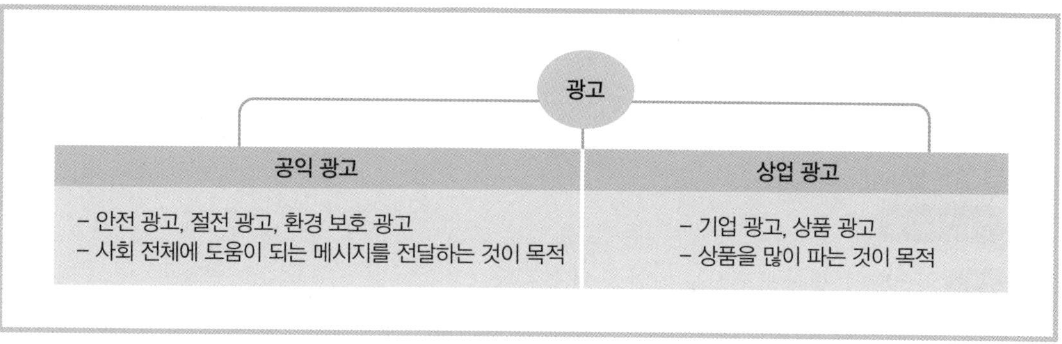

Strategy 1

문제를 읽고 유형 1 의 로드맵 작성을 통해 답안의 순서를 계획해 봅시다.
Reading the question, try to plan the order of answers through the Type 1 roadmap.

Strategy 2

도입과 마무리의 내용에 맞게 전개의 내용을 써 보면서 단락을 구조화합시다.

Let's read the question and predict the sequence of the answers by creating a roadmap.

도입 Introduction	정의 Definition	광고란 대중 매체를 이용해 상품이나 서비스 등을 사람들에게 알리는 것을 말한다.	Introduce the phenomenon if writing a definition is difficult.
전개 Development	분류 Classify 예시 Example 특징 Feature	• 광고는 (그 목적에 따라) ____________ ____________과 ____________. • 공익 광고에는 ____________. • 공익 광고의 목적은 ____________. • 상업 광고에는 ____________. • 상업 광고의 목적은 ____________ ____________.	Describe the classifying criteria.
마무리 Finish	정리 Finish up	이와 같이 광고는 크게 두 가지로 나눌 수 있으며, 각각 그 목적이 다르다.	Be cautious about the number of letters when writing a concluding sentence.

Strategy 3

유형 1 의 필수 문형과 표현으로 답안을 써 봅시다.

Let's write an answer with the essential sentence patterns and expressions of Type 1.

____________ ① 정의

____________ ② 분류

____________ ③ 예시

____________ ④ 목적

____________ ⑤ 예시

____________ ⑥ 목적

____________ ⑦ 정리

Strategy 4

모범 답안을 통해 자신이 쓴 답안과 비교해 오류를 확인해 봅시다.
Check if there are any errors in your answer by comparing it with the best answer.

① 광고란 텔레비전이나 신문, 인터넷 같은 매체를 이용해 상품이나 서비스 등을 사람들에게 알리는 것을 말한다. ② 광고는 그 목적에 따라 공익 광고와 상업 광고로 나눌 수 있다.

③ 먼저 공익 광고에는 안전을 강조하는 안전 광고, 전기 절약을 홍보하는 절전 광고, 환경 보호를 촉구하는 환경 보호 광고 등이 있다. ④ 이러한 공익 광고의 목적은 사회 전체에 도움이 되는 메시지를 대중에게 전달하고 알리는 것이다. ⑤ 다음으로 상업 광고에는 기업 광고, 상품 광고가 이에 속한다. ⑥ 기업 광고든지 상품 광고든지 그 목적은 기업에서 만들어 낸 상품을 많이 팔아 이익을 얻는 것이다. ⑦ 이처럼 광고는 공익 광고와 상업 광고 크게 두 가지로 나눌 수 있으며 각각 그 목적이 다르다.

TIP

You can explain the present situation with the introductory sentence. In the development paragraph, you can omit supplementary explanation on the classifying criteria and advertisement example if writing it is too difficult.

① 대중 매체의 발달로 인해 광고의 영향력이 갈수록 커지고 있다. ② 이러한 광고는 공익 광고와 상업 광고로 분류할 수 있다. ③ 첫째 공익 광고에는 안전 광고, 절전 광고, 환경 보호 광고 등이 있다.

유형 2 장점과 단점 쓰기 Writing Advantages and Disadvantages

※ 다음 표를 보고 인터넷의 장단점에 대해 쓰고 인터넷을 잘 이용하기 위해서는 어떻게 해야 하는지 200~300자로 쓰십시오. (30점) **토픽 예시 문제**

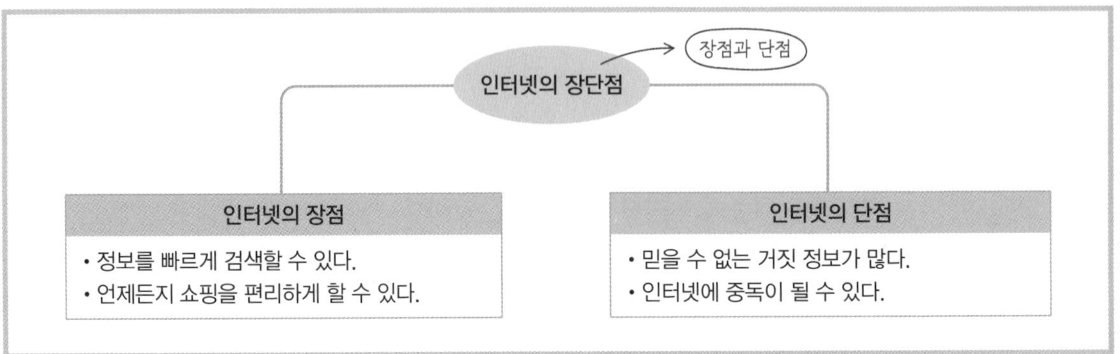

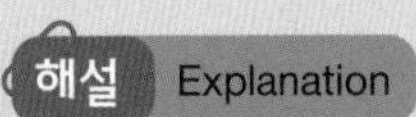

You are required to write the advantages and disadvantages of the topic. You should not write your thoughts but the contents of the presented table. If there are any instructions specifically telling you to write what you need to do, complete the paragraph by doing that.

1 전략의 적용 Applying the Strategies

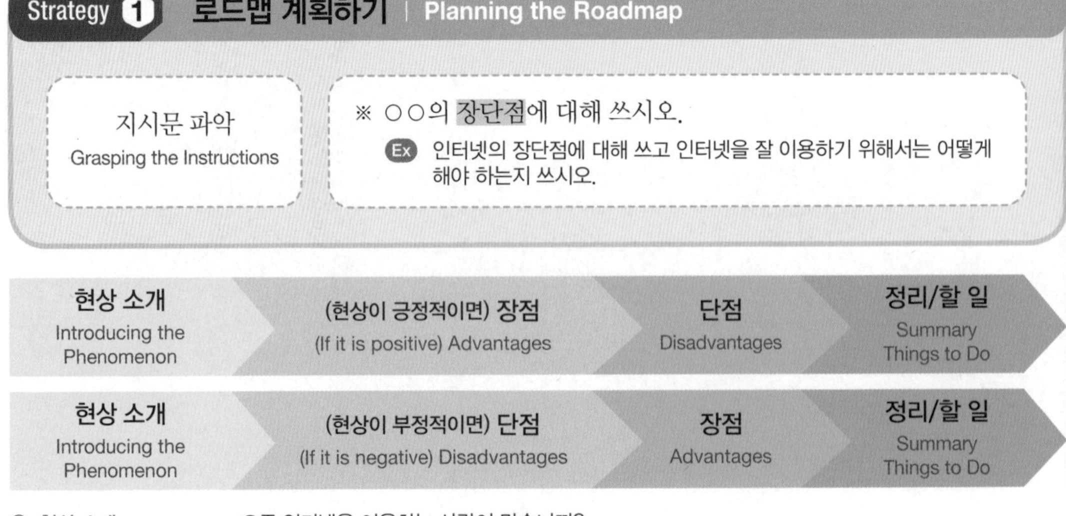

① 현상 소개 요즘 인터넷을 이용하는 사람이 많습니까?
② 장점과 단점 인터넷의 장점은 무엇입니까?/인터넷의 단점은 무엇입니까?
③ 정리/요약 인터넷을 이용할 때 주의할 점은 무엇입니까?

Strategy 2 단락 구조화하기 | Structuring Paragraphs

도입 Introduction	현상 소개 Introducing the Phenomenon	인터넷을 이용하는 사람이 점점 많아진다.
전개 Development	장점 Advantages	• 정보를 빠르게 검색할 수 있다는 장점이 있다 • 언제든지 쇼핑을 편리하게 할 수 있는 것도 장점이다.
	단점 Disadvantages	• 단점은 믿을 수 없는 거짓 정보가 많은 것이다. • 인터넷에 중독될 수 있는 것도 단점이다.
마무리 Conclusion	할 일 Things to Do	인터넷을 사용할 때는 단점에 유의해야 한다.

Strategy 3 설명 방법 찾기 | Finding Methods for Describing

유형 2에 필요한 필수 문형과 표현 Essential sentence patterns and expressions for Type 2 questions

도입 Introduction	현상/정의 Phenomenon/ Definition	• 최근/요즘 -고 있다 • N(이)란 N을/를 말한다 You should write an introductory sentence to structure the paragraph even though it is not given in the data. You can introduce the phenomenon or describe the topic. Ex 인터넷이란 전 세계를 컴퓨터로 연결해 정보를 전달하는 수단을 말한다. Internet is a method which conveys information by connecting the whole world through computer.
전개 Development	나열 List	① A_1이 있다. 또/그리고/뿐만 아니라 A_2도 있다 ② 그뿐만 아니라 -는 것도 단점이다 ③ 또한 -는다는 장점/단점도 있다 ④ 또 -는 것도 장점/단점에 해당한다 Ex 인터넷을 이용하면 정보를 빠르게 검색할 수 있다는 장점이 있다. 뿐만 아니라 언제든지 편하게 쇼핑을 할 수 있는 것도 장점에 해당한다. Using the Internet has its merits of letting people search information quickly. Furthermore, it is also advantageous that it lets you shop whenever convenient.
	대조 Contrast	• 이러한 -는 반면에 • 반면에 단점/장점도 있다 Ex 이러한 장점이 있는 반면에 While it has some advantages, 정보를 빠르게 검색할 수 있는 반면에 거짓 정보도 많다. While it allows quick search of knowledge, there are also much fake information.

마무리 Finish	정리/할 일 Summary/ Things to do	• 이처럼/이와 같이 • 그러므로/따라서 N에 유의해야 할 것이다 Unless the question demands you to write about "what to do" specifically, it is a descriptive writing. Therefore, summarizing the above paragraph into the final sentence would suffice. Ex 이처럼 인터넷은 장점도 있고 단점도 있는 것을 알 수 있다. Likewise, we can see that the Internet has its merits and demerits. If you should write about "what to do," start your sentence with the words 그러므로 or 따라서. It is proper to end the sentence with −야 할 것이다 or −는 것이 좋다 instead of −야 한다. Ex 그러므로 인터넷을 이용할 때는 정보가 신뢰할 만한 것인지 점검해 보고 중독이 되지 않도록 유의하는 것이 좋다. Therefore, it is better to examine the credibility of the information and watch out for the possibility of becoming addicted when using the Internet.

TIP

The description part of the advantages and disadvantages can be written as follows.

도입 Introduction	최근 이용자가 더 많아진 인터넷의 장점은 다음과 같다.
차례 Order	첫 번째로 필요한 정보를 빠르고 쉽게 검색할 수 있는 점이다.
나열 List	또 다른 장점은 언제든지 어디에서든지 편리하게 쇼핑할 수 있다는 점이다.
대조 Contrast	반면에 단점도 있다.
차례 Order	먼저 인터넷의 정보 중에는 믿을 수 없는 거짓 정보가 많다.
나열 List	또한 습관처럼 이용하다 보면 중독이 될 수 있는 점도 단점이라고 할 수 있다.
정리 Summery	이처럼 인터넷은 장점과 단점이 모두 있는 것을 알 수 있다.

Useful Vocabulary

장점 advantage | **단점** disadvantage | **게다가** besides | **첫째** first | **둘째** second | **셋째** third | **반면에** on the other hand | **뿐만 아니라** moreover | **따라서** therefore

Strategy 4 오류 수정하기 | Correcting Errors

Describe only the advantages and disadvantages presented in the data. You should not write your point of view or experience.

- 나는 인터넷 때문에 시간을 많이 빼앗기는 것도 단점이라고 생각한다. (X)
- 내 경우를 봐도 인터넷을 많이 해서 눈이 나빠졌다. (X)

You should write 장점/단점은 N이다 or N은 –을 수 있다는 장점/단점이 있다 for coherence of sentence.

- 첫 번째 장점은 빠르고 쉽게 검색할 수 있다. (X)

  → 첫 번째 장점은 빠르고 쉽게 검색할 수 있다는 점이다. (O)

  The first advantage is that it is fast and easy to search.

2 모범 답안 확인 Checking the Best Answer

현상 Phenomenon
나열 List
대조 Contrast
정리 Summarize

최근 인터넷을 이용하는 사람들이 점점 많아지고 있다. 인터넷으로 정보를 빠르게 검색할 수 있기 때문이다. 또 시간에 관계없이 인터넷을 통해 언제든지 편하게 쇼핑을 할 수도 있기 때문이다. 그런데 이러한 장점이 있는 반면에 단점도 있다. 우선 인터넷에서 얻은 정보 중에는 사실 확인이 안 된 믿을 수 없는 거짓 정보가 많다. 뿐만 아니라 습관처럼 아무 생각 없이 이용하다 보면 중독이 될 수도 있다. 그러므로 인터넷을 이용할 때는 이러한 단점에 유의해야 할 것이다.

3 전략을 적용한 답안 작성 연습 Strategy-based Answer Writing Exercise

다음은 재택근무의 장단점에 대한 자료이다. 재택근무가 잘 되기 위해서는 어떻게 해야 하는지 200~300자의 글로 쓰시오. 단, 글의 제목은 쓰지 마시오. (30점)

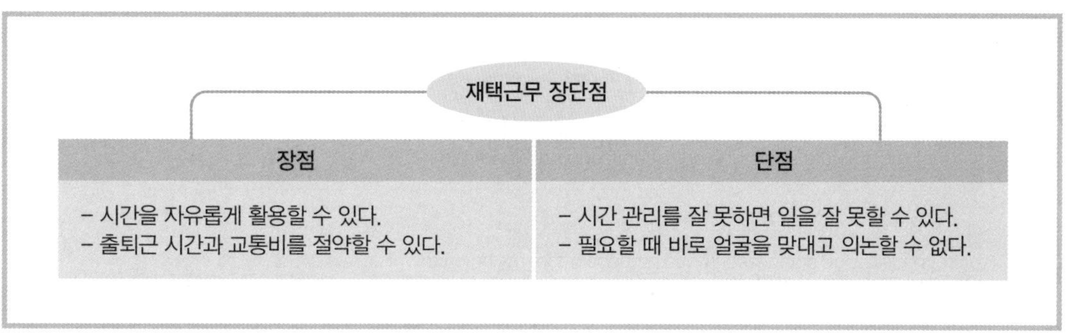

Strategy 1

문제를 읽고 유형 2 의 로드맵 작성을 통해 답안의 순서를 계획해 봅시다.
Reading the question, try to plan the order of answers through the Type 2 roadmap.

Strategy 2

도입과 마무리의 내용에 맞게 전개의 내용을 써 보면서 단락을 구조화합시다.
Let's structure the paragraph after writing the contents of development according to the introduction and conclusion

도입 Introduction	정의 Definition	직장에 출근하지 않고 집에서 일하는 것을 재택근무라고 한다.	Introduce the phenomenon if writing a definition is difficult.
전개 Development	장점 Advantages	• 재택근무의 장점은 ____________ ____________ ____________.	As it is a positive phenomenon, describe the advantages first.
	단점 Disadvantages	• 재택근무의 단점은 ____________ ____________ ____________.	
마무리 Finish	할 일 Things to do	재택근무를 할 때는 시간을 정해서 일하고 메신저 등을 이용해 항상 소통이 가능하도록 해야 할 것이다.	Write the things to do to compensate for the disadvantages.

Strategy 3

유형 2 의 필수 문형과 표현으로 답안을 써 봅시다.
Let's write an answer with the essential sentence patterns and expressions of Type 2.

____ ① 정의

____ ② 장점1

____ ③ 장점2

④ 대조

⑤ 단점1

⑥ 단점2

⑦ 할 일

Strategy 4

모범 답안을 통해 자신이 쓴 답안과 비교해 오류를 확인해 봅시다.
Check if there are any errors in your answer by comparing it with the best answer.

① 직장에 출근하지 않고 집에서 일하는 것을 재택근무라고 한다. ② 직장인 입장에서 재택근무는 원하는 시간에 일하면 되므로 시간을 자유롭게 활용할 수 있는 장점이 있다. ③ 또한 출퇴근 시간과 교통비를 아낄 수 있다는 장점도 있다. ④ 반면에 단점도 있다. ⑤ 집에서 근무하다 보면 시간 관리를 잘 못할 수 있고 그 결과로 일의 진행이 지연될 수도 있다. ⑥ 뿐만 아니라 문제가 생겼을 때 바로 얼굴을 맞대고 의논할 수 없는 것도 단점이다. ⑦ 그러므로 재택근무를 할 때는 시간을 정해서 일하고 메신저 등을 이용해 항상 소통이 가능하도록 해야 할 것이다.

TIP

If it is difficult to define what working from home is, describing the phenomenon is suitable for an introductory sentence instead. You also can refer to the advantages like in the following sentences.

① 요즘 재택근무를 하는 사람들이 꾸준히 증가하고 있다. ② 이는 재택근무의 장점이 많기 때문인데 첫 번째 장점으로는 직장에 출근해서 일하는 것보다 시간을 자유롭게 활용할 수 있는 점을 들 수 있다. ③ 두 번째 장점은 출퇴근 시간과 교통비를 절약할 수 있다는 점이다.

유형 3 현황과 원인 쓰기 Writing about the Current State and Cause

※ 다음을 참고하여 '국내 외국인 유학생 현황'에 대한 글을 200~300자로 쓰십시오. 단, 글의 제목을 쓰지 마십시오. (30점) 47회

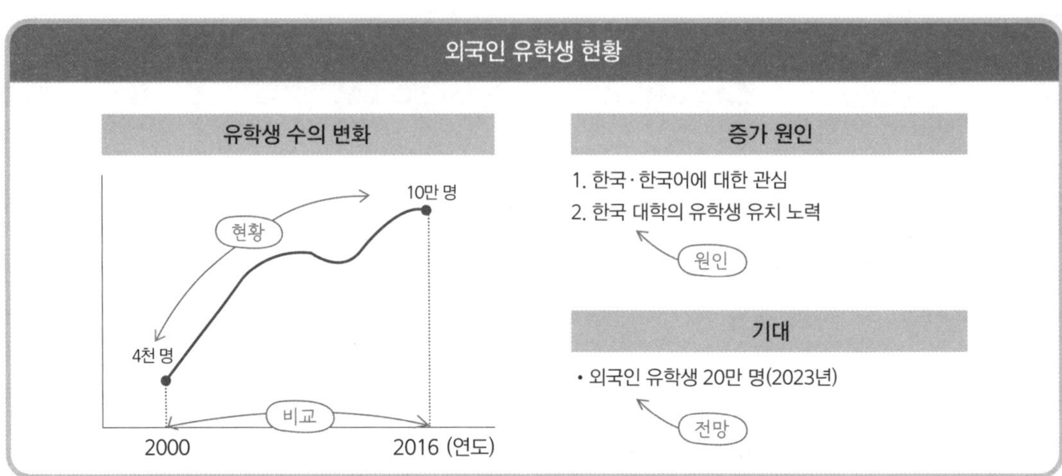

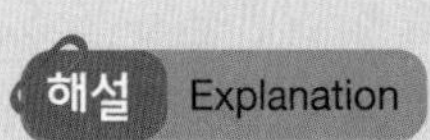

For this question, you should explain the current state of a topic by using the presented table and graph. You are required to compare the present situation to the past and to state the reason for the change. Depending on the question, other data such as purpose or prospect is given as well. Organize your paragraph in the order in which the data is presented (left → right, top → bottom).

1 전략의 적용 Applying the Strategies

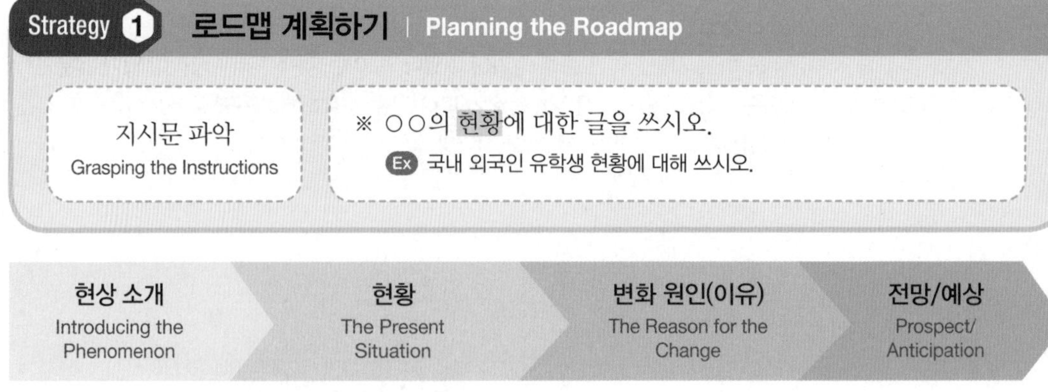

① 현상 소개　외국인 유학생 수는 증가입니까? 아니면 감소입니까?
② 현황　과거와 비교해 얼마나(몇 배)/어떻게 변화되었습니까?
③ 원인(이유)　이러한 변화의 이유는 무엇입니까?
④ 전망　앞으로는 어떻게 될 것 같습니까?

Strategy 2 단락의 구조화하기 | Structuring Paragraphs

도입 Introduction	현상 소개 Introducing the Phenomenon	국내에서 유학하는 외국인 유학생이 증가했다.
전개 Development	현황 Current State	• 2000년에는 4천 명이었다. • 2016년에는 10만 명이 되었다.
	원인(이유) Cause (Reason)	• 증가 원인은 한국과 한국어에 대한 관심 증가이다. • 증가 원인은 한국 대학의 유학생 유치 노력이다.
마무리 Conclusion	전망 Prospect	2023년에는 외국인 유학생이 20만 명이 될 것이다.

Strategy 3 설명의 방법 찾기 | Finding Methods for Describing

유형 3 에 필요한 필수 문형과 표현 Essential sentence patterns and expressions for Type 3 question

도입 Introduction	현상/정의 Phenomenon/ Definition	• 최근/요즘 -했다 • 최근/요즘 -고 있다 • N(이)란 N을/를 말한다 Write an introductory sentence based on the given data.
전개 Development	출처 Source	• N에 따르면/의하면 If the source is identified in the data, indicate it in the development. Ex 교육부가 실시한 조사에 따르면 한국에 체류하는 유학생은 중국 학생이 제일 많은 것으로 나타났다. According to a survey conducted by the Ministry of Education, the number of students from China was the highest among international students in Korea.
	비교 현황 Comparison Situation	• A년에 N(이)던 N이 B년에는 N이/가 되었다 • 몇 년 동안 감소하더니 (A년부터 다시 증가세를 보이기 시작해서) 지금은 N이/가 되었다 • A년에 비해서 B년에는 N배 이상 증가/감소한 것으로 나타났다 The expression for emphasizing plenty Ex 현재 50%에 이르렀다. (= 올해에는 50%에 달했다.) It is now 50%. (= It reached 50% this year.) An expression for emphasizing fewness Ex 지금은 50%에 그쳤다. (= 현재는 50%에 불과하다.) It is now only 50%. (= It is only 50% at present.)

전개 Development	원인 Cause	• 이러한 원인으로는 N을/를 들 수 있다 • 이런 변화의 원인으로 N을/를 꼽을 수 있다 • 이러한 변화 이유는 ~ 때문인 것으로 보인다 You can use 영향을 끼치다/미치다 when explaining a cause. Ex 대학들의 유학생 유치 노력도 영향을 미친 것으로 보인다. Universities' efforts to attract international students also seem to have been affected.
마무리 Finish	전망/정리 Prospect/ Summery	• ____년에는/앞으로는 -(으)ㄹ 것으로 기대된다/예측된다/전망된다 • N을/를 통해서 -는 것을 알 수 있다 If only the current state and the cause are given in the data, the concluding sentence is a summary of what is described so far. If 기대, 예측, or 전망 appear, it is necessary to use it for the concluding sentence. Ex 이와 같은 증가세가 계속된다면 2023년에는 외국인 유학생이 20만 명에 이를 것으로 기대된다. If this increasing trend continues, the number of foreign students is expected to reach 200,000 in 2023. If only the current situation and its causes are listed in the data, you should write the final sentence by summarizing the above description or by anticipating that the trend in the graph would continue. Ex 이를 통해서 앞으로도 외국인 유학생 수가 지속적으로 증가할 것으로 예측된다. From this, we can expect that the number of foreign students would increase continually in the future.

① 현황과 원인만 있는 자료 Data with the Present Situation and Cause Only

It is essential for **Type 3** questions to identify whether the change is plus (increase, extension, raise, lengthening) or minus (decrease, shortening, reduction). There are questions in the following formats, and it is necessary to check whether the data is plus or minus in the roadmap stage.

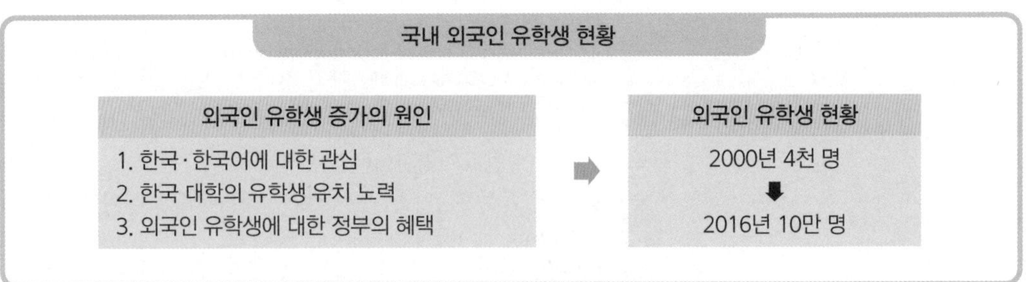

▸ Although there is a cause in the data, you should be reminded that roadmap of **Type 3** is a phenomenon → the current state → cause of change → prospect. After confirming if the data is a plus from the current state, write your answer with the following sentence patterns and expressions. Even without any data called "prospects," you can anticipate in the final sentence that the plus state would continue.

도입 Introduction	현상 Phenomenon	최근 국내의 외국인 유학생이 계속 증가하고 있다.
전개 Development	현황 Current State	2000년 4천 명에 불과했던 유학생 수는 꾸준히 증가하여 2016년에는 10만 명에 이르렀다.
	원인 Cause	이러한 증가의 원인은 다음과 같다. 첫째 ~ 둘째 ~ 셋째 ~
마무리 Conclusion	전망 Prospect	이러한 원인으로 앞으로도 외국인 유학생 수는 지속적으로 증가할 전망이다.

② 정보가 많은 현황 그래프 Graph on the Current State with Lots of Information

For question number. 53, you should describe all the information presented in the graph. It is necessary for all of the figures on the following graph to be explained by year.

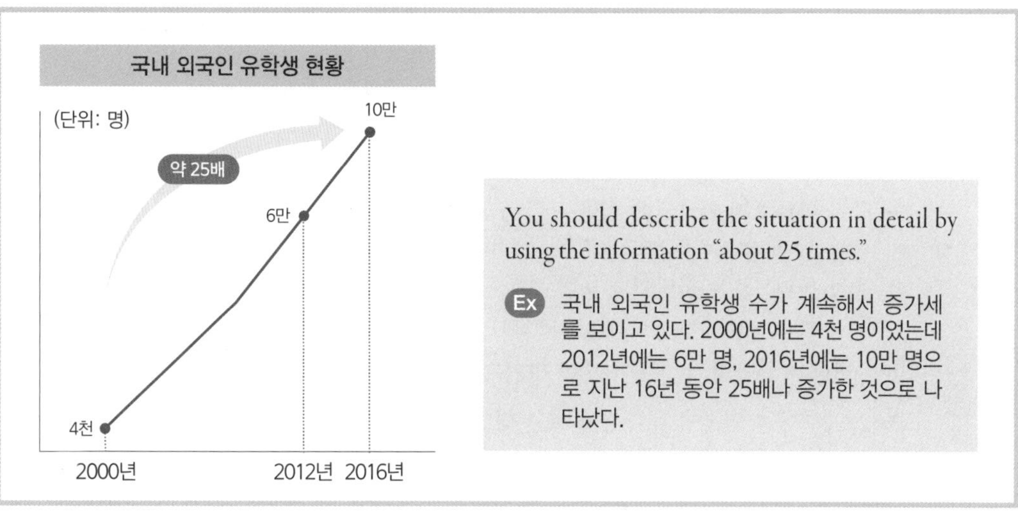

③ 전망 대신 목적이 있는 자료 Data with a Purpose instead of Prospect

The purpose may be presented in the data depending on the question. Seeing it on the roadmap, you can write it last.

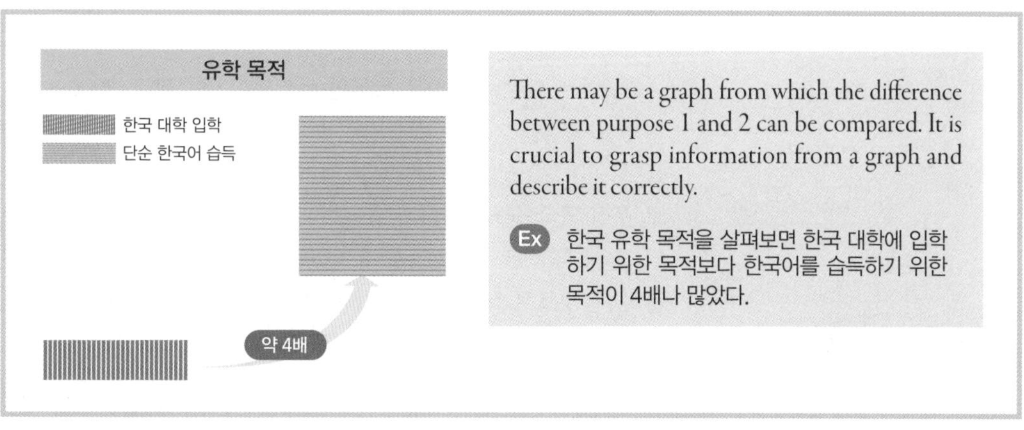

Useful Vocabulary

증가하다 to increase | **감소하다** to decrease | **증가세** increasing trend | **감소세** decreasing trend | **증가율** rate of increase | **감소율** rate of decrease | **급증하다** to increase rapidly | **급감하다** to decrease rapidly | **늘어나다** to rise | **줄어들다** to diminish | **향상되다** to improve | **확대되다** to be enlarged | **축소되다** to be reduced | **약 ~ 배** about ~ times | **꾸준히** steadily | **지속적으로** consistently | **비해서** compared to | **비교하면** comparing | **급격하게** sharply | **서서히** slowly | **가파르게** steeply | **완만하게** gently | **큰 폭으로** dramatically | **소폭으로** slightly | **영향을 미치다/끼치다** to have an influence | **기대되다** to be expected | **전망되다** to be forecasted | **예상되다** to be predicted

Strategy 4 오류 수정하기 | Correcting Errors

Be careful regarding the cohenence of sentences.

- 최근 유학생이 많아진다. (X)
  → 최근 유학생이 많아지고 있다. (O) / 최근 유학생이 많아졌다. (O)
  The number of international students has increased recently.
  / The number of international students recently increased.
- 증가 원인은 한국어에 대한 관심이다. (X)
  → 증가 이유로는 한국어에 대한 관심이 높아진 것을 들 수 있다. (O)
  The heightened interest in Korean is one of the reasons for the increase.
  증가 원인으로는 한국어에 대한 관심이 높아진 것을 꼽을 수 있다. (O)
  The heightened interest in Korean is one of the causes for the increase.
- 2023년에는 외국인 유학생이 20만 명인 것으로 예상된다. (X)
  → 2023년에는 외국인 유학생이 20만 명일 것으로 예상된다. (O)
  It is expected that there will be 200,000 international students in 2023.

2 모범 답안 확인 Checking the Best Answer

현상 Phenomenon
비교 Comparison
현황 Present Situation
원인 Cause
전망 Prospect

최근 국내에서 유학하는 외국인 유학생이 급증했다. 2000년에 4천 명이던 유학생이 가파른 상승세를 보이다 잠시 주춤하더니 다시 증가세를 보이며 2016년에 이르러 10만 명이 되었다. 이러한 증가의 원인으로 우선 외국인들의 한국과 한국어에 대한 관심이 증가한 것을 들 수 있다. 한국 대학에서 유학생을 유치하려는 노력도 유학생 증가에 큰 영향을 미친 것으로 보인다. 이러한 영향이 계속 이어진다면 2023년에는 외국인 유학생이 20만 명에 이를 것으로 기대된다.

TIP

Depending on the presented data, the roadmap for No. 53 might be as follows.

- 현상 소개 → 현황 → 전망
- 현상 소개 → 현황 → 원인
- 현상 소개 → 현황 → 원인 → 전망/예상
- 현상 소개 → 현황 → 원인 → 목적

3 전략을 적용한 답안 작성 연습 Strategy-based Answer Writing Exercise

※ 다음은 '한국의 여름이 길어지는 현상'에 대한 자료이다. 이 내용을 200~300자의 글로 쓰시오. 단, 글의 제목은 쓰지 마시오. (30점)

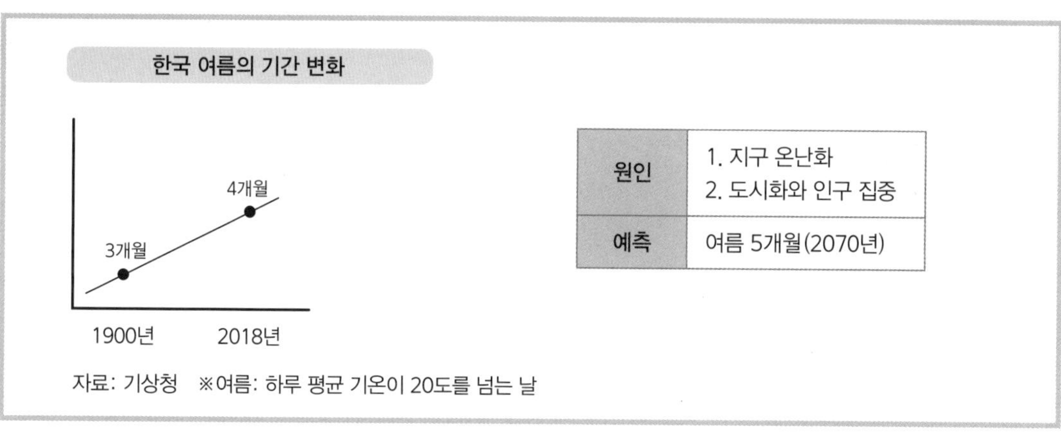

원인	1. 지구 온난화 2. 도시화와 인구 집중
예측	여름 5개월(2070년)

Strategy 1

문제를 읽고 유형3 의 로드맵 작성을 통해 답안의 순서를 계획해 봅시다.

Reading the question, try to plan the order of answers through the Type 3 roadmap.

로드맵

Strategy 2

도입과 마무리 내용에 맞게 전개의 내용을 써 보면서 단락을 구조화합시다.

Let's structure the paragraph after writing the contents of development according to the introduction and conclusion.

도입 Introduction	현상 소개 Introducing the Phenomenon	한국의 여름이 점점 길어지고 있다.	The change in direction of plus.
전개 Development	현황 Current State → 원인 Cause	• 기상청에 따르면 1900년에는 ____________ 2018년 4개월이 되었다. • 이러한 변화의 원인은 ____________. ____________도 원인이다.	Explain all the data.
마무리 Finish	전망 Prospect	2070년에는 여름이 5개월이 될 것이다.	Explain the increase in detail.

Strategy 3

유형 3 문제에 맞는 필수 문형과 표현으로 답안을 써 봅시다.

Let's write an answer with the essential sentence patterns and expressions of Type 3.

____________ ① 현상

____________ ② 현황(출처, 비교)

____________ ③ 원인1

____________ ④ 원인2

____________ ⑤ 예상

Strategy 4

모범 답안을 통해 자신이 쓴 답안과 비교해 오류를 확인해 봅시다.
Check if there are any errors in your answer by comparing it with the best answer.

① 한국의 여름이 해마다 길어지고 있다. ② 기상청 자료에 따르면 1900년에 3개월이던 여름이 해마다 꾸준히 길어져 2018년에는 4개월인 것으로 나타났다. ③ 하루 평균 기온이 20도를 넘는 여름이 이처럼 계속 길어지는 원인으로는 먼저 지구 온난화를 들 수 있다. ④ 또한 도시화와 인구 집중도 여름 기간 변화에 영향을 미친 것으로 보인다. ⑤ 앞으로도 이와 같은 영향이 계속된다면 2070년에는 한국의 여름이 지금보다 한 달이나 더 늘어나 5개월이 될 것으로 예상된다.

TIP

You can write an introductory sentence by using the definition of summer in the data.

① 하루 평균 기온이 20도를 넘는 날을 여름이라고 한다. ② 기상청 자료에 의하면 1900년에 3개월이던 여름이 2018년에는 4개월로 지속적으로 길어지는 것으로 나타났다.

유형 4 ▸ 설문 결과 비교 분석 쓰기 Writing a Comparative Analysis of Survey Results

※ 다음 그래프를 보고, 연령대에 따라 필요하다고 생각하는 공공시설이 무엇인지 비교 분석하여 그에 대한 자신의 생각을 글을 200~300자로 쓰십시오. (30점) 35회

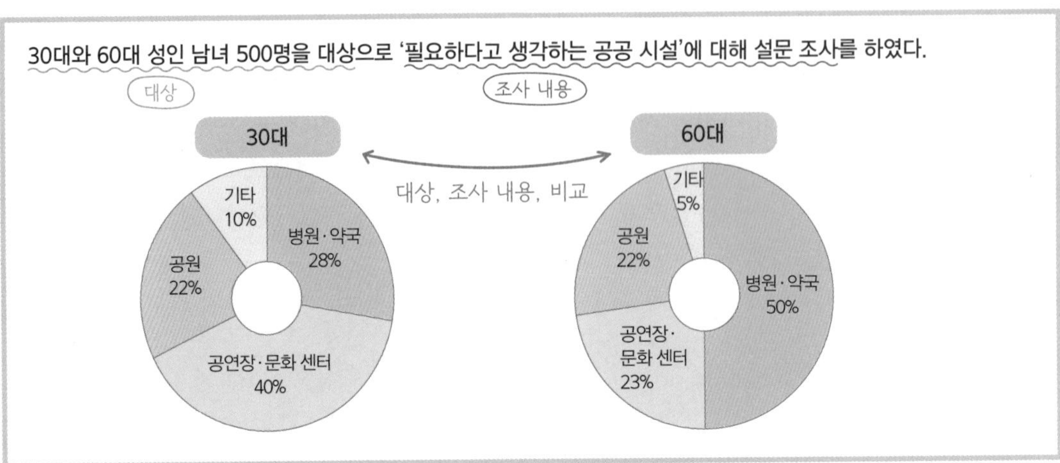

해설 Explanation

The question requires you to describe some survey results presented in a table or a graph. You can explain the results in order from highest to lowest or by comparing two objects. If there are instructions to write your thoughts, write your analysis in the conclusion sentence.

1 전략의 적용 Applying the Strategies

Strategy 1 로드맵 계획하기 | Planning the Roadmap

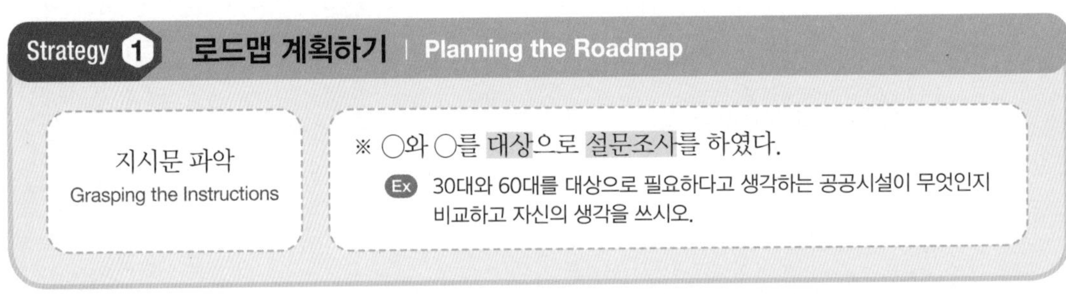

① 조사 대상, 내용　누구를 대상으로 어떤 조사를 했습니까?
② 조사 결과 비교　그래프를 통해 본 조사 결과는 어떻습니까?/대상별로 비교한 결과는 어떻습니까?
③ 정리/분석　이러한 결과를 통해 무엇을 알 수 있습니까?

Strategy 2 단락의 구조화하기 | Structuring Paragraphs

도입 Introduction	조사 대상과 내용 Subject and Content of Research	30대와 60대 성인 남녀를 대상으로 필요하다고 생각하는 공공시설에 대한 조사를 실시하였다.
전개 Development	조사 결과 비교 Comparing the Results	• 30대의 경우는 공연장·문화 센터가 40%, 병원, 약국이 28%로 조사됐다. • 60대의 경우는 병원, 약국이 50%, 공연장·문화 센터가 23%로 조사됐다. • 30대와 60대 모두 공원이 20%로 나타났다.
마무리 Conclusion	분석 (자기 생각) Analysis (Your Thoughts)	자신의 나이와 관계있는 공공시설이 더 필요하다고 생각한다.

Strategy 3 설명의 방법 찾기 | Finding Methods for Describing

유형 4 에 필요한 필수 문형과 표현 Essential sentence patterns and expressions for Type 3 questions

도입 Introduction	조사 대상, 내용 Subject and Content of Research	• A와 B를 대상으로 N에 대해 조사했다 • A를 B를 대상으로 N에 대한 조사를 실시했다 Ex 30대와 60대 성인 남녀 500명을 대상으로 필요하다고 생각하는 공공시설에 대해 조사를 실시하였다. We have conducted a research on 500 subjects from 30s to 60s about the public facilities they think are most needed.
전개 Development	그래프 설명 Describing Graph	• 조사 결과는 다음과 같다 • 그 결과 A의 경우는 N(으)로 나타났고 B의 경우는 N(으)로 나타났다 Be careful regarding the coherence of long sentences Ex 조사 결과 30대가 가장 필요하다고 생각하는 공공시설은 문화 센터인 것으로 나타났고 60대는 병원인 것으로 나타났다. According to the results of the survey, the most required public facilities for people in their 30s are cultural centers, and hospitals for people in their 60s • N이/가 ____%로 1위를 차지했다 • N이/가 ____%로 가장 높게/낮게 나타났다 • N이/가 1위로 ___%에 달했다 • N이/가 ____%로 가장 높게 나타났으며 N이/가 ____%로 그 뒤를 이었다 • N(이)라고 응답한 사람은 ___%로 나타났다 • 다음으로 N 순이었다

<table>
<tr><td></td><td></td><td>As questions on preference surveys are often given, you can use rankings to describe the graphs.
Ex 30대의 경우 공연장·문화 센터가 40%로 1위를 차지했다. 다음으로 병원·약국이 20%로 그 뒤를 이었다.
Among the 30s, concert halls and culture centers ranked first with 40% of respondents. Hospitals and pharmacies followed the lead with 20% of respondents.</td></tr>
<tr><td>전개
Development</td><td>대조
Contrast</td><td>• 반면에
• 이와 달리

Generally, there are two subject groups of a research. In this case, you can use the descriptive method of contrasting their differences one by one.
Ex 30대는 공연장·문화 센터가 40%로 가장 높게 나타난 반면에 60대는 병원·약국이 50%로 가장 높게 나타났다. (중략) 공원 시설에 대해서는 30대와 60대 모두 22%로 동일하게 나타났다.
While concert halls and culture center ranked first among the 30s with 40% of respondents, the 60s required hospitals and pharmacies the most with 50% of respondents. (...) People in their 30s and 60s agree on park facilities with 22% of respondents.

You can also explain the research result on a certain subject group thoroughly, and then start a new sentence with '반면에'. If there are no common results between the two subjects, this is a better and easier way to write the answer in the given number of letters.
Ex 이와 달리 60대의 경우는 병원·약국이 50%로 가장 높게 나타났다.
Instead, hospitals and pharmacies were shown to be the first among the 60s with 50% of respondents.</td></tr>
<tr><td>마무리
Finish</td><td>정리/분석
Summary/Analysis</td><td>• 이상의 설문조사 결과를 통해 −는 것을 알 수 있다
• 이를 통해 −는 것을 알 수 있다

Writing a simple sentence is all right if you do not have enough time to write a summary.
Ex 이상의 설문조사 결과를 통해 30대와 60대는 필요하다고 생각하는 공공시설에 대한 생각이 다르다는 것을 알 수 있다.
According to the above survey results we can see that people in their 30s and 60s have different opinions about public facilities that they think are necessary.
Ex 이상의 설문조사 결과를 통해 30대와 60대는 필요하다고 생각하는 공공시설에 대한 생각이 크게 다르지 않다는 것을 알 수 있다.
According to the above survey results we can see that people in their 30s and 60s are not so different regarding their opinions on public facilities that they think are necessary.</td></tr>
</table>

① 막대그래프 자료 Bar Graph Data

Type 4 questions require you to describe survey result by numbers. Use the essential sentence patterns you learned above when the following data is presented.

- 20대의 90%가 '그렇다'**라고 응답했다.**
- 20대는 '그렇다'라고 응답한 사람이 90%**를 차지했다.**
- 20대는'그렇다'라고 응답한 사람이 90%**로 나타났다.**
- 자료에 **따르면** '그렇다'가 357명으로 90%**에 달했다.**

② 이유와 순위가 있는 자료 Data with Reason and Ranking

There are **Type 4** questions giving not only survey results but also the reasons for them.

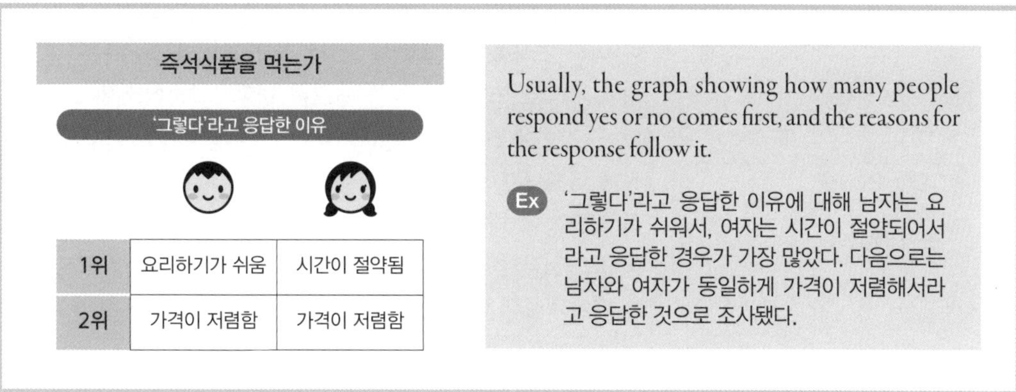

1위	요리하기가 쉬움	시간이 절약됨
2위	가격이 저렴함	가격이 저렴함

Usually, the graph showing how many people respond yes or no comes first, and the reasons for the response follow it.

Ex '그렇다'라고 응답한 이유에 대해 남자는 요리하기가 쉬워서, 여자는 시간이 절약되어서라고 응답한 경우가 가장 많았다. 다음으로는 남자와 여자가 동일하게 가격이 저렴해서라고 응답한 것으로 조사됐다.

Useful Vocabulary

반면에 on the other hand | **이와 달리** in contrast | **동일하게** equally | **마찬가지로** alike | **공통적으로** in common | **상대적으로** relatively | **절반 수준** half level | **달하다** to reach | **차지하다** to hold | **나타나다** to appear | **조사되다** to be researched | **응답하다** to answer | **응답자** respondent | **뒤를 잇다** to follow | **순이다** to be in order of | **불과하다** to be only | **그치다** to end up in | **이어서** following

Strategy 4 오류 수정하기 | Correcting Errors

Pay attention to grammar and the cohenence of sentences.

- 자료에 따라서 (X) → 자료에 따르면 (O) According to the data, ~
- 1위를 조사됐다 (X) → 1위로 조사됐다 (O) It ranked in first place.
- 1위로 차지했다 (X) → 1위를 차지했다 (O) It took first place.

2 모범 답안 확인 Checking the Best Answer

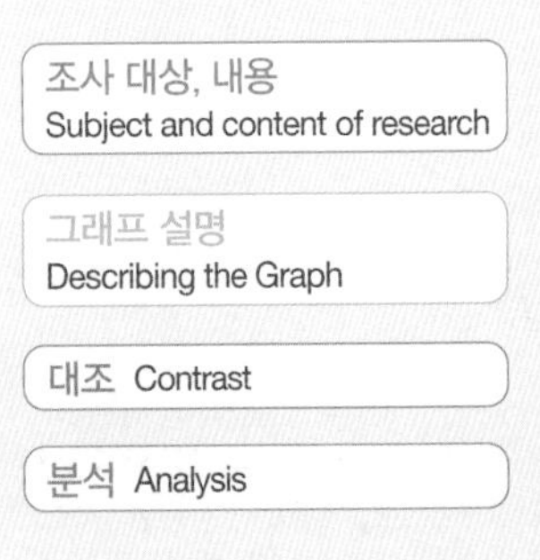

30대와 60대 성인 남녀를 대상으로 필요하다고 생각하는 공공시설에 대한 조사를 실시하였다. 조사 결과 30대의 경우 공연장 · 문화 센터가 40%로 가장 높게 나타났으며 병원 · 약국이 28%로 그 뒤를 이었다. 반면에 60대는 병원 · 약국이 전체의 절반 수준인 50%로 가장 높게 나타났으며 공연장 · 문화 센터가 23%로 조사되었다. 공원 시설의 필요성에 대한 견해는 30대와 60대가 22%로 동일하게 나타났다. 이상의 설문 조사 결과를 통해 자신의 나이와 직접적으로 관계가 있는 공공시설에 대한 요구가 상대적으로 크다는 사실을 알 수 있다.

3 전략을 적용한 답안 작성 연습 Strategy-based Answer Writing Exercise

※ 다음은 하고 싶은 여가 활동에 대한 자료이다. 이 내용을 200~300자의 글로 쓰시오. 단, 글의 제목은 쓰지 마시오.

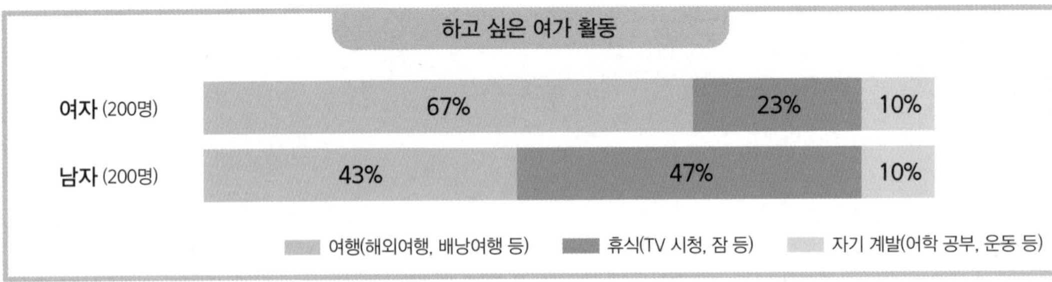

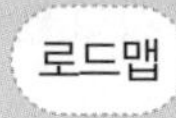

Strategy 1

문제를 읽고 유형 4 의 로드맵 작성을 통해 답안의 순서를 계획해 봅시다.
Reading the question, try to plan the order of answers through the Type 4 roadmap.

로드맵			

Strategy 2

도입과 마무리의 내용에 맞게 전개의 내용을 써 보면서 단락을 구조화합시다.
Let's structure the paragraph after writing the contents of development according to the introduction and conclusion.

도입 Introduction	조사 대상 조사 내용	여자와 남자 200명을 대상으로 하고 싶은 여가 활동에 대해 설문조사를 했다.	Explain how many subjects there are.
전개 Development	조사 결과	• 그 결과 여자는 ________________ 그리고 ____________ 응답이 뒤를 이었다. • 반면에 남자는 ________________ ____________ 제일 많았고 다음으로 ________________ 순이었다.	Explain the numbers presented in the graph.
마무리 Finish	정리	남녀가 서로 다른 여가 활동을 원하는 것을 알 수 있다.	Write in detail if the left number of letters are enough.

Strategy 3

유형 4 문제에 맞는 필수 문형과 표현으로 답안을 써 봅시다.
Let's write an answer with the essential sentence patterns and expressions for Type 4.

____

____

____

____

____

① 조사 대상 설문 내용

②~⑤ 조사 결과 (대조, 비교, 예시)

⑥ 정리

Strategy 4

모범 답안을 통해 자신이 쓴 답안과 비교해 오류를 확인해 봅시다.
Check if there are any errors in your answer by comparing it with the best answer.

① 여자와 남자 200명을 대상으로 하고 싶은 여가 활동에 대해 설문조사를 실시하였다. ② 그 결과 여자는 해외여행이나 배낭여행 같은 여행이라고 응답한 사람이 67%로 가장 많았다. ③ 반면에 남자는 텔레비전 시청, 잠 같은 휴식이라고 응답한 사람이 57%로 가장 높았다. ④ 두 번째로 하고 싶은 여가 활동은 여자의 경우는 휴식으로 23%를 차지했고 남자의 경우는 여행으로 43%를 차지했다. ⑤ 어학 공부나 운동 같은 자기 계발이라고 응답한 사람은 여자와 남자 모두 10%에 그쳤다. ⑥ 이상의 결과를 통해 남녀 동일하게 자기 계발보다는 다른 여가 활동을 원하는 것을 알 수 있다.

TIP

You can compare the differences between the subjects one by one, but it is also possible to explain one subject's results first and then the other's later like the formation of strategy 2 (Structuring Paragraph).

원고지 사용법 How to Write on Squared Manuscript Paper

1 첫 줄 쓰기 Write the First Line

When you start new writing on squared manuscript paper, you should leave the first blank on the left empty.

○	한	국	과		일	본	의		음	식		문	화	를		비	교	해	
보	면		다	른		점	이		무	척		많	다	.	한	국		사	람

2 한글과 문장 부호 쓰기 Writing Korean and Punctuation Marks

A period(.), a comma(,), an exclamation point(!), and a question mark(?) each takes one blank. However, you should leave one blank empty after an exclamation mark(!) and a question mark(?).

					띄어쓰기				띄어쓰기(X)							띄어쓰기(X)			
좋	아	할	까	?	∨	비	빔	밥	,	김	밥		등	이	다	.	그	리	고

3 숫자 쓰기 Writing Numbers

Be sure to remember how to write numbers since numbers are heavily used for describing data in question number 53.

18	년		9	월

20	%	로

1,	00	0	명	을

4 알파벳 쓰기 Writing Alphabet

In the case of English, a capital letter takes one blank and two small letters one blank.

A	는

bo	ok

5 조사 쓰기 Writing Postpositions

Postpositions such as 이/가, 은/는, 을/를, 에/에서/에서는, 하고/와/과, 에게/한테, and 의 are written together with preceding nouns. Leave one blank empty after a postposition.

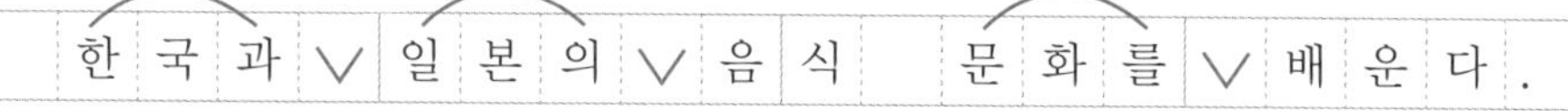

6 관형형 쓰기 (–은 것, –는 것, –을 것) Writing verbs' adnominal forms such as –은 것, –는 것, –을 것

Be careful about spacing when you write **–은 것, –는 것,** and **–을 것**

보	면		다	른	∨	점	도		있	고		배	울	∨	것	도		있	다.

7 마지막 칸에 한글과 문장 부호 함께 쓰기

Writing Korean Letters and Punctuation Mark Together in the Last Blank

It is a rule to write one letter and two numbers each in a space. However, you should write a comma(,), a period(.), the percent symbol(%), and other symbols with a letter together in the last blank of a line since you cannot write a punctuation mark in the first blank.

질	문	에		배	추	김	치	라	고		응	답	한		사	람	은		58%
로		깍	두	기	라	고		응	답	한		사	람	보	다		높	았	다.

8 유의해야 할 띄어쓰기 Spacing You Should Keep in Mind

Especially, you should change the line and begin from the very front of the next line when you should space words at the end of a line. You should change the lines and start the writing in the second space, leaving the first one blank, only when you begin a new paragraph.

첫	∨	번	째	/	두	∨	번	째	는	/	세	∨	번	째	로	는	
할	∨	수	∨	있	다	/	할	∨	수	는	∨	있	다	/			
할	∨	수	밖	에	∨	없	다										
쉬	고	∨	싶	다	/	쉬	고	는	∨	싶	다	.					
공	부	할	∨	때		너	무		졸	리	다	.					
이	∨	책	의		글	자	가		작	다	.						
수	업	이		끝	난	∨	줄		몰	랐	다	.					
수	업	을		시	작	한		지		두	∨	달	이		됐	다	.
숙	제	하	는	∨	데	에		두	∨	시	간	이		걸	렸	다	.
시	험	이		어	려	운		것	은		공	부	를		열	심	히
안		했	기		때	문	이	다	.								

Be careful

Many test-takers tend to waste time correcting errors on squared manuscript paper. Note that the most important thing is to complete your writing on time!

예상 문제 풀기 Expected Question

Exercise 1

※ 다음은 보행 중 스마트폰 이용과 사고 발생 현황에 대한 자료이다. 이 내용을 200~300자의 글로 쓰시오. 단, 글의 제목은 쓰지 마시오.

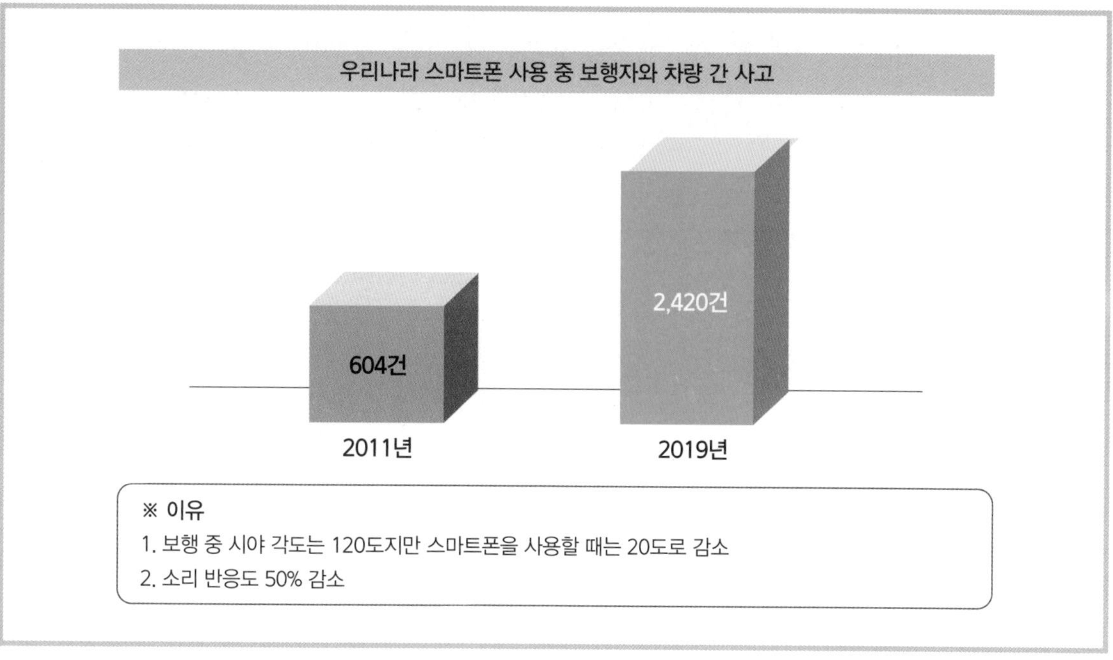

Exercise 2

※ 다음은 발효 식품을 어떻게 나눌 수 있는지에 대한 자료이다. 이 내용을 200~300자의 글로 쓰시오. 단, 글의 제목은 쓰지 마시오.

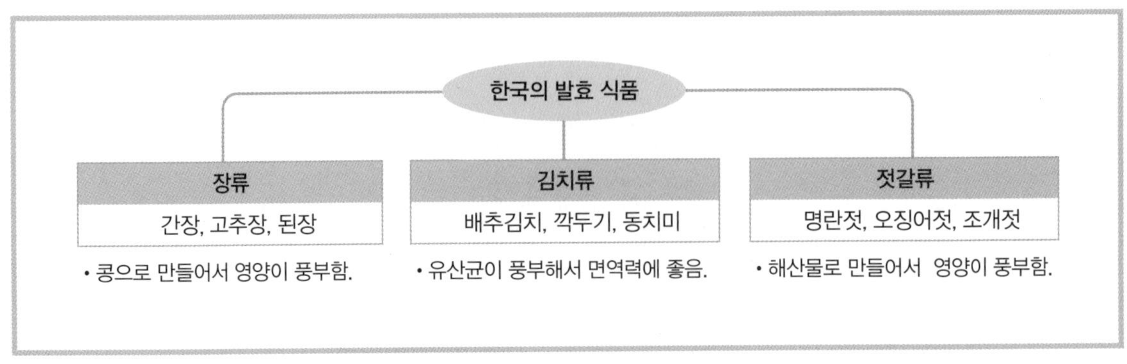

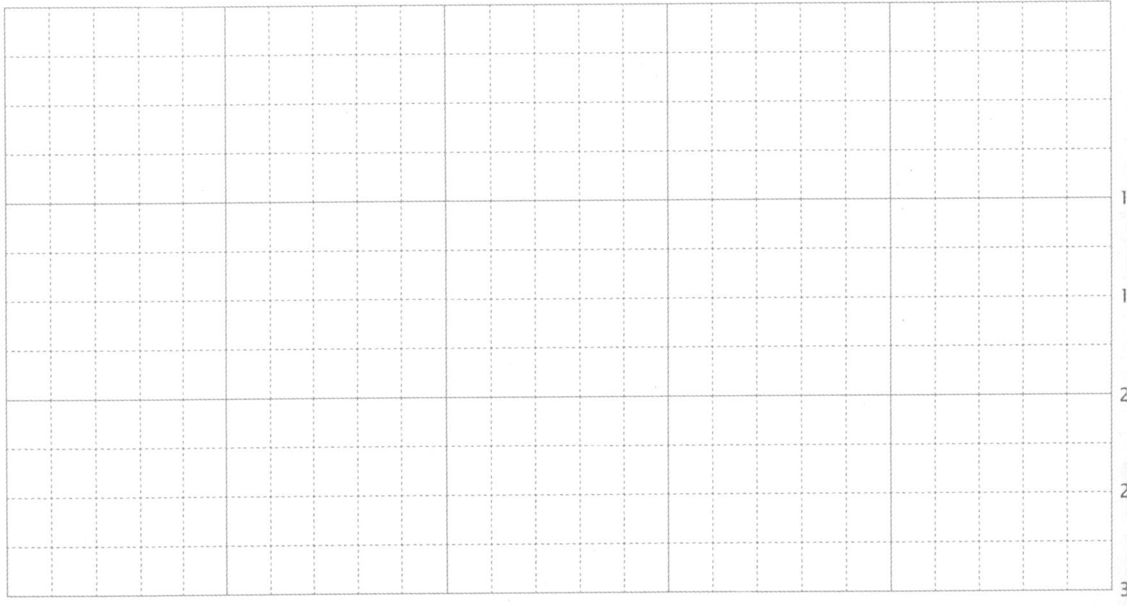

Exercise 3

※ 다음은 교복의 장단점에 대한 자료이다. 이 내용을 200~300자의 글로 쓰시오. 단, 글의 제목은 쓰지 마시오.

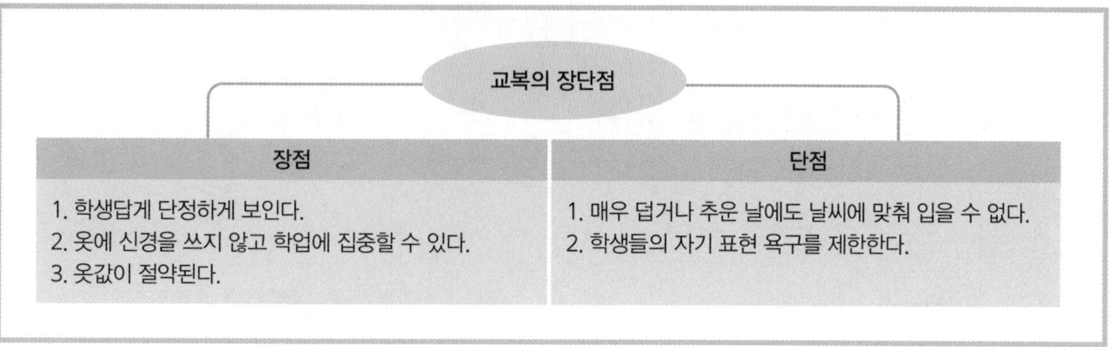

Exercise 4

※ 다음은 '다문화 가구 현황'에 대한 자료이다. 이 내용을 200~300자의 글로 쓰시오. 단, 글의 제목은 쓰지 마시오.

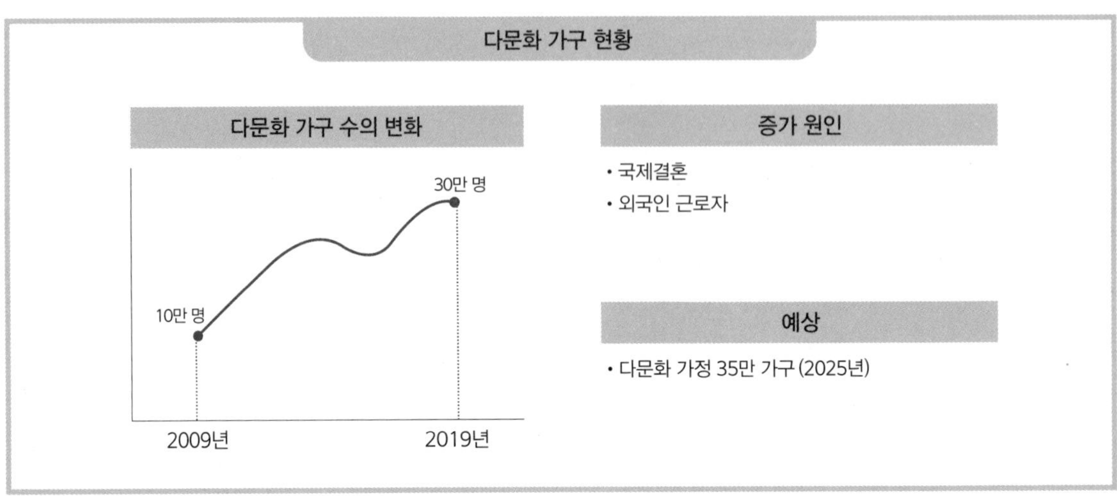

54 제시된 주제로 글쓰기

Writing on a Given Topic

※ 기출문제 확인 Checking Previous TOPIK Questions

다음을 주제로 하여 자신의 생각을 600~700자로 글을 쓰십시오. 단, 문제를 그대로 옮겨 쓰지 마십시오. (50점)

47회

'칭찬은 고래도 춤추게 한다'는 말처럼 칭찬에는 강한 힘이 있습니다. 그러나 칭찬이 항상 긍정적인 영향만 주는 것은 아닙니다. 아래의 내용을 중심으로 칭찬에 대한 자신의 생각을 쓰십시오.

- 칭찬이 미치는 긍정적인 영향은 무엇입니까?
- 부정적인 영향은 무엇입니까?
- 효과적인 칭찬의 방법은 무엇입니까?

해설 Explanation

The subject suggested in the question is the influence of compliments. You need to examine negative impacts of compliments, which are often thought to have only positive influences, and write down your opinion on how to compliment well. A skill to compose paragraphs according to the order given in the question is needed.

문제의 이해 Understanding the Questions

- 주어진 주제에 대해 자신의 생각이나 주장을 쓰는 글입니다.
  You should write down your opinions or arguments on a given subject.
- 띄어쓰기를 포함해서 600~700자 길이로 글을 써야 합니다.
  The length of your writing should be 600-700 letters including spaces.
- 주어진 2~3개의 질문에 대해서 풍부한 내용의 답을 논리적으로 써야 합니다.
  You should write down a logical answer full of details to two or three given questions.
- 전체 글을 도입-전개-마무리의 단락 구조로 완성되게 써야 합니다.
  The text should be complete with a [introduction-development-conclusion] paragraph structure.
- 구조와 내용을 나타내는 데 필수 문형과 표현, 그리고 다양한 어휘를 사용해야 합니다.
  You should use typical patterns, expressions and rich vocabulary to reveal the structure and contents.
- 51번~54번까지의 쓰기 문제의 시간을 고려하면, 54번은 30분 안에 글을 완성해야 합니다.
  Considering the time given for writing questions from No. 51 to No. 54, you should write your answer in 30 minutes.

문제의 구조 Structure of the Questions

① '칭찬은 고래도 춤추게 한다'는 말처럼 칭찬에는 강한 힘이 있습니다. 그러나 칭찬이 항상 긍정적인 영향만 주는 것은 아닙니다. 아래의 내용을 중심으로 ② 칭찬에 대한 자신의 생각을 쓰십시오.	◀ ① 배경 설명 Explaining the Background ◀ ② 주제 Subject
• 칭찬이 미치는 긍정적인 영향은 무엇입니까?	◀ 질문 1 Question 1
• 부정적인 영향은 무엇입니까?	◀ 질문 2 Question 2
• 효과적인 칭찬의 방법은 무엇입니까?	◀ 질문 3 Question 3

모범 답안 Model Answers

도입 단락 Introduction Paragraph	우리는 칭찬을 들으면 일을 더 잘하고 싶어질 뿐만 아니라 좀 더 나은 사람이 되고 싶은 마음이 든다. 그리고 자신감이 생겨 공부나 일의 성과에도 긍정적인 영향을 미친다. 그래서 자신이 가진 능력 이상을 발휘하고 싶어지는 도전 정신이 생기기도 하는 것이다. 한마디로 말해 칭찬은 사람을 한 단계 더 발전시키는 힘을 가지고 있다.	◀ 질문 1의 답 Answer of Q1
전개 1 단락 Development 1 Paragraph	그런데 이러한 칭찬이 독이 되는 경우가 있다. 바로 칭찬이 상대에게 기쁨을 주는 것이 아니라 부담을 안겨 주는 경우이다. 칭찬을 들으면 그 기대에 부응해야 한다는 압박감 때문에 자신의 실력을 제대로 발휘하지 못하게 되는 일이 생기게 된다. 칭찬의 또 다른 부정적인 면은 칭찬받고 싶다는 생각에 결과만을 중시하게 되는 점이다. 일반적으로 칭찬이 일의 과정보다 결과에 중점을 두고 행해지는 경우가 많기 때문이다.	◀ 질문 2의 답 Answer of Q2
전개 2 단락 Development 2 Paragraph	그래서 우리가 상대를 칭찬할 때에는 그 사람이 해낸 일의 결과가 아닌 그 일을 해내기까지의 과정과 노력에 초점을 맞추는 것이 중요하다. 그래야 칭찬을 듣는 사람도 일 그 자체를 즐길 수 있다. 또한 칭찬을 듣고 잘해야 한다는 부담에서도 벗어날 수 있을 것이다.	◀ 질문 3의 답 Answer of Q3
마무리 Conclusion Paragraph	우리는 보통 칭찬을 많이 해 주는 것이 중요하다고 생각하는데 칭찬은 그 방법 역시 중요하다는 것을 잊지 말아야 할 것이다.	◀ 자기 생각 Own Opinions

채점 기준 Scoring Standards

Type	Criteria
내용 및 과제 수행 Contents and Performance of the Task	• 질문 과제 수행 Performing the task of the given question • 주제와 관련된 내용 Contents related to the subject • 풍부하고 다양한 내용 표현 Rich and diverse contents expressions
글의 전개 구조 Structure of the Composition	• 단락의 논리적 구조 Logical structure of paragraphs • 중심 생각 Main idea • 담화 표지와 문형 사용 Usage of discourse markers and typical patterns
언어 사용 Use of Language	• 다양한 중고급 어휘와 문법 Diverse intermediate-advanced level vocabulary and grammar • 문법, 어휘, 맞춤법의 정확성 Accuracy of grammar, vocabulary, and spelling • '-다' 형 및 문어체 -다 form and literary style

기출문제 유형 Types of Previous TOPIK Questions

	Type	Subject	Topic	Test
1	중요성 유형 Importance Type	가치 주제 Value	의사소통의 중요성 The Importance of Communication	52th
2	조건 유형 Conditions Type		인재의 조건 Conditions of Being Talented	37th
3	영향 유형 Influences Type	양면성 주제 Double-sidedness	칭찬의 영향 Influences of Compliments	47th
4	찬반 유형 Agreement and Disagreement Type	논란 주제 Controversy	자연 개발 vs. 자연 보존 Developing Nature vs. Preserving Nature	34th

고득점 전략 배우기 Learning Strategies for Higher Scores

54번 답안을 작성하기 위해 다음과 같은 전략이 필요합니다.
You need the following strategies to write the answer for question number 54.

Strategy	How to
 **로드맵 계획하기** Planning the Roadmap	**문제를 읽고 유형을 파악한 후 단락의 순서를 구성하기** Arrange the order of paragraphs after reading the questions and figuring out the type of question After reading the instruction you need to grasp the subject and type of writing, then plan the order of writing. The Roadmap of question number 54 includes arranging the order of paragraphs.

 **단락 구조화하기** Structuring Paragraphs	**각 단락의 내부 구조 익히기** Mastering the internal structure of each paragraph You need to learn the unique function and internal structure of introduction, development, and conclusion paragraphs so that you may apply them to your writing.

 **필수 문형 사용하기** Using Typical Patterns	**각 단락의 필수 문형과 표현 적절하게 사용하기** Using typical patterns and expressions of each paragraph properly You need to memorize and use typical patterns and expressions according to the structure of introduction, development, and conclusion paragraphs, which depend upon the type of question.

 **어휘 확장하기** Expanding Vocabulary	**다양하고 풍부한 중고급 어휘와 표현 사용하기** Using diverse and rich intermediate-advanced vocabulary and expressions You need to expand your vocabulary power relating to the subject and type of writing and use diverse and rich intermediate-advanced level vocabulary when writing your answer.

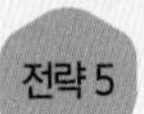 **오류 수정하기** Correcting Errors	**오류를 확인하고 수정하기** Checking and correcting errors While writing, make sure you are using –다 form and literary style and following all manuscript writing rules. When finished writing, edit and correct the spelling errors.

기출문제로 이해하기 Understanding through Previous TOPIK Questions

유형 1 중요성 유형 Importance Type

52회

우리는 살면서 서로의 생각이 달라 갈등을 겪는 경우가 많다. 이러한 갈등은 의사소통이 부족해서 생기는 경우가 대부분이다. 의사소통은 서로의 관계를 유지하고 발전시키는 데 중요한 요인이 된다. 의사소통의 중요성과 방법에 대해서 아래의 내용을 중심으로 자신의 생각을 쓰라.

- 의사소통은 왜 중요한가? ⟶ (중요성)
- 의사소통이 잘 이루어지지 않는 이유는 무엇인가? ⟶ (실패하는 이유)
- 의사소통을 원활하게 하는 방법은 무엇인가? ⟶ (증진 방안)

해설 Explanation

The keywords are 중요하다 and 필요하다. This type of question chooses a subject widely recognized of its value, asks you to confirm why that subject is important or necessary and inquires about how to improve or enhance such values. This is the most frequent type of question.

1 전략의 적용 Applying the Strategy

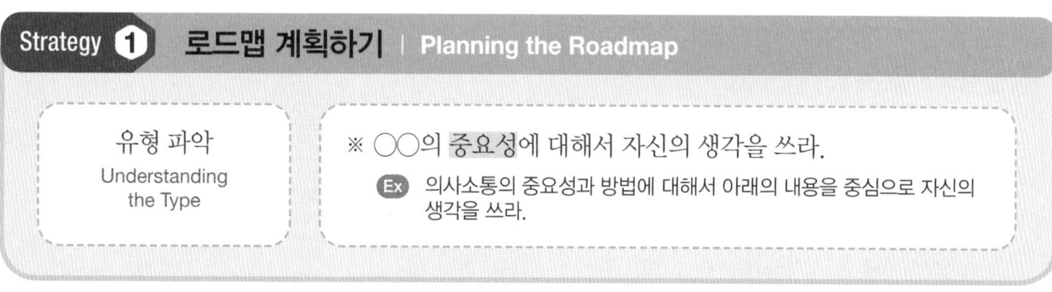

TIP

When there are three questions, write down the answer for the first question in the introduction paragraph and use the second and third questions to construct each of the development paragraphs. You should have four paragraphs in total, including the conclusion paragraph.

Strategy 2-4 구조, 문형, 어휘 전략 Strategies of Structure, Patterns, and Vocabulary

(1) 도입 단락 쓰기 Writing Introduction Paragraph

① 단락의 이해 Understanding the Paragraph

▸ 도입 단락은 주제를 소개하고 다음 내용을 예고하는 것이 주된 기능입니다. 주제 도입과 첫 번째 질문의 답, 그리고 다음 내용에 대한 예고 문장을 각각 1문장씩 3문장 이상을 160~180자 정도로 쓴다고 생각하면 쉽게 쓸 수 있습니다.

The main function of the introduction is to introduce the subject and foretell what might come next. You can write the answer easily by thinking that you need more than three sentences of 160-180 letters, each introducing the subject, answering the first question, and foretelling the following contents.

▸ 주제를 도입할 때 문제에 나온 표현을 그대로 쓰지 말고 어휘와 문형을 바꿔 다르게 시작해야 합니다.

When introducing the subject, you should change the words and patterns instead of using the expressions in the question, so starts differently.

▸ 질문이 3개이므로 첫 번째 질문을 도입 단락에서 답해야 합니다. '중요한 이유, 중요성'의 문형을 넣어서 두 번째 문장을 써야 합니다.

As you should answer to the first question in the introduction, you should write about the reason of importance in it.

② 단락의 구조화 Structuring the Paragraph

주제 도입 Introducing the Subject	• 의사소통은 어떤 상황에서 나타날까? (배경 상황) What is the background for communication? (Background situations)
중요성 Importance	• 의사소통은 어떤 중요한 역할을 할까? Why is communication important?
다음 질문 Next Question	• 다음 질문은 무엇인가? What is the next question?

③ 필수 문형 사용하기 Using Typical Patterns

<table>
<tr><th>Structure</th><th>Typical Patterns</th></tr>
<tr><td>주제 도입
Introducing the Subject</td><td>• 사람들은 누구나 -(으)면서 살아간다
• 우리는 살아가면서 -게 된다
• 현대 사회에서는 -는 일이/경우가 많다

The introduction of the subject is composed of conveying the background situations, which are, in many cases, thoughts and actions of people.

Ex 사람들은 누구나 공동체 안에서 많은 관계를 맺으며 살아간다.
Every human being lives in communities, forming various relationships.
우리는 살아가면서 공동체에 안에서 많은 관계를 맺게 된다.
While living, we are to form various relationships in communities.
현대 사회에서는 사람들 간의 관계가 복잡해지는 일이 많다.
In modern society, the relationships between people tend to be complex.</td></tr>
<tr><td>중요성
Importance</td><td>• -기 위해서는 N이/가 반드시 필요하다
• N은/는 (N이/가 -는 데)에 필요한/중요한 역할을 한다
• N은/는 N에 큰/지대한 도움을 준다
• N은/는 N을/를 (향상/개선/증진/성장/발전)할 수 있게 해 준다

Ex 인간관계를 잘 유지하기 위해서는 의사소통의 능력이 필요하다.
You need communication skills to keep smooth relationships.
의사소통의 능력은 인간관계를 맺는 데에 중요한 역할을 한다.
Communication skills serve an important role in forming relationships.
의사소통의 능력은 인간관계를 맺는 데에 큰 도움을 준다.
Communication skills help you greatly in forming relationships.
의사소통의 능력은 인간관계를 성공적으로 맺을 수 있게 해 준다.
Communication skills let you have successful relationships.</td></tr>
<tr><td>다음 질문
Next Question</td><td>• 왜 -는 것일까?
• -은/는 무엇일까?

Although you can use the sentence in the question for the last sentence, it is better if you can paraphrase it.

Ex 의사소통이 잘 이루어지지 않는 이유는 무엇일까? (Sentence in the question)
What is the reason for the communication failure?
왜 사람들은 의사소통에 자주 실패하는 것일까? (Another form)
Why do people often fail to communicate successfully?</td></tr>
</table>

④ **어휘 확장하기** Expanding Vocabulary

Choosing Keywords from the question	주제어의 어휘 확장 Expanding the Keywords	When you have communication skills	When you don't have communication skills	문장의 재구성 Reconstructing Sentences
의사소통, 관계 유지, 발전, 갈등	→	인간관계 유지, 발전, 이해, 소통, 친밀감	대화 단절, 오해, 불신, 갈등, 분쟁	→

필요성, 중요성, 가치 Necessity, Importance, and Value	가치가 있다 to be worthwhile, 필요하다 to be necessary, 중요하다 to be important, 의미를 가진다 to have significant, 중요한 역할을 하다 to serve an important role, 긍정적 영향을 미친다 to influence positively, 크게 도움이 된다 to help greatly, 큰 도움을 준다 to help a lot, 긍정적 효과가 있다 to have a positive effect
가치의 근거 Origins of Values	발전 development, 향상 improvement, 개선 betterment, 이해 understanding, 소통 communication, 활성화 vitalization, 행복 happiness, 자유 freedom, 평화 peace, 성과 fruits, 성장 growth, 안정 stability, 깨달음 realization, 기회 opportunity, 계기 chance

⑤ **전략 적용 답안 확인** Checking the Strategy-based Answer

도입 단락 Introducion paragraph

- 주제 도입 Introducing the Subject
- Q1 중요성 Importance
- Q2 다음 질문 Next Question

사람들은 누구나 가정과 학교, 또는 직장에서 다른 사람과 다양한 관계를 맺으며 살아간다. 의사소통 능력은 인간관계를 맺을 때 중요한 역할을 한다. 의사소통이 제대로 이루어지면 친밀하고 화목한 관계를 맺을 수 있지만 잘 이루어지지 않으면 오해와 갈등으로 이어진다. 그러면 의사소통에서 실패하는 이유는 무엇일까?

(2) 전개 1 단락 쓰기 Writing the Development 1 Paragraph

① 단락의 이해 Understanding the Paragraph

▶ 전개 단락은 질문에 대해 답해야 하는 부분이므로 질문에 대한 자신의 생각이 있어야 합니다. 먼저 두 가지 답을 찾으십시오. 그런 후에 중심 생각을 먼저 쓰고 그 뒤에 앞 문장을 뒷받침해 주는 문장을 하나 덧붙이면 됩니다. 중심 문장 2개와 각각 뒷받침 문장 2개를 써서 최소 4개의 문장을 200자로 정도로 쓴다고 생각하면 쉽게 쓸 수 있을 겁니다.

Development 1 should include your own answer to the question. First, find two kinds of answers. Then, write down your main idea and add a supporting sentence afterward. You can give the answer easily by thinking that you should write at least four sentences of 180-200 letters, the four sentences being two main ideas and two supporting sentences.

▶ 중심 문장에는 질문이 요구하는 '이유' 문형을 넣어서 써야 합니다.

The main idea sentence should include the typical patterns with a reason like the question demands.

▶ 뒷받침 문장으로 상술과 결과의 방법을 선택해서 쓸 수 있습니다.

You can choose and practice the methods of detailed statement and result for the supporting sentence.

② 단락의 구조화 Structuring the Paragraph

의사소통이 실패하는 이유
Reasons for Communication Failures

생활 방식의 차이 Differences in lifestyles	사고방식의 차이 Differences in thoughts
Main idea 1 + Supporting Sentence 1	Main idea 2 + Supporting Sentence 2

1	중심 문장 Main Idea	• 왜 의사소통에서 실패할까? Why do we fail in communication?	이유 1 Reason 1
	뒷받침 문장 Supporting Sentence	• 좀 더 자세히 이야기하면? How can you clarify the above sentence?	상술 Explaining in detail
2	중심 문장 Main Idea	• 왜 의사소통에서 실패할까? Why do we fail in communication?	이유 2 Reason 2
	뒷받침 문장 Supporting Sentence	• 그 결과 어떤 상황이 생기는가? What consequence might occur from the failure?	결과 Result

TIP

You should think over to write the development paragraphs. No. 54 differs hugely from No. 53, as you can use the given material to write down the answer for No. 53 while you should produce those data for yourself for No. 54. You must find two answers for the question.

③ 필수 문형 사용하기 Using Typical Patterns

Structure		Typical Patterns
중심 문장 Main Idea	이유 reason	• (-(으)ㄴ/는 이유는) -기 때문이다 • -기 때문에 -게 되었다/-(으)ㄹ 수 있었다
		Ex 소통을 못하는 이유는 생활 방식의 차이가 있기 때문이다. People fail to communicate because there are differences in their lifestyles. 생활 방식이 다르기 때문에 의사소통을 하지 못하게 되었다. People have become unable to communicate as their lifestyles are different.
	첨가 Addition	• (A를 살펴보면 먼저/우선/무엇보다도) B가 있다. 또한/게다가 C도 있다
		Ex 의사소통이 실패하는 이유를 살펴보면, 무엇보다도 서로 생활 방식이 다르기 때문이다. 또한 사고방식의 차이로 인해 의사 불통을 초래하기도 한다. When looking into the reasons for communication failures, the first is the difference between lifestyles. Also, the differences in thoughts can sometimes cause failures in communication.

TIP

Generally, addition is more frequently used when starting the main idea. That is because it reflects the flow of thoughts by adding statements as they occur to you.

Structure		Typical Patterns
뒷받침 문장 Supporting Sentence	상술 Explaining in Detail	• (즉/다시 말해) -은/는 것이다 • (즉/다시 말해) -다는/라는 것이다
		Ex 의사소통이 안 되는 이유는 생활 방식의 차이가 있기 때문이다. The reason of communication failures is the difference in lifestyles. 즉 생활 방식이 다르기 때문에 서로 이해할 수 없는 것이다. That is, people cannot understand each other because their ways of life are different. 다시 말해 생활 방식이 달라서 서로 의견 차이가 난다는 것이다. In other words, differences in lifestyles lead to differences in opinions.
	결과 Result	• -(으)면 -게 된다 • 그로 인해/이를 통해/따라서 -게 된다
		Ex 생활이 다르면 경험의 폭이 달라지게 되어 의사소통이 잘 되지 않는다. When the ways of life are different, communication tends to fail as the range of experiences differ. 생활이 다름으로 인해 경험이 폭이 달라져 의사소통이 방해를 받게 된다. Communication can be blocked from differing range of experiences caused by different lifestyles.

TIP

"Explaining in detail" is a way of clarifying the meaning of the more difficult previous sentence, and "result" is a way to consider the consequential situation which occurs from the action.

④ **어휘 확장하기** Expanding Vocabulary

부정적 영향 Negative Influences	부정적 영향을 미치다 to influence negatively, 실패하다 to fail, 초래하다 to cause, 방해를 하다 to hinder, 부담이 되다 to burden, 도움이 되지 못하다 to be unable to help

⑤ **전략 적용 답안 확인** Checking the Strategy-based Answer

전개 1 단락 Development 1 Paragraph

- 이유 1 Reason 1
- 상술 Explaining in detail
- 이유 2 Reason 2
- 결과 Result

의사소통이 잘 이루어지지 않는 이유는 우선 사람들의 생활 방식이 차이가 있기 때문이다. 즉 생활 환경이 달라지면서 경험의 폭도 달라져 이해하기 어려워진 것이다. 게다가 다른 생활 방식은 사고방식의 차이로 이어져 자주 오해와 갈등을 초래하기도 한다. 이렇게 되면 서로가 마음의 문을 닫고 소통을 피하게 되는 법이다.

(3) 전개 2 단락 쓰기 Writing the Development 2 Paragraph

① **단락의 이해** Understanding the Paragraph

- 답을 둘로 분류한 후 각각 중심 생각 문장과 뒷받침 문장, 총 4 문장을 180~200자 정도로 씁니다.
  Divide your answer into two ideas and write four sentences comprising 180-200 letters, each being the main idea sentence and supporting sentence.
- 중심 문장에는 질문이 요구하는 '방안' 문형이 들어가야 합니다.
  The main idea should include the typical patterns for the measures demanded by the question
- 뒷받침 문장으로 결과와 예측의 방법을 선택해서 연습해 봅시다.
  Let's practice methods of result and prediction for the supporting sentence.

② **단락의 구조화** Structuring the Paragraph

의사소통 증진 방안
Measures for Improving Communication

존중, 배려 Respect, Consideration Main idea 1 + Supporting Sentence 1	완곡한 언어 형식 Round-about Language Style Main idea 2 + Supporting Sentence 2

1	중심 문장 Main Idea	• 의사소통을 잘하기 위해서 어떻게 해야 하는가? What should we do to communicate better?	방안 1 Measure 1
	뒷받침 문장 Supporting Sentence	• 그 결과 무슨 상황이 생기나? What result might occur from it?	결과 Result
2	중심 문장 Main Idea	• 의사소통을 잘하기 위해서 어떻게 해야 하는가? What should we do to communicate better?	방안 2 Measure 2
	뒷받침 문장 Supporting Sentence	• 반대 상황을 가정한다면 어떤 예측을 할 수 있나? What can be predicted from the opposite situation?	예측 Prediction

③ 필수 문형 사용하기 Using Typical Patterns

Structure		Typical Patterns
중심 문장 Main Idea	방안 Measures	• -(으)려면 -아/어야 한다 • -기 위해서는 -이/가 필요하다 • -기 위해서는 -는 것이/자세가 필요하다/필수적이다 Ex 의사소통을 원활하게 하려면 타인을 존중하고 배려해야 한다. You should respect the other and be considerate of their feelings for smooth communication. 의사소통을 원활하게 하기 위해서는 존중심과 배려심이 필요하다. Respect and consideration is necessary for smooth communication. 의사소통을 원활하게 하기 위해서는 타인을 존중하고 배려하는 적극적인 자세가 필수적이다. You need an active attitude of respecting and considering the other's feelings for smooth communication.
	첨가 Addition	• A를 살펴보면 먼저/우선/무엇보다도 B가 있다. 또한/게다가 C도 있다 Ex 의사소통을 원활하게 하기 위해서는 존중과 배려가 필요하다. 또한 언어 형식에서도 부드럽고 완곡하게 표현해야 한다. Psychologically, you need respect and consideration for the other's feelings for smooth communication. Also, you should be gentle and euphemistic in your language style.
뒷받침 문장 Supporting Sentence	결과 Result	• -(으)면 -게 된다 • 그로 인해/이를 통해/따라서 -게 된다 Ex 의사소통을 잘하려면 존중심과 배려심이 필요하다. 이런 마음은 서로의 입장을 이해하게 하여 의사소통에 도움을 준다. You need respect and consideration for the other's feelings to communicate smoothly. This attitude lets you understand the other's position and help better communication.

뒷받침 문장 Supporting Sentence	예측 Prediction	• (만약/만일) –는다면/–(으)면 –(으)ㄹ 수 있을 것이다 • –이/가 없다면/–지 않는다면 –(을) 수 없을 것이다 Ex 완곡한 언어로 표현한다면 의사소통이 활발하게 이루어질 것이다. Euphemistic language will lead to smooth communication. 거칠고 직설적인 언어로 표현한다면 의사소통에 방해를 받을 것이다. Rough and direct language can hinder communication.

TIP

Prediction is a way of expecting and inferring the next step which has not occurred yet. It can be divided into positive and negative predictions. Please bear this structure in mind as it is used frequently as a supporting sentence.

④ 어휘 확장하기 Expanding Vocabulary

방안 Measure	해결책 solution, 방안 measure, 방법 method, 노력 effort, 극복하다 to overcome, 해결하다 to solve, 실천하다 to practice, 대처하다 to handle, 대책을 마련하다 to prepare, 힘쓰다 to struggle, 모색하다 to search for, 갖추다 to possess
결과 Result	높이다 to heighten, 기르다 to grow, 향상되다 to be improved, 개선되다 to be better, 발전하다 to develop, 성과가 나타나다 to have an effect, 목표가 이루어지다 to reach a goal
	바람직하다 to be desirable, 효율적이다 to be efficient, 효과적이다 to be effective, 도움이 되다 to be helpful, 성과가 좋다 to be fruiful

⑤ 전략 적용 답안 확인 Checking the Strategy-based Answer

전개 2 단락 Development 2 Paragraph

방안 1 Measures 1
결과 Result
방안 2 Measures 2
예측 Prediction

원활한 의사소통을 하기 위해서는 먼저 상대방을 존중하고 배려하는 마음이 있어야 한다. 존중과 배려는 상대방의 입장을 먼저 생각하게 함으로써 상호 이해에 도움을 준다. 다음으로 이러한 마음을 부드럽고 완곡한 언어로 적극적으로 표현해야 한다. 비록 그런 마음이 있더라도 말을 하지 않거나 거칠고 퉁명스러운 말투로 표현한다면 상대방에게 거부감을 주게 되어 의사소통을 방해할 것이다.

(4) 마무리 단락 쓰기 Writing Conclusion Paragraph

① 단락의 이해 Understanding the Paragraph

▶ 마무리 단락은 지금까지의 내용을 정리하면서 자신의 생각을 말하는 부분입니다. 최소 3문장으로 100~120자 정도 쓰면 됩니다.

The conclusion paragraph is where you summarize the above paragraphs and give your opinion. You should write at least three sentences with 100-120 letters in total.

▶ 첫 문장은 주제와 유형을 넣어서 쓰는 것이 좋습니다.

It is better to include the subject and type in the first sentence.

▶ 두 번째 문장은 반드시 주제와 관련시켜 자신의 생각을 써야 합니다. 대체로 필요하다고 깨닫게 된 사실이나 제안, 결심 등을 쓰면 됩니다.

You must write your own opinion related to the subject for the second sentence. Mostly, writing about your realization, suggestion, or determination would be enough.

▶ 마지막 문장에는 주제와 관련시켜 미래에 대한 기대를 쓰면 됩니다.

You can write about your expectation for the future on the subject for the last sentence.

② 단락의 구조화 Structuring the Paragraph

정리 Summary	• 지금까지 내용을 한 문장으로 요약한다면? How would you summarize the above paragraphs in one sentence?
의견 Opinion	• 주제에 대해 가장 중요하다고 생각한 것을 말한다면? What is the most important in your opinion?
기대 Expectation	• 이 주제와 관련하여 미래 사회가 어떻게 되면 좋을까? How would you hope for the future society in regard to the subject?

③ 필수 문형 사용하기 Using Typical Patterns

Structure	Typical Patterns
정리 Summary	• 이처럼 • 지금까지 N에 대해 살펴보았다 Ex 이처럼 의사소통은 인간관계에 아주 중요한 능력이다. Like this, communication is a very important ability in building relationships. 지금까지 의사소통 능력의 중요성에 대해 살펴보았다. So far, we have examined the importance of communication skills in the above paragraphs.

의견 Opinion	• (–기 위해서는) –아/어야 한다고 생각한다 • –(으)려면 –는 것이 중요하다/필요하다 • (–도록) –아/어야 할 것이다 Ex 의사소통을 하기 위해서는 서로 존중하고 배려해야 한다고 생각한다. I think we should respect and consider other people's feelings to communicate smoothly. 의사소통을 잘하려면 서로 존중하고 배려하는 것이 필요하다. Respect and consideration are necessary for better communication. 서로 존중하고 배려할 수 있도록 노력해야 할 것이다. We need to try hard to respect and consider other people's feelings.
기대 Expectation	• 앞으로 –기 바란다 • 앞으로 –아/어야 할 것이다 Ex 앞으로 우리 모두가 소통할 수 있는 따뜻한 사회가 되기 바란다. In the future I hope we can build a kind hearted society to communicate smoothly. 앞으로 우리 모두가 소통하는 따뜻한 사회를 만들어야 할 것이다. We should build a kind hearted society where everyone can communicate smoothly.

④ 어휘 확장하기 Expanding Vocabulary

Subject and Type
의사소통의 중요성

주제어의 어휘 확장
Expanding the Keyword

Keywords
인간관계, 존중과 배려,
입장 이해, 소통하는 사회

자기 생각
Own Opinions

⑤ 전략 적용 답안 확인 Checking the Strategy-based Answer

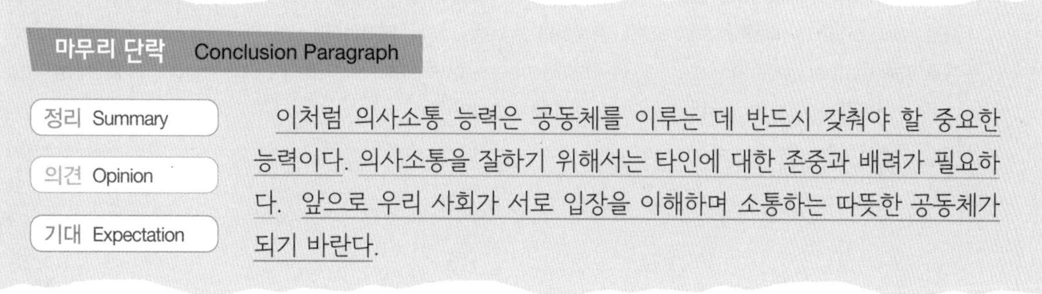
마무리 단락 Conclusion Paragraph

정리 Summary
의견 Opinion
기대 Expectation

이처럼 의사소통 능력은 공동체를 이루는 데 반드시 갖춰야 할 중요한 능력이다. 의사소통을 잘하기 위해서는 타인에 대한 존중과 배려가 필요하다. 앞으로 우리 사회가 서로 입장을 이해하며 소통하는 따뜻한 공동체가 되기 바란다.

TIP

When writing a conclusion paragraph, sometimes you have to shorten your answer to satisfy the 700-letter limit. Therefore, you need to learn how to write short answers. In this case, you can write two sentences composed of your opinion, including summary and expectation.

Ex 이처럼 의사소통을 잘하기 위해서는 존중과 배려를 반드시 갖춰야 할 것이다. 앞으로 우리 사회가 서로 입장을 이해하며 소통하기 바란다.

Strategy 5 오류 수정하기 | Correcting Errors

The most frequent error in the introduction paragraph is to copy the sentence from the given instructions. As this error leads to minus points, you should change the typical pattern and vocabulary to construct a new sentence.

The question in the introduction foretelling what will come next should be in the form of -(으)ㄹ까? as follows.

→ 의사소통에서 실패하는 이유는 무엇입니까? (X)

→ 의사소통에서 실패하는 이유는 무엇일까? (O)
What is the reason for the communication failure?

The followings are the most frequent errors in writing about reasons.

→ 의사소통에서 자주 실패하는 이유는 상대방에 대한 배려심이 없다. (X)

→ 의사소통에서 자주 실패하는 이유는 상대방에 대한 배려심이 없기 때문이다. (O)
The reason for frequent failures in communication is the lack of caring for the other people.

The keywords of importance and necessity questions, 중요하다 or 필요하다 are often used incorrectly.

→ 상대방을 배려하고 존중하는 마음이 필요한다. (X) → 필요하다 (O)
You need consideration and respect for other people's feelings.

→ 의사소통 능력이 중요한다. (X) → 중요하다 (O)
Communication skills are important.

Useful Vocabulary

제대로 properly | **이어지다** to lead to | **소통** communication | **불통** lack of communication | **폭** range | **서로** each other | **피하다** to avoid | **존중하다** to respect | **배려하다** to be considerate | **입장** position | **상호 이해** mutual understanding | **완곡하다** to be euphemistic | **거칠다** to be rough | **퉁명스럽다** to be curt | **거부감** repulsion | **타인** others | **공동체** community

2 전략 적용 답안의 전체 글 확인하기 Checking the complete text of the Strategy-based Answer

도입

사람들은 누구나 가정과 학교, 또는 직장에서 다른 사람과 다양한 관계를 맺으며 살아간다. 의사소통 능력은 인간관계를 맺을 때 중요한 역할을 한다. 의사소통이 제대로 이루어지면 친밀하고 화목한 관계를 맺을 수 있지만 잘 이루어지지 않으면 오해와 갈등으로 이어진다. 그러면 의사소통을 실패하는 이유는 무엇일까?

전개①

의사소통이 잘 이루어지지 않는 이유는 우선 사람들의 생활 방식에 차이가 있기 때문이다. 즉 생활 환경이 달라지면서 경험의 폭도 달라져 서로 이해하기 어려워진 것이다. 게다가 다른 생활 방식은 사고방식의 차이로 이어져 자주 오해와 갈등을 초래하기도 한다. 이렇게 되면 서로가 마음의 문을 닫고 소통을 피하게 되는 법이다.

전개②

원활한 의사소통을 하기 위해서는 먼저 상대방을 존중하고 배려하는 마음이 있어야 한다. 존중과 배려는 상대방의 입장을 먼저 생각하게 함으로써 상호 이해에 도움을 준다. 다음으로 이러한 마음을 부드럽고 완곡한 언어로 표현해야 한다. 비록 그런 마음이 있더라도 말을 하지 않거나, 거칠고 퉁명스러운 말투로 표현한다면 상대방에게 거부감을 주게 되어 의사소통을 방해할 것이다.

마무리

이처럼 의사소통은 공동체를 이루는 데 반드시 갖춰야 할 중요한 능력이다. 의사소통을 잘하기 위해서는 타인에 대한 존중과 배려가 필요하다. 앞으로 우리 사회가 서로의 입장을 이해하며 소통하는 따뜻한 공동체가 되기 바란다.

TIP

Model answers provided by the previous TOPIKs are on page 194. It can be helpful to compare and contrast them with the sample answers.

3 전략을 적용한 쓰기 연습 Writing Practice Applying the Strategy

※ 다음을 참고하여 600~700자로 글을 쓰시오. 단, 문제를 그대로 옮겨 쓰지 마시오.

세계 모든 나라에서는 교육의 내용에 항상 역사가 포함되어 있습니다. 역사 교육은 왜 하는 것일까요? 역사 교육을 통해 무엇을 배워야 할까요? 역사 교육의 필요성에 대해 아래의 내용을 중심으로 자신의 생각을 쓰시오.

- 역사는 무엇입니까?
- 역사는 왜 배워야 합니까?
- 역사를 배울 때 무엇을 주의해야 합니까?

Strategy 1

문제를 읽고 로드맵 작성을 통해 답안의 순서를 계획해 봅시다.

Reading the question, try to plan the order of answers through the Type 1 roadmap.

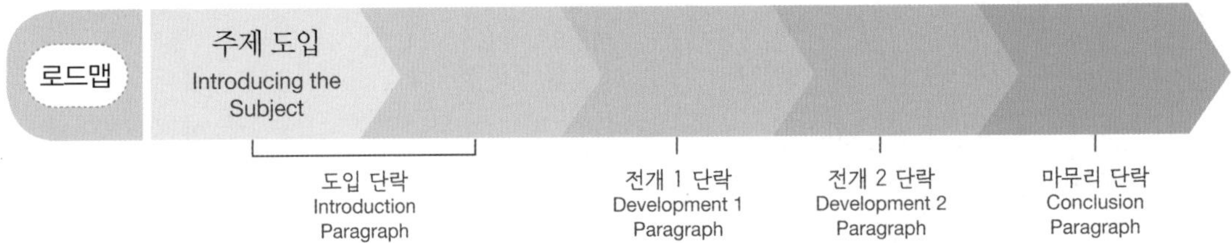

Strategy 2 ~ **Strategy 4**

앞에서 배운 대로 구조 전략, 문형 전략, 어휘 전략을 적용해 자신의 생각을 정리해 써 봅시다.

As you learned before, organize and write down your thoughts by applying strategies of structure, typical patterns, and vocabulary.

(1) 도입 단락 쓰기 Writing Introduction Paragraph

	Structure	Typical Patterns	Vocabulary
도입 Introduction Paragraph			

(2) 전개 1 단락 쓰기 Writing the Development 1 Paragraph

	Structure	Typical Patterns	Vocabulary
전개 1 단락 Development 1 Paragraph			

(3) 전개 2 단락 쓰기 Writing the Development 2 Paragraph

	Structure	Typical Patterns	Vocabulary
전개 2 단락 Development 2 Paragraph			

(4) 마무리 단락 쓰기 Writing Conculsion Paragraph

	Structure	Typical Patterns	Vocabulary & Opinion
마무리 단락 Conclusion			

4 전략의 적용 예시 Examples of Strategy Application

로드맵 Roadmap (주제 : 역사 교육의 중요성 Subject : Importance of History Education))

주제 도입 Introducing the Subject	정의 Definition	중요한 이유 Reason of the Importance	방안 Measures	자기 생각 Own Opinions
도입 단락 Introduction Paragraph		전개 1 단락 Development 1 Paragraph	전개 2 단락 Development 2 Paragraph	마무리 단락 Conclusion Paragraph

	Structure	Typical Patterns	Vocabulary
도입 단락 Introduction Paragraph	주제 도입 Introducing the Subject	사람들은 누구나	역사의 정의 definition of history 과거의 사실 facts of the past 중요한 사실을 선택하여 기록 choosing and recording important facts
	정의 Definition	N(이)란 N을/를 말한다	
	다음 질문 Next Question	질문(2)	

	Structure	Typical Patterns	Vocabulary
전개 1 단락 Development 1 Paragraph	중요성 ① Impotance ①	-는 이유는 -기 때문이다 -기 때문에 -아/어야 한다 -은/는 -는 데에 도움이 된다	중요한 이유 reason of importance • 현재를 이해하게 됨 understanding the present • 과거와 연결 linking to the past • 문제 해결 능력 problem solving skills • 과거의 반성 → 교훈 reflection on the past → lessons
	+ 결과 Result		
	중요성 ② Impotance ②		
	+ 상술 Detail		

	Structure	Typical Patterns	Vocabulary
전개 2 단락 Development 2 Paragraph	방안 ① Measures ①	-기 위해서는 -아/어야 한다 -기 위해서는 -는 것이 필요하다 -(으)려면 -는 것이 필요하다	방안 measures • 역사가의 사관 the view of the historian • 주관적 가치관 주의 → 비판적 시각 against a subjective → critical point of view • 민족주의적 시각 → 열린 시각 nationalistic view → open mind • 종합적 시각 comprehensive point of view
	+ 상술 Detail		
	방안 ② Measures ②		
	+ 예측 Prediction		

	Structure	Typical Patterns	Vocabulary / Opinion
마무리 단락 Conclusion Paragraph	정리 Summary	이처럼	역사를 통해 통찰력, 판단력 향상 through the history enhancing the power of perception and judgment
	의견 Opinion	-다고 생각한다	
	기대 Expectation	앞으로	

전략 적용 모범 답안 Sample Answer Applying the Strategy

도입

사람들은 누구나 어린 시절부터 역사를 배우며 역사를 중요한 것으로 인식하며 살아간다. 역사란 무엇인가? 역사란 과거 사실 중에서 후대에 전해져야 한다고 판단된 내용을 기록한 것을 말한다. 역사는 우리가 알아야 하는 소중한 기록인 것이다. 그러면 우리는 왜 역사를 배워야 할까? 역사를 배우면 우리는 무엇을 얻을 수 있을까?

전개①

역사를 배워야 하는 이유는 역사를 통해 현재를 이해할 수 있기 때문이다. 과거의 사실과 현재의 상황을 연결해 보면서 상황에 대한 이해력을 높일 수 있다. 또한 역사를 배우면 문제 해결 능력을 기를 수 있다. 역사를 통해 과거를 반성하고 교훈을 얻을 수 있기 때문에 비슷한 문제가 발생했을 때 이를 참고하여 문제를 쉽게 극복하고 해결할 수 있는 것이다.

전개②

그러나 역사를 배울 때 주의할 점이 있다. 먼저 역사를 무조건적으로 받아들이는 것은 위험하다. 역사는 역사가들의 가치관에 따라 주관적으로 기술된 것이기 때문에 비판적인 시각으로 봐야 한다. 게다가 역사에는 민족주의적 관점이 담겨 있는 경우가 많다. 여기에서 벗어나지 못하면 열린 시각으로 종합적으로 볼 수 없을 것이다.

마무리

역사는 단순히 이미 지나간 사실이 아니라 현재와 연결되고, 현재는 또 미래로 이어진다. 우리는 역사를 비판적인 시각으로 봄으로써 통찰력과 판단력을 키워야 한다. 그래야만 앞으로 더 나은 미래를 만들 수 있을 것이다.

TIP

As art education, reading education, discussion education, and early education are also frequent subjects for Importance type questions, it would be helpful if you study these issues.

유형 2 조건 유형 Conditions Type

다음을 주제로 하여 자신의 생각을 600~700자로 글을 쓰십시오. **37회**

> 현대 사회는 빠르게 세계화·전문화되고 있습니다. 이러한 현대 사회의 특성을 참고하여, '현대 사회에서 필요한 인재'에 대해 아래의 내용을 중심으로 자신의 생각을 쓰십시오.
>
> - 현대 사회에서 필요한 인재는 어떤 사람입니까? → 조건
> - 그러한 인재가 되기 위해서 어떤 노력이 필요합니까? → 방안

해설 Explanation

This is a conditions type question. Concepts and institutions recognized by most people are given as topics in conditions type questions. Keywords are adjectives like 필요한, 바람직한, 성공적인, 진정한 and the question asks you the conditions and measures needed to achieve the ideal.

1 전략의 적용 Applying the Strategy

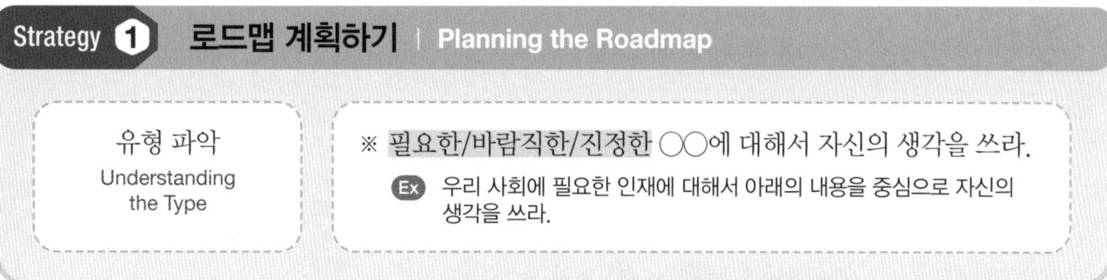

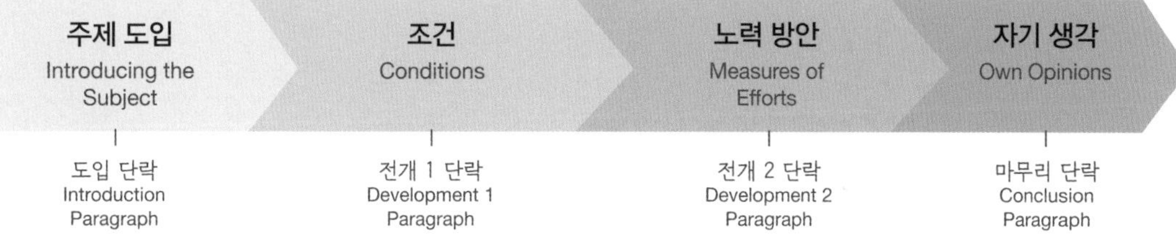

TIP

- When there are only two questions, compose one development paragraph for each question.
- You need to understand what the questions demand and reinterprete them as above.

Strategy 2-4 구조, 문형, 어휘 전략
Strategies of Structure, Patterns, and Vocabulary

(1) 도입 단락 쓰기 Writing Introduction Paragraph

① 단락의 이해 Understanding the Paragraph

▸ 도입 단락은 최소 3문장 이상 160~180자 정도로 쓰면 됩니다.
You should write 3-4 sentences comprising about 160-180 letters for the introduction.

▸ 도입 단락에 특별히 요구된 질문이 없을 때는 주제를 소개하는 문장을 더 쓰면 됩니다. 정의를 넣어 주제를 소개하는 것도 좋습니다.
When there are no specific questions for the introduction, you can add sentences introducing the subject. Adding a definition to introduce the subject is also a good method.

② 단락의 구조화 Structuring the Paragraph

주제 도입 Introducing the Subject	• 현대 사회는 어떤 사회인가? (주제의 배경 상황) What is a modern society like? (the background situation of the subject)
정의 Definition	• 인재는 어떤 사람인가? What kind of a person is a talent?
다음 질문 Next Question	• 다음 질문은 무엇인가? What is the next question?

③ 필수 문형 사용하기 Using Typical Patterns

Structure	Typical Patterns
주제 도입 Introducing the Subject	• 사람들은 누구나 -(으)면서 살아간다 • 우리는 살아가면서 -게 된다 • 현대 사회에서는 -는 일이/경우가 많다 Ex 사람들은 누구나 인재가 되려고 노력하며 살아간다. Everyone tries to be talented. 우리는 살아가면서 인재가 되기 위해 노력한다. In our lives, we all try to be talented. 현대 사회에서는 인재가 필요한 일이 더 많아지고 있다. In modern society, more and more talented people are needed.

정의 Definition	• N(이)란 N이다 • N(이)란 N을/를 말한다/일컫는다 Ex 인재는 재주와 능력이 뛰어난 사람이다. A talent is a person with great skills and abilities. 인재란 재주와 능력이 뛰어난 사람을 말한다. A talent is a name to call a person with great skills and abilities.
다음 질문 Next Question	• N은/는 무엇일까? • -(으)ㄹ까? Ex 현대 사회에서 인재의 조건은 무엇일까? What are the conditions of a talent in modern societies? 현대 사회에 어떤 인재가 필요할까? What kind of a talent does a modern society need?

④ 어휘 확장하기 Expanding Vocabulary

Choosing Keywords from the Question

인재, 현대 사회, 전문화, 세계화

→ **주제어의 어휘 확장** Expanding the Keywords →

Changes in Modern Societies

- 국제화, 세계화, 글로벌 사회
  교통, 통신 발달, 변화
- 전문화 사회, 전문 지식 중시
  지식, 생산 활발, 경쟁
  재능, 능력, 기술

→ **문장의 재구성** Reconstructing Sentences

⑤ 전략 적용 답안 확인 Checking the Strategy-based Answer

도입 단락 Introducion paragraph

주제 도입 Introducing the Subject

정의 Definition

질문 Question

현대 사회는 국제화된 전문화 사회이다. 교통과 통신, 인터넷의 발달로 세계는 이미 글로벌 사회가 되었고 지식 정보 산업이 발달하면서 전문화된 지식이 요구되는 사회로 발전하였다. 인재란 지식과 재능이 뛰어난 사람을 말하는데, 현대 사회가 필요로 하는 인재가 되기 위해서는 어떤 지식과 재능을 갖춰야 할까?

(2) 전개 1 단락 쓰기 Writing the Development 1 Paragraph

① 단락의 이해 Understanding the Paragraph

▸ '인재의 조건'을 두 가지로 생각한 후에 총 4 문장을 180~200자 정도로 씁니다.
Think of two main ideas about the conditions of a talent and write four sentences comprising about 180-200 letters in total.

▸ 뒷받침 문장으로 '결과와 예측'의 방법을 선택해서 연습해 봅시다.
Here let's practice methods of result and prediction for the supporting sentence.

② 단락의 구조화 Structuring the Paragraph

인재의 조건
Conditions of a Talented Person

외국어 능력 Fluency in Foreign Languages	열린 사고 Open Mindedness
Main idea 1 + Supporting Sentence 1	Main idea 2 + Supporting Sentence 2

1	중심 문장 Main Idea	• 인재의 조건은 무엇일까? What are the conditions of a talent?	조건 1 Condition 1
	뒷받침 문장 Supporting Sentence	• 그 결과를 이야기하면? What are the results of it?	결과 Result
2	중심 문장 Main Idea	• 인재의 조건은 무엇일까? What are the conditions of a talent?	조건 2 Condition 2
	뒷받침 문장 Supporting Sentence	• 이것이 없다고 가정하면 어떻게 될까? What can be predicted of the situation without it?	예측 Prediction

③ 필수 문형 사용하기 Using Typical Patterns

Structure		Typical Patterns
중심 문장 Main Idea	조건 Conditions	• N이/가 되기 위해서는 N이/가 필요하다 • N이/가 되려면 -는 것이 필요하다/필수적이다 • N이/가 없다면 N이/가 될 수 없을 것이다 Ex 인재가 되기 위해서는 외국어 능력이 필요하다. You need fluency in foreign languages to be a talent. 인재가 되려면 외국어 능력을 가지는 것이 필수적이다. It is necessary to be fluent in foreign languages to be a talented person. 외국어 능력이 없다면 인재가 될 수 없을 것이다. You cannot be a talented person without fluency in foreign languages.
	첨가 Addition	• (A를 살펴보면 먼저/우선/무엇보다도) B가 있다. 또한/게다가 C도 있다

뒷받침 문장 Supporting Sentences	결과 Result	• -(으)면 -게 된다 • 그로 인해/이를 통해/따라서 -게 된다
	예측 Prediction	• (만약/만일) -는다면/-(으)면 -(으)ㄹ 것이다 • N이/가 없다면/-지 않는다면 -(으)ㄹ 수 없을 것이다

④ 어휘 확장하기 Expanding Vocabulary

조건 conditions	조건 condition, 필수 조건 necessary condition, 요인 factor, 자질 quality, 덕목 virtue
필요성 Necessity	필요하다 to be nessary, 필수적이다 to be essential, (조건)을 충족시키다 to satisfy, (조건)을 갖추다 to be qualified

⑤ 전략 적용 답안 확인 Checking the Strategy-based Answer

전개 1 단락 Development 1 Paragraph

조건 1 Condition 1 / 결과 Result / 조건 2 Condition 2 / 예측 Prediction

현대 사회에 필요한 인재가 되기 위해서는 무엇보다 외국어 능력이 필수적이다. 영어를 비롯하여 여러 나라의 언어를 구사할 수 있으면 세계 여러 나라 사람들과 소통이 가능해진다. 다음으로 인재는 열린 사고를 가져야 한다. 만약에 열린 사고가 없다면 다른 민족과 문화를 이해하거나 수용하는 능력이 떨어져 그들과 소통하고 교감하기가 어려울 것이다.

(3) 전개 2 단락 쓰기 Writing the Development 2 Paragraph

① 단락의 이해 Understanding the Paragraph

▸ 답을 두 가지 생각한 후에 총 4 문장을 180~200자 정도로 씁니다.
Think of two main ideas and write four sentences of about 180-200 letters in total.

▸ 중심 문장에는 질문이 요구하는 '방안' 문형이 들어가야 합니다.
You need typical patterns for the measures writing the main idea sentence.

▸ 뒷받침 문장의 방법에는 예시도 있으니 연습해 봅시다.
For supporting sentences you need to practice using examples. (cf. pp. 69-70)

② 단락의 구조화 Structuring the Paragraph

인재가 되기 위한 노력 방안
Measures to Be a Talented Person

창의적 사고로 전문성 강화 Enhancing Expertise by Creative Thinking Main idea 1 + Supporting Sentence 1	관리 홍보 기술 Skills for Administration and Promotion Main idea 2 + Supporting Sentence 2

1	중심 문장 Main Idea	• 인재가 되려면 어떻게 노력해야 할까? How should we try to be a talent?	방안 1 Measure 1
	뒷받침 문장 Supporting Sentence	• 그 결과 어떤 일이 가능해지나? What can result from it?	예측 Prediction
2	중심 문장 Main Idea	• 인재가 되려면 어떻게 노력해야 할까? How should we try to be a talent?	방안 2 Measure 2
	뒷받침 문장 Supporting Sentence	• 예를 든다면 어떤 것이 있는가? What are the examples?	예시 Examples

③ 필수 문형 사용하기 Using Typical Patterns

Structure		Typical Patterns
중심 문장 Main Idea	방안 Measures	• -(으)려면 -아/어야 한다 • -기 위해서는 -아/어야 한다 Ex 인재가 되려면 창의적으로 사고를 해야 한다. 인재가 되기 위해서는 창의적 사고력을 갖춰야 한다. You should think creatively to become a talented person.
	첨가 Addition	• A를 살펴보면 먼저/우선/무엇보다도 B가 있다. 또한/게다가 C도 있다
뒷받침 문장 Supporting Sentence	예측 Prediction	• (만약/만일) -는다면/-(으)면 -(으)ㄹ 것이다 • N이/가 없다면/-지 않는다면 -(으)ㄹ 수 없을 것이다
	예시 Examples	• 예로서 A, B 등을 들 수 있다 • 예를 들면/들어 A, B 등이 있다/필요하다/필수적이다

④ 어휘 확장하기 Expanding Vocabulary

방안 Meaning	방법 method, 계획 plan, 목표 purpose, 자세 attitude, 해결책 solution, 해결 방안 measure to solve a problem, 노력 방안 measure to put in effort, 준비 방안 preparation, 처리 방안 dealing
목표 Goals	높이다 to heighten, 기르다 to grow, 능력을 발휘하다 to display abilities, 도달하다 to reach, 달성하다 to achieve, 회복시키다 to restore, 구하다 to save, 향상시키다 to improve, 개선시키다 to better, 활성화 vitalization, 발전 development, 향상 improvement, 성장 growth, 성과 fruits, 안정 stability, 활성화시키다 to vitalize,
	(목표를) 이루다 to achieve (a goal), (목표가) 이루어지다 to reach (a goal), (목표를) 달성하다 to obtain (a goal), 성공하다 to succeed, 효과를 보다 to have an effect

⑤ 전략 적용 답안 확인 Checking the Strategy-based Answer

전개 2 단락 Development 2 Paragraph

방안 1 Measure 1
예측 Prediction
방안 2 Measure 2
예시 Examples

현대 사회의 인재가 되려면 창의성을 발휘하여 자신만의 특화된 전문성을 길러야 한다. 여기에 경험이 더해지면 자신만의 경쟁력을 갖추게 되어 대체 불가능한 인재가 될 것이다. 또한 국제화 시대에 발맞추어 자신의 전문성을 관리하고 홍보하는 기술을 익혀야 한다. 예를 들어 컴퓨터 정보 활용과 SNS 운영 기술은 필수적이라고 할 수 있다.

(4) 마무리 단락 쓰기 Writing Conclusion Paragraph

① 단락의 이해 Understanding the Paragraph

▶ 마무리 단락에는 주제에 대한 자신의 의견이나 제안을 쓰면 됩니다.
In the conclusion paragraph, you should write down your own opinion or suggestion on the subject.

▶ 마지막 문장에는 미래에 대한 기대를 이 주제와 관련시켜 쓰면 됩니다.
For the last sentence you need to write down the expectations for the future related to the subject.

② 단락의 구조화 Structuring the Paragraph

정리 Summary	• 지금까지 내용을 한 문장으로 요약한다면? How would you summarize the above paragraphs in one sentence?
의견 Opinion	• 주제에 대해 가장 중요하다고 생각한 것을 말한다면? What is the most important thing in your opinion?
기대 Expectation	• 이 주제와 관련하여 미래 사회가 어떻게 되면 좋을까? What is your hope for future society with regard to the subject?

③ 필수 문형 사용하기 Using Typical Patterns

Structure	Typical Patterns
정리 Summary	• 이처럼/지금까지 살펴본 바와 같이 • 지금까지 N에 대해 살펴보았다
의견 Opinion	• (–기 위해서는) –아/어야 한다고 생각한다 • –(으)려면 –는 것이 중요하다/필요하다 • (–도록) –아/어야 할 것이다
기대 Expectation	• 앞으로 –기 바란다 • 앞으로 –아/어야 할 것이다

④ 어휘 확장하기 Expanding Vocabulary

Subject and Type		Keywords	
현대 사회 인재의 조건	주제어의 어휘 확장 Expanding the Keyword →	전문성, 정보 교류, 외국어 능력, 열린 사고	자기 생각 Own Opinions →

⑤ **전략 적용 답안 확인** Checking the Strategy-based Answer

마무리 단락 Conclusion Paragraph

정리 Summary 의견 Opinion 기대 Expectation	이처럼 현대 사회에는 전문성을 갖춘 인재가 요구된다. 인재가 되기 위해서는 외국어 능력과 컴퓨터 관련 정보 기술과 더불어 창조적인 열린 사고를 가져야 한다. 앞으로 많은 인재가 미래 사회를 더욱 발전시켜 주길 기대한다.

TIP

You can write one sentence including the summary and opinion and add a sentence of expectation to write a shorter conclusion with two sentences.

Strategy 5 오류 수정하기 | Correcting Errors

In the introduction paragraph, after writing down the question which foretells what comes in the next paragraph, you shouldn't answer that question. You shouldn't write down your opinion either. The answer should come in the next paragraph, and your opinion should be in the conclusion paragraph.

→ 현대 사회의 인재는 어떤 능력이 필요할까? 나는 인재가 되려면 정말 많은 능력이 있어야 한다고 생각한다. (X)

→ 현대 사회의 인재는 어떤 능력이 필요할까? 인재는 열정이 있어야 한다. (X)

→ 현대 사회의 인재는 어떤 능력이 필요할까? 이제부터 살펴보겠다. (O)
What kinds of abilities does a modern talented person need? Let's find out.

Useful Vocabulary

뛰어나다 to excel | **지식** knowledge | **능력** ability | **인재** talent | **언어를 구사하다** to command a language | **수용하다** to accept | **열린 사고** open mindedness | **수용하다** to accommodate | **교감하다** to commune | **발휘하다** to display | **경쟁력** competence | **대체 불가능하다** to be irreplaceable | **익히다** to master | **운영** to manage

2 전략의 적용 답안의 전체 글 확인하기 Checking the complete text of the Strategy-based Answer

도입

현대 사회는 국제화된 전문화 사회이다. 교통과 통신, 인터넷의 발달로 세계는 이미 글로벌 사회가 되었고 지식 정보 산업이 발달하면서 전문화된 지식이 요구되는 사회로 발전하였다. 인재란 지식과 능력이 뛰어난 사람을 말하는데, 현대 사회가 필요로 하는 인재가 되기 위해서는 어떤 지식과 재능을 갖춰야 할까?

전개①

현대 사회에 필요한 인재가 되기 위해서는 무엇보다 외국어 능력이 필수적이다. 영어를 비롯하여 여러 나라의 언어를 구사할 수 있으면 세계 여러 나라 사람들과 소통이 가능해진다. 다음으로 인재는 열린 사고를 가져야 한다. 만약에 열린 사고가 없다면 다른 민족과 문화를 이해하거나 수용하는 능력이 떨어져 그들과 소통하고 교감하기가 어려울 것이다.

전개②

현대 사회의 인재가 되려면 창의성을 발휘하여 자신만의 특화된 전문성을 길러야 한다. 여기에 경험이 더해지면 자기만의 경쟁력을 갖추게 되어 대체 불가능한 인재가 될 것이다. 또한 국제화 시대에 발맞추어 자신의 전문성을 관리하고 홍보하는 기술을 익혀야 한다. 예를 들어 컴퓨터 정보 활용과 SNS 운영 기술은 필수적이라고 할 수 있다.

마무리

이처럼 현대 사회에는 전문성을 갖춘 인재가 요구된다. 인재가 되기 위해서는 외국어 능력과 컴퓨터 관련 정보 기술과 더불어 열린 사고를 가져야 한다. 앞으로 많은 인재가 미래 사회를 더욱 발전시켜 주길 기대한다.

TIP

Model answers provided by the previous TOPIKs are on page 194. It can be helpful to compare and contrast them with the sample answers for the previous test.

3 전략을 적용한 쓰기 연습 Writing Practice Applying the Strategy

※ 다음을 참고하여 600~700자로 글을 쓰시오. 단, 문제를 그대로 옮겨 쓰지 마시오.

> 최근 정보·지식 산업의 진전과 더불어 4차 산업 혁명 시대가 시작되었습니다. 이제 과거에 인간이 하던 일을 컴퓨터나 인공 지능, 로봇 등이 하게 됨에 따라 인간의 직업에도 변화가 예상됩니다. 아래의 내용을 중심으로 4차 산업 혁명 시대의 직업에 대해 자신의 생각을 쓰시오.
>
> • 이러한 시대에 인간의 직업에는 어떤 변화된 요구가 있을까요?
> • 새로운 시대를 준비하려면 어떤 능력을 갖춰야 합니까?

Strategy 1

문제를 읽고 로드맵 작성을 통해 답안의 순서를 계획해 봅시다.

Reading the question, try to plan the order of answers through the Type 1 roadmap.

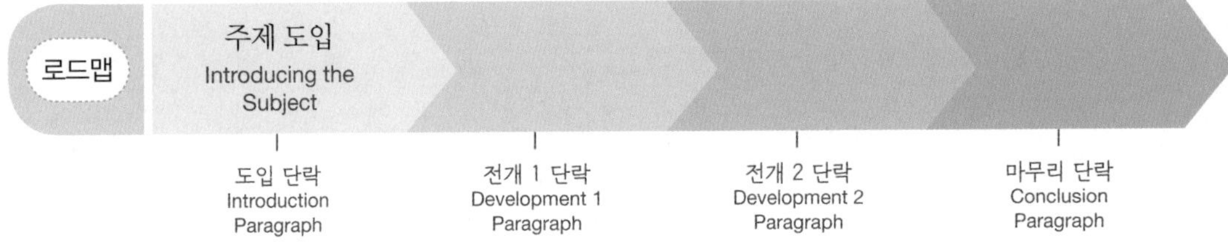

Strategy 2 ~ **Strategy 4**

앞에서 배운 대로 구조 전략, 문형 전략, 어휘 전략을 적용해 자신의 생각을 정리해 써 봅시다.

As you learned before, organize and write down your thoughts by applying strategies of structure, typical patterns, and vocabulary.

(1) 도입 단락 쓰기 Writing Introduction Paragraph

	Structure	Typical Patterns	Vocabulary
도입 Introduction Paragraph			

(2) 전개 1 단락 쓰기 Writing the Development 1 Paragraph

	Structure	Typical Patterns	Vocabulary
전개 1 단락 Development 1 Paragraph			

(3) 전개 2 단락 쓰기 Writing the Development 2 Paragraph

	Structure	Typical Patterns	Vocabulary
전개 2 단락 Development 2 Paragraph			

(4) 마무리 단락 쓰기 Writing Conculsion Paragraph

	Structure	Typical Patterns	Vocabulary & Opinion
마무리 단락 Conclusion			

4 전략의 적용 예시 Examples of Strategy Application

로드맵 Roadmap (주제 : 4차 산업 혁명 시대 직업의 조건 Roadmap: Conditions of a Job in the Age of the 4th Industrial Revolution)

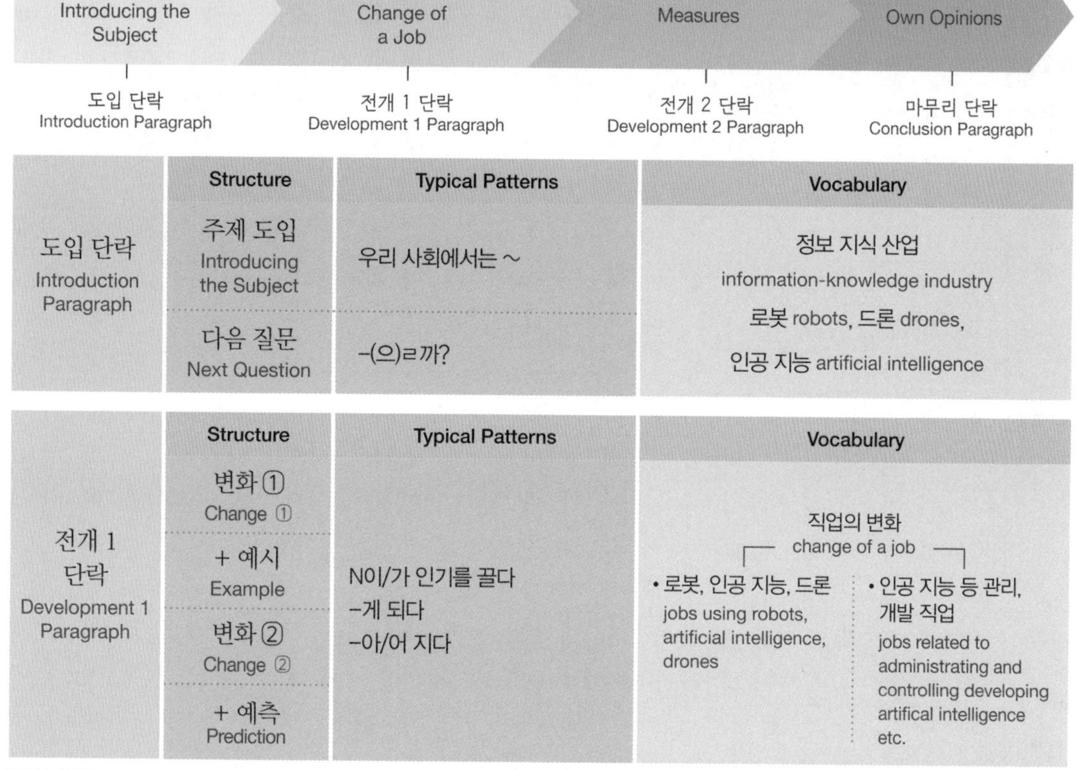

	Structure	Typical Patterns	Vocabulary
도입 단락 Introduction Paragraph	주제 도입 Introducing the Subject	우리 사회에서는 ~	정보 지식 산업 information-knowledge industry 로봇 robots, 드론 drones, 인공 지능 artificial intelligence
	다음 질문 Next Question	-(으)ㄹ까?	

	Structure	Typical Patterns	Vocabulary
전개 1 단락 Development 1 Paragraph	변화 ① Change ①	N이/가 인기를 끌다 -게 되다 -아/어 지다	직업의 변화 change of a job • 로봇, 인공 지능, 드론 jobs using robots, artificial intelligence, drones • 인공 지능 등 관리, 개발 직업 jobs related to administrating and controlling developing artifical intelligence etc.
	+ 예시 Example		
	변화 ② Change ②		
	+ 예측 Prediction		

	Structure	Typical Patterns	Vocabulary
전개 2 단락 Development 2 Paragraph	방안 ① Measures ①	-기 위해서는 -아/어야 한다 -기 위해서는 -는 것이 필요하다 -(으)려면 -는 것이 필요하다	좋은 직업을 가지기 위한 방안 measures to have good jobs • 응용력 application capability • 창의력 creativity
	+ 예시 Example		
	방안 ② Measures ②		
	+ 상술 Explaining in detail		

	Structure	Typical Patterns	Vocabulary / Opinion
마무리 단락 Conclusion Paragraph	정리 Summary	이처럼	응용력, 창의력 필요 → 새 시대에 맞는 새 능력 갖추도록 최선을 다하자 need for application capabilities and creativity → let's do our best to equip ourselves with new abilities for the new era
	의견 Opinion	-다고 생각한다	
	기대 Expectation	앞으로	

전략 적용 모범 답안 Sample Answer Applying the Strategy

도입

최근 우리 사회에서는 4차 산업 혁명이라는 말을 자주 들을 수 있다. 예전에는 인간이 하던 일을 이제는 정보화와 지식 산업을 기반으로 인공 지능이 대신할 수 있게 된 것이다. 따라서 산업 현장에서 인간이 담당하는 역할도 달라지게 되었다. 이렇듯 급변하는 시대에 인간의 직업에는 어떤 변화가 생길까?

전개①

4차 산업 혁명 시대에는 정보화 시스템과 관련된 직업이 인기를 끌 것이다. 예로서 최첨단 정보화 기기를 다루거나 로봇, 인공 지능 등을 사용하는 직업을 들 수 있다. 또한 인공 지능을 관리하고 개발하는 일은 여전히 인간이 담당하게 될 것이다. 인공 지능이 수행할 수 있는 일의 범위가 넓어진다 하더라도 이를 어떤 분야에서 어떤 방식으로 사용할지 정하는 것은 인간의 몫이 될 것이기 때문이다.

전개②

우리가 이러한 시대에 걸맞는 직업을 갖기 위해서는 응용력을 갖추는 것이 필요하다. 특히 정보화 시스템을 이해하고 다양한 영역에서 활용하는 능력이 필수적이다. 또한 창의력을 길러야 한다. 기존의 것들을 융합하여 새로운 것을 창조하는 일이야말로 기계가 대신할 수 없기 때문이다.

마무리

이처럼 4차 산업 혁명 시대의 직업은 새로운 능력을 요구한다. 우리가 이 시대에 필요한 응용력과 창의력을 기른다면 인공 지능이 인간의 일자리를 위협하는 상황에서도 자신의 일자리를 굳건히 지킬 수 있을 것이다.

TIP

The Fourth Industrial Revolution is a hot issue. It is recommended to learn its brief definition and contents and study the change it would cause in our future lives.

유형 3 영향 유형 Influence Type

다음을 주제로 하여 자신의 생각을 600~700자로 글을 쓰십시오. 47회

'칭찬은 고래도 춤추게 한다'는 말처럼 칭찬에는 강한 힘이 있습니다. 그러나 칭찬이 항상 긍정적인 영향만 주는 것은 아닙니다. 아래의 내용을 중심으로 칭찬에 대한 자신의 생각을 쓰십시오.

- 칭찬이 미치는 긍정적인 영향은 무엇입니까? → 긍정적 영향
- 부정적인 영향은 무엇입니까? → 부정적 영향
- 효과적인 칭찬의 방법은 무엇입니까? → 효과적 영향

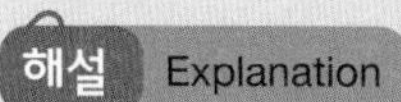

The keywords are "positive and negative influences." This type of question chooses a subject widely recognized of its value, asks you to confirm why that subject is important or necessary and inquires about how to improve or enhance such values. This is the most frequent type of question.

1 전략의 적용 Applying the Strategy

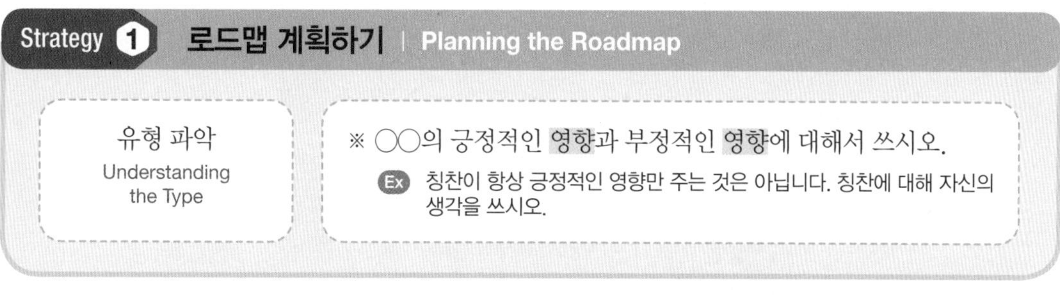

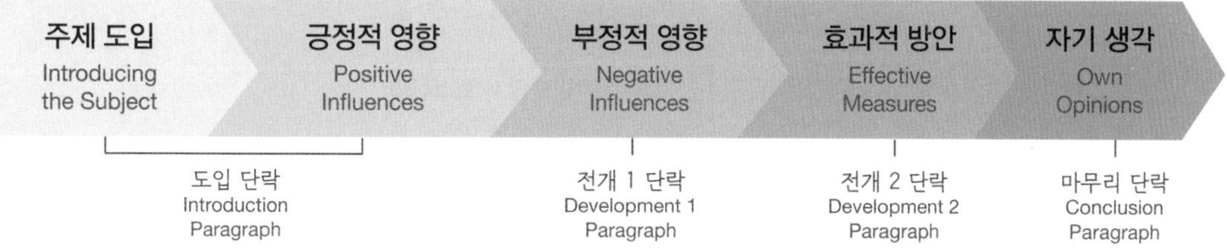

Strategy 2-4 구조, 문형, 어휘 전략
Strategies of Structure, Patterns, and Vocabulary

(1) 도입 단락 쓰기 Writing Introduction Paragraph

① 단락의 이해 Understanding the Paragraph

▸ 도입 단락의 주된 기능은 주제를 소개하고 다음 전개될 내용으로 예고하는 것입니다.
The main function of the introduction is to introduce the subject and foretell what will come next.

▸ 최소 3문장 이상 160~180자로 쓰면 됩니다.
You can write over 3 sentences of 160–180 letters for the introduction.

▸ '긍정적인 영향' 문형을 넣어서 도입 단락을 만들면 됩니다.
You can build your introductory paragraph by inserting positive influences of compliments.

② 단락의 구조화 Structuring the Paragraph

주제 도입 Introducing the Subject	• 칭찬은 언제 나타나는가? (배경 상황) When do people compliment? (Background situations)
중요성 Importance	• 칭찬은 우리에게 어떤 긍정적 효과를 주는가? What are the positive influences of compliments?
다음 질문 Next Question	• 다음 질문은 무엇인가? What is the next question?

③ 필수 문형 사용하기 Using Typical Patterns

Structure	Typical Patterns
주제 도입 Introducing the Subject	• 사람들은 누구나 -(으)면서 살아간다 • 우리는 살아가면서 -게 된다 • 현대 사회에서는 -는 일이/경우가 많다 Ex 사람들은 누구나 칭찬을 주고 받으면서 살아간다. Everyone compliments each other while living. 우리는 살아가면서 많은 칭찬을 받는 일들이 생긴다. While living, there are many cases of people being complimented by others.

긍정적 영향 Positive Influences	• N은/는 N에게/에 긍정적 영향을 미친다 • N은/는 (-음으로써) N에게/에서 중요한 역할을 한다 • N은/는 -는 데에 도움이 된다 Ex 칭찬은 아이들의 심리에 긍정적 영향을 미친다. (그래서 필요하다) Compliments influence the psychology of children positively (therefore, needed). 칭찬은 동기를 부여함으로써 일의 성취에 중요한 역할을 한다. Compliments play an important role in achieving a goal by imposing a motivation. 칭찬은 아이들이 성장하는 데에 도움이 된다. Compliments help children grow.
다음 질문 Next Question	• N은/는 무엇일까? • -(으)ㄹ까? Ex 칭찬이 줄 수 있는 부정적인 영향은 무엇일까? What are the negative influences of compliments? 칭찬은 우리에게 긍정적인 영향만 미칠까? Do compliments always influence us positively?

④ 어휘 확장하기 Expanding Vocabulary

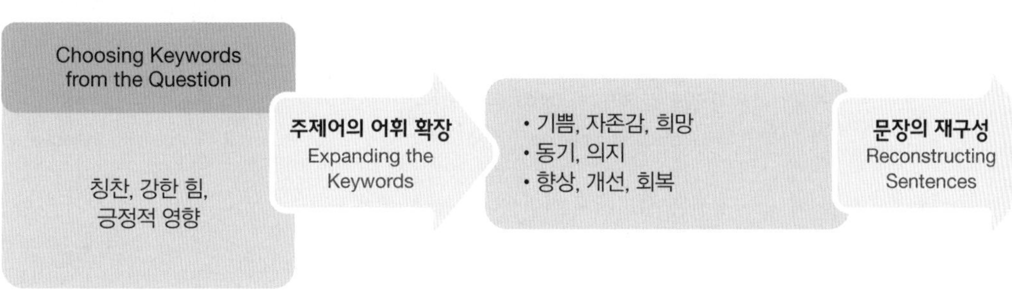

⑤ 전략 적용 답안 확인 Checking the Strategy-based Answer

도입 단락 Introductory paragraph

- 주제 도입 Introducing the Subject
- 긍정적 영향 Positive Influences
- 다음 질문 Next Question

우리는 보통 잘한 일이 있을 때 칭찬을 받게 된다. 칭찬은 우리를 기쁘고 희망적으로 만드는 긍정적 효과가 있다. 우리의 자존감을 높여 주어 더 좋은 사람이 되고 싶게 하고 힘든 일에도 도전할 수 있도록 에너지를 준다. 그러면 칭찬은 긍정적 영향만 있을까?

(2) 전개 1 단락 쓰기 Writing the Development 1 Paragraph

① 단락의 이해 Understanding the Paragraph

- 중심 문장에는 질문이 요구하는 '부정적 영향' 문형이 들어가야 합니다.
  The main idea should include typical patterns of negative influences demanded by the question.
- 뒷받침 문장을 구성하는 방법 중에서 '예측과 예시'를 선택하여 연습해 봅시다.
  Let's choose and practice the methods of prediction and examples for supporting sentences.

② 단락의 구조화 Structuring the Paragraph

칭찬의 부정적 영향
Negative Influences of Compliments

지나친 칭찬 → 착각하게 한다 Excessive Compliments → Lead to misunderstanding Main idea 1 + Supporting Sentence 1	부담스러운 칭찬 → 나쁜 일을 하게 한다 Burdening Compliments → Lead to wrong deeds Main idea 2 + Supporting Sentence 2

1	중심 문장 Main Idea	• 칭찬은 우리에게 어떤 부정적인 영향을 미치나? How can compliments affect us negatively?	부정적 영향 1 Negative influence 1
	뒷받침 문장 Supporting Sentences	• 이 결과로 어떤 상황이 예상되는가? What prediction can result from it?	예측 Prediction
2	중심 문장 Main Idea	• 칭찬은 우리에게 어떤 부정적인 영향을 미치나? How can compliments affect us negatively?	부정적 영향 2 Negative influence 2
	뒷받침 문장 Supporting Sentences	• 어떤 예를 들 수 있는가? What are the examples?	예시 Examples

③ 필수 문형 사용하기 Using Typical Patterns

Structure		Typical Patterns
중심 문장 Main Idea	부정적 영향 Negative Influence	• N은/는 -게 하는 부정적 영향/악영향을 끼친다 • N(으)로 인해 -게 된다 Ex 지나친 칭찬은 우리를 자만하고 착각하게 하는 부정적 영향을 미친다. Excessive compliments have a negative influence of making people arrogant and can cause misunderstandings. 지나친 칭찬으로 인해 우리는 자신에 대해 착각하게 된다. Excessive compliments lead to misunderstandings about ourselves.
	첨가 Addition	(A를 살펴보면) B가 있다. 또한/게다가 C도 있다

뒷받침 문장 Supporting Sentences	예측 Prediction	• (만약/만일) -는다면/-(으)면 -(으)ㄹ 것이다 • N이/가 없다면/-지 않는다면 -(으)ㄹ 수 없을 것이다
	예시 Examples	• 예로서 -(는 것)을 들 수 있다 • 예를 들면 -는 것/일도 있다 • -는 것이 대표적인 예이다 Ex 예로서 아이들이 부모의 칭찬을 받으려고 부정행위를 하는 것을 들 수 있다. For example, some children try cheating to get compliments from their parents. 예를 들면 아이들은 부모의 칭찬을 받으려고 부정행위를 하는 일도 있다. For instance, there are some cases of children cheating to get compliments from their parents. 아이들이 부모의 칭찬을 받으려고 부정행위를 하는 것이 그 대표적인 예이다. The most prominent example is the case where children cheat to get compliments from their parents.

④ 어휘 확장하기 Expanding Vocabulary

영향 Influence	영향을 끼치다/미치다 to influence/to affect, 긍정적 측면 positive aspect, 부정적 측면 negative aspect, 가치 values, 효과 effect, 결과 result, 성과 fruit, 기능 function, 역할 role, 도움 help
관계 Relationship	관련이 있다 to be related, 비례하다 to be proportionate, 영향력 influence
문제점 관련 표현 Expressions on Problems	문제점 problem, 문제 drawback, 논란 controversy, 폐단 evil, 단점 shortcoming, 피해 damage, 폐해 harmful effect, 악영향 adverse effect, 부담을 주다 to burden, 문제가 있다 to have a problem, 문제이다 to be a problem, (문제가) 나타나다 to show (a problem), 일어나다 to occur, 발생하다 to happen, 대두되다 to rise, 문제를 초래하다 to cause a problem, 야기하다 to result in a problem, 문제에 직면하다 to face a problem
부정적 영향을 나타내는 표현 Expressions on Negative Influences	부정적 영향을 미치다 to influence negatively, 부정적으로 작용하다 to effect negatively, 역효과를 내다 to have opposite effect, (피해를) 초래하다 to cause (harm), 악영향을 불러일으키다 to result in adverse effect, 역기능을 나타내다 to show adverse effect, 위협하다 to threaten, 심각하다 to be serious, 부담을 주다 to burden
부정적 결과 Negative Result	상처 hurt, 좌절 frustration, 포기 give-up, 불행 misfortune, 불안 instability, 성장 부진 growth failure, 학업 부진 academic failure, 성과 부진 performance failure, 무기력 lethargy, 악화되다 to worsen, 늪에 빠지다 to be trapped, 침체되다 to be stagnant, 도움이 안 되다 to be unhelpful, 방해하다 to hinder

⑤ **전략 적용 답안 확인** Checking the Strategy-based Answer

전개 1 단락 Development 1 Paragraph

부정적 영향 1 Negative Influence 1 예측 Prediction 부정적 영향 2 Negative Influence 2 예시 Examples	지나친 칭찬은 우리를 자만에 빠지게 하고 현실을 제대로 인식하지 못하게 만든다. 이렇게 착각이 지속된다면 개선과 성장의 기회를 놓칠 수도 있을 것이다. 또한 우리는 칭찬이 주는 부담감을 이기지 못해 잘못된 선택을 하기도 한다. 예로서 아이들이 칭찬을 받으려고 부정행위를 하는 것을 들 수 있다.

(3) 전개 2 단락 쓰기 Writing the Development 2 Paragraph

① **단락의 이해** Understanding the Paragraph

- 중심 문장에는 질문이 요구하는 '방안' 문형이 들어가야 합니다.
  The main idea should typical patterns of measures demanded by the question.
- 뒷받침 문장은 '예측과 예시'의 방법을 선택해서 쓸 수 있습니다.
  Supporting Sentences can be written with prediction and examples.

② **단락의 구조화** Structuring the Paragraph

칭찬의 효과적 방안
Effective Measures for Complimenting

과정 중시해서 칭찬하기 Complimenting on the Process Main idea 1 + Supporting Sentence 1	칭찬과 격려의 상황 구분하기 Distinguishing Compliments and Encouragement Main idea 2 + Supporting Sentence 2

1	중심 문장 Main Idea	• 칭찬을 잘하려면 어떻게 해야 할까? How can we compliment well?	방안 1 Measure 1
	뒷받침 문장 Supporting Sentence	• 다음을 가정하면 어떤 예측을 할 수 있을까? What can be predicted from the following suppositions?	예측 Prediction
2	중심 문장 Main Idea	• 칭찬을 잘하려면 어떻게 해야 할까? How can we compliment well?	방안 2 Measure 2
	뒷받침 문장 Supporting Sentence	• 어떤 상황을 예로 들 수 있을까? What are the examples?	예시 Examples

③ 필수 문형 사용하기 Using Typical Patterns

Structure		Typical Patterns
중심 문장 Main Idea	방안 Measures	• −(으)려면 −아/어야 한다 • −기 위해서는 −이/가 필요하다 • −기 위해서는 −는 것이/자세가 필요하다/필수적이다 Ex 칭찬을 잘하려면 결과보다 과정을 보고 칭찬해야 한다. You should compliment the process rather than results to compliment well. 칭찬을 잘하기 위해서는 결과보다 과정을 보는 것이 필요하다. You need to consider process rather than results to compliment well. 칭찬을 잘하기 위해서는 결과보다 과정을 보는 것이 필수적이다. It is necessary to consider the process rather than the results to compliment well.
	첨가 Addition	(A를 살펴보면 언제/우선/무엇보다도) B 가 있다. 또한/게다가 C도 있다
뒷받침 문장 Supporting Sentences	예측 Prediction	• (만약에/만일) −(ㄴ/는)다면 −(으)ㄹ 것이다 • N이/가 없다면/−지 않는다면 −(으)ㄹ 수 없을 것이다 Ex 애정을 가지고 지켜보면서 칭찬을 한다면 효과가 클 것이다. Compliments from affectionate observation can have a great effect on people. 애정이 없이 칭찬을 한다면 칭찬의 효과는 떨어질 것이다. Compliments become less effective if done without affection.
	예시 Examples	• 예로서 −는 것을 들 수 있다 • 예를 들어 −는 일/상황이 있다 Ex 예로서 잘하지 못한 상황을 들 수 있는데, 그때는 칭찬하지 말고 격려해야 한다. For example, you should encourage and not compliment when one fails a task. 예를 들어 잘하지 못한 상황이라면 칭찬하지 말고 격려해야 한다. For instance, you should encourage someone who failed rather than compliment her/him.

④ **어휘 확장하기** Expanding Vocabulary

방안 관련 표현 Expressions Related to Measures	바람직한 방안 desirable measure, 효율적인 방안 effective measure, 효과적인 방안 efficient measure, 대처/준비 방안 preparation, 자세를 갖추다 to have an attitude, 태도를 보이다 to show an attitude, 중시하다 to put an emphasis in
문제 해결 방안 표현 Expressions for Problem Solving	해결책 solution, 노력 effort, 자세 attitude, 태도 manner, 바람직하다 to be desirable, 효과적이다 to be effective, 문제를 없애다 to remove a problem, 제거하다 to eliminate, 근절하다 to eradicate, 극복하다 to overcome, 해결하다 to solve, 실천하다 to practice, 노력하다 to make an effort, 대처하다 to handle, 계획하다 to plan, 자세로 임하다 to have an attitude, 도움이 되다 to be helpful, 대책을 마련하다 to prepare, 힘쓰다 to struggle, 모색하다 to search for

⑤ **전략 적용 답안 확인** Checking the Strategy-based Answer

전개 2 단락 Development 2 Paragraph

방안 1 Measure 1
예측 Prediction
방안 2 Measure 2
예시 Examples

따라서 우리가 효과적으로 칭찬을 하려면 결과가 아니라 과정을 칭찬해야 한다. 애정을 가지고 과정을 지켜보면서 노력과 성과를 칭찬한다면 그 칭찬은 효과가 대단히 클 것이다. 또한 칭찬과 격려의 상황을 구분해야 한다. 예를 들어 잘하지 못한 상황이라면 무턱대고 칭찬하기보다 조언과 격려를 통해 더 성장할 수 있는 기회를 주는 것이 바람직하다.

(4) 마무리 단락 쓰기 Writing Conclusion Paragraph

① **단락의 이해** Understanding the Paragraph

▸ 지금까지의 내용을 정리하면서 자신의 생각을 말하는 부분입니다.
The conclusion is where you summarize the above paragraphs and show your opinion.

▸ 마무리 단락은 3~4문장을 100~120자 정도로 쓰면 됩니다.
You can write 3–4 sentences of 100–120 letters for the conclusion

② **단락의 구조화** Structuring the Paragraph

정리 Summary	• 지금까지 내용을 한 문장으로 요약한다면? How would you summarize the above paragraphs in one sentence?
의견 Opinion	• 주제에 대해 가장 중요하다고 생각한 것을 말한다면? What is the most important in your opinion?
기대 Expectation	• 이 주제와 관련하여 미래 사회가 어떻게 되면 좋을까? How would you hope for the future society in regard to the subject?

③ **필수 문형 사용하기** Using Typical Patterns

Structure	Typical Patterns
정리 Summary	• 이처럼/지금까지 살펴본 바와 같이 • 지금까지 N에 대해 살펴보았다
의견 Opinion	• (–기 위해서는) –아/어야 한다고 생각한다 • –(으)려면 –는 것이 중요하다/필요하다 • (–도록) –아/어야 할 것이다
기대 Expectation	• 앞으로 –기 바란다 • 앞으로 –아/어야 할 것이다

④ **어휘 확장하기** Expanding Vocabulary

⑤ **전략 적용 답안 확인** Checking the Strategy-based Answer

마무리 단락 Conclusion Paragraph

정리 Summary
의견 Opinion
기대 Expectation

이처럼 칭찬은 잘하면 득이 되지만 잘못하면 독이 되기도 한다. 칭찬에는 관심과 애정이 밑받침이 되어야만 최대의 효과를 나타낼 수 있다고 생각한다. 앞으로 우리 사회가 서로 관심과 애정을 가지고 칭찬을 주고받는 바람직한 사회가 되기 바란다.

TIP

When writing the conclusion, sometimes you have to shorten your answer to satisfy the 700-letter limit. Therefore, you need to learn how to write short answers. In this case, you can write two sentences composed of your opinion.

Strategy 5 오류 수정하기 | Correcting Errors

When writing about your opinion, show yourself in expressions like 내가 생각하기에는, 내 생각에는, or 나는. It is better to use 우리 as the subject to objectify your argument. In addition, -어/아야 할 것이다 is better than conclusive expressions like -어/야 한다.

→ 내 생각에는 결과보다 과정을 칭찬해야 한다. (X)

→ 내가 생각하기에는 결과보다 과정을 칭찬해야 한다고 생각한다. (X)

→ 나는 결과보다 과정을 칭찬해야 한다고 생각한다. (△)

→ 우리 모두 결과보다는 과정을 칭찬해야 할 것이다. (O)
We all should compliment considering the process rather than the results.

Useful Vocabulary

자존감 confidence | **도전하다** to challenge | **자만** arrogancy | **현실을 인식하다** to recognize reality | **기회를 놓치다** to miss a chance | **부담을 주다** to burden | **부담감** pressure | **잘못된 선택을 하다** to choose wrongly | **부정행위** cheating | **과정** process | **격려** encouragement | **무턱대고** blindly | **득** benefit | **독** poison | **밑받침이 되다** to serve as a foundation | **바람직하다** to be desirable

2 전략의 적용 답안의 전체 글 확인하기 Checking the complete text of the Strategy-based Answer

도입

우리는 보통 잘한 일이 있을 때 칭찬을 받게 된다. 칭찬은 우리를 기쁘고 희망적으로 만드는 긍정적 효과가 있다. 우리의 자존감을 높여 주어 더 좋은 사람이 되고 싶게 하고 힘든 일에도 도전할 수 있도록 에너지를 준다. 그러면 칭찬은 긍정적인 영향만 있을까?

전개①

지나친 칭찬은 우리를 자만에 빠지게 하고 현실을 제대로 인식하지 못하게 만든다. 이렇게 착각이 지속된다면 개선과 성장의 기회를 놓칠 수도 있을 것이다. 또한 우리는 칭찬이 주는 부담감을 이기지 못해 잘못된 선택을 하기도 한다. 예로서 아이들이 칭찬을 받으려고 부정행위를 하는 것을 들 수 있다.

전개②

따라서 우리가 효과적으로 칭찬을 하려면 결과가 아니라 과정을 칭찬해야 한다. 애정을 가지고 과정을 지켜보면서 노력과 성과를 칭찬한다면 그 칭찬은 효과가 대단히 클 것이다. 또한 칭찬과 격려의 상황을 구분해야 한다. 예를 들어 잘하지 못한 상황이라면 무턱대고 칭찬하기보다 조언과 격려를 통해 더 성장할 수 있는 기회를 주는 것이 바람직하다.

마무리

이처럼 칭찬은 잘하면 득이 되지만 잘못하면 독이 되기도 한다. 칭찬에는 관심과 애정이 밑받침이 되어야만 최대의 효과를 나타낼 수 있다고 생각한다. 앞으로 우리 사회가 서로 관심과 애정을 가지고 칭찬을 주고받는 바람직한 사회가 되기 바란다.

TIP

Model answers provided by the previous TOPIKs are on page 194. It can be helpful to compare and contrast them with the sample answers for the previous test.

3 전략을 적용한 쓰기 연습 Writing Practice Applying the Strategy

※ 다음을 참고하여 600~700자로 글을 쓰시오. 단, 문제를 그대로 옮겨 쓰지 마시오.

요즘 인기가 많은 TV 드라마나 영화, 예능 프로그램을 보면 특정 제품의 상품이나 로고를 보여 주는 간접 광고가 심합니다. 이러한 간접 광고는 우리에게 어떤 영향을 미칠까요? 이에 대해 아래의 내용을 중심으로 자신의 생각을 쓰시오.

- 간접 광고란 무엇을 말합니까?
- 간접 광고가 점점 많아지고 있는 이유는 무엇입니까?
- 간접 광고가 시청자와 사회에 끼치는 부정적인 영향은 무엇입니까?

Strategy 1

문제를 읽고 로드맵 작성을 통해 답안의 순서를 계획해 봅시다.

Reading the question, try to plan the order of answers through the Type 1 roadmap.

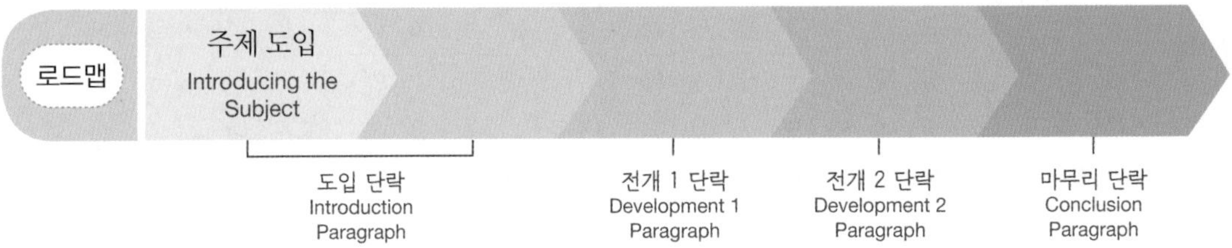

로드맵

주제 도입
Introducing the Subject

도입 단락
Introduction Paragraph

전개 1 단락
Development 1 Paragraph

전개 2 단락
Development 2 Paragraph

마무리 단락
Conclusion Paragraph

Strategy 2 ~ **Strategy 4**

앞에서 배운 대로 구조 전략, 문형 전략, 어휘 전략을 적용해 자신의 생각을 정리해 써 봅시다.

As you learned before, organize and write down your thoughts by applying strategies of structure, typical patterns, and vocabulary.

(1) 도입 단락 쓰기 Writing Introduction Paragraph

	Structure	Typical Patterns	Vocabulary
도입 Introduction Paragraph			

(2) 전개 1 단락 쓰기 Writing the Development 1 Paragraph

	Structure	Typical Patterns	Vocabulary
전개 1 단락 Development 1 Paragraph			

(3) 전개 2 단락 쓰기 Writing the Development 2 Paragraph

	Structure	Typical Patterns	Vocabulary
전개 2 단락 Development 2 Paragraph			

(4) 마무리 단락 쓰기 Writing Conculsion Paragraph

	Structure	Typical Patterns	Vocabulary & Opinion
마무리 단락 Conclusion			

4 전략의 적용 예시 Examples of Strategy Application

로드맵 Roadmap (주제 : 4차 산업 혁명 시대 직업의 조건 Roadmap: Conditions of a Job in the Age of the 4th Industrial Revolution)

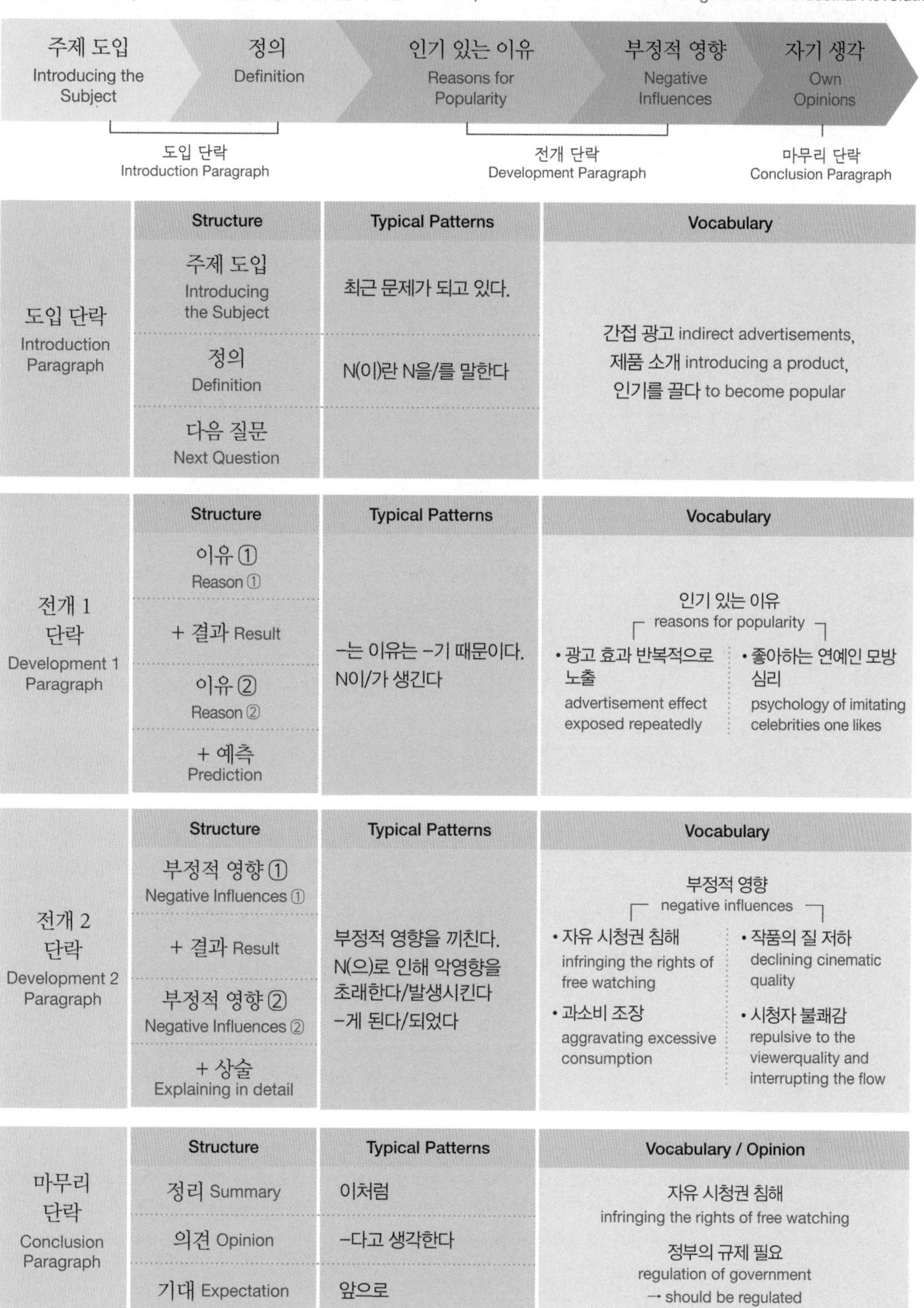

	Structure	Typical Patterns	Vocabulary
도입 단락 Introduction Paragraph	주제 도입 Introducing the Subject	최근 문제가 되고 있다.	간접 광고 indirect advertisements, 제품 소개 introducing a product, 인기를 끌다 to become popular
	정의 Definition	N(이)란 N을/를 말한다	
	다음 질문 Next Question		

	Structure	Typical Patterns	Vocabulary
전개 1 단락 Development 1 Paragraph	이유 ① Reason ①	-는 이유는 -기 때문이다. N이/가 생긴다	인기 있는 이유 reasons for popularity • 광고 효과 반복적으로 노출 advertisement effect exposed repeatedly • 좋아하는 연예인 모방 심리 psychology of imitating celebrities one likes
	+ 결과 Result		
	이유 ② Reason ②		
	+ 예측 Prediction		

	Structure	Typical Patterns	Vocabulary
전개 2 단락 Development 2 Paragraph	부정적 영향 ① Negative Influences ①	부정적 영향을 끼친다. N(으)로 인해 악영향을 초래한다/발생시킨다 -게 된다/되었다	부정적 영향 negative influences • 자유 시청권 침해 infringing the rights of free watching • 과소비 조장 aggravating excessive consumption • 작품의 질 저하 declining cinematic quality • 시청자 불쾌감 repulsive to the viewerquality and interrupting the flow
	+ 결과 Result		
	부정적 영향 ② Negative Influences ②		
	+ 상술 Explaining in detail		

	Structure	Typical Patterns	Vocabulary / Opinion
마무리 단락 Conclusion Paragraph	정리 Summary	이처럼	자유 시청권 침해 infringing the rights of free watching 정부의 규제 필요 regulation of government → should be regulated
	의견 Opinion	-다고 생각한다	
	기대 Expectation	앞으로	

전략 적용 모범 답안 Sample Answer Applying the Strategy

도입

최근 간접 광고가 점점 심해지면서 사회적으로 문제가 되고 있다. 간접 광고란 TV 프로그램, 영화 등의 매체를 통해서 상품을 알리는 것을 말한다. 직접적으로 광고를 하지 않는다는 점에서 간접 광고라고 불린다. 그렇다면 간접 광고는 왜 인기를 끌고 있는 것일까?

전개①

간접 광고가 인기를 끄는 이유는 무엇보다도 광고 효과가 크기 때문이다. 상품이 반복적으로 노출되면 인지도가 높아지고 매출도 증가하기 마련이다. 게다가 인기 있는 연예인이 광고 모델이 된다면 따라 써 보고 싶은 모방 심리가 생기기 때문에 더욱 효과가 커진다.

전개②

그러나 간접 광고에는 부정적인 영향도 있다. 먼저 시청자들은 광고를 보고 싶지 않았는데도 계속 광고를 볼 수밖에 없다. 간접 광고는 시청자의 자유 시청권을 침해를 할 뿐만 아니라 과소비까지 조장한다. 다음으로 간접 광고는 작품의 전개 흐름을 방해한다. 간접 광고는 시청자에게 피로감과 불쾌감을 느끼게 하고 작품의 질도 떨어지게 하는 악영향을 끼치고 있는 것이다.

마무리

프로그램의 제작비가 갈수록 높아지는 현실에서 간접 광고는 제작 과정에서 빼놓을 수 없는 요소가 되었다. 그렇지만 지나친 간접 광고는 시청자의 자유 시청권을 상당히 침해한다고 생각한다. 간접 광고에 대한 정부의 규제를 통해 시청자의 권리가 회복되기를 바란다.

TIP

We suggest you sort out your thoughts on other topics such as good and adverse effects of broadcasting media, controversies on fake news, disputes on media censorship, and arguments around plagiarism.

유형 4 찬반 유형 Agreements and Disagreements Type

다음을 주제로 하여 자신의 생각을 600~700자로 글을 쓰시오. 34회

자연을 그대로 보존해야 한다는 주장과 인간을 위해 자연을 개발해야 한다는 주장이 있습니다. 이에 대한 자신의 견해를 서술하십시오. 단 아래에 제시된 내용이 모두 포함되어야 합니다.

- 자연 보존과 자연 개발 중 어느 것이 더 중요하다고 생각하는가? → 입장 표명
- 그렇게 생각하는 이유는 무엇인가? (2가지 이상 쓰시오) → 찬성 이유/반대 이유

해설 Explanation

This type of question asks you about a controversial subject. Choose your own position and give reasons logically. There are two types of questions: one asks you to choose a position between agreement and disagreement while the other asks you to choose between two arguments.

1 전략의 적용 Applying the Strategy

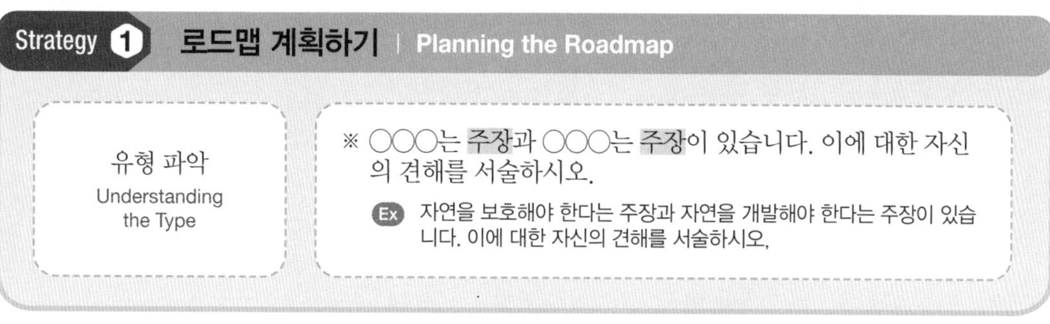

TIP

In the type of agreements and disagreements, the reasons compose two paragraphs, here the internal structure of each paragraph is totally different from the above three types. You need to clarify your standing in the introduction paragraph and confirm that position in the conclusion paragraph.

Strategy 2-4 구조, 문형, 어휘 전략
Strategies of Structure, Patterns, and Vocabulary

(1) 도입 단락 쓰기 Writing Introduction Paragraph

① 단락의 이해 Understanding the Paragraph

- 도입 단락에서는 논란이 되는 두 가지 주장을 1~2 문장으로 소개합니다. 그러나 문제와 똑같이 쓰면 안 되고 다른 문형을 사용하여 소개해야 합니다.
  The introduction is where you introduce the subject in 1–2 sentences. You need to introduce two arguments or opinions on a controversial issue. As there are many ways to do that, you need to use another patterns and vocabulary from the one used in the question.
- 다음 문장은 자신의 입장을 표명해야 하므로 '나는'으로 시작하는 문장이 요구됩니다.
  The main function of next sentence is to clarify your own opinions. A sentence starting with 나는 is required.
- 마지막 문장에서는 다음 내용을 예고하는 문장을 의문문이 아니라 서술문으로 써야 합니다.
  The last sentence fortells what come next, which should be not a question but a statement.

② 단락의 구조화 Structuring the Paragraph

주제 도입 Introducing the Subject	• 어떤 논란이 되는 문제가 있는가? (배경 상황) What is the controversial issue? (Background situations)
입장 표명 Clarifying Own Position	• 이 문제에 대해 어떤 입장을 선택했는가? What is your opinions on this matter?
다음 예고 Fortelling What Comes Next?	• 다음 질문은 무엇인가? What is the next question?

③ 필수 문형 사용하기 Using Typical Patterns

Structure	Typical Patterns
주제 도입 (=논란 소개) Introducing the Subject (Introducing the Controversy)	• 최근 ~ 문제가 대두되어 논란이 되고 있다 • 최근 우리 사회에서는 ~ 문제가 나타나 논란이 가열되고 있다 • -다는 의견/주장과 -다는 의견/주장이 팽팽히 맞서고 있다 Ex 최근 자연 개발 문제가 대두되어 논란이 되고 있다. Recently, the problem of developing nature has become a controversial issue. 최근 사회에서는 무분별한 자연 개발 현상이 이루어져 논란이 되고 있다. In modern society, reckless development of nature has caused controversy. 자연을 보존해야 한다는 주장과 인간을 위해 이를 개발해야 한다는 주장이 팽팽히 맞서고 있다. The arguments for preserving nature and developing it are in shark opposition to each other.

입장 표명 Clarifying My Position	• 나는 N에 대해 찬성하는/반대하는 입장이다 • 나는 N에 동의한다/동의할 수 없다 • 나는 -는 것이 바람직하다고 생각한다/생각하지 않는다 Ex 나는 자연을 무분별하게 개발하는 것에 대해 반대하는 입장이다. I am against the reckless development of nature. 나는 인간을 위해서 자연을 개발한다는 의견에 동의할 수 없다. I cannot agree with the opinion that the development of nature is for humans. 나는 자연을 개발하는 것이 바람직하다고 생각하지 않는다. I don't think it desirable to develop nature.
다음 예고 Foretelling What Comes Next	이에 대해 찬성/반대하는 이유를 두 가지로 나누어 살펴보겠다/살펴보고자 한다

④ 어휘 확장하기 Expanding Vocabulary

Choosing Keywords from the Question

• 자연 보존 주장
• 인간을 위해 자연 개발 주장

주제어의 어휘 확장
Expanding the Keywords

When you have communication skills
• 자연 보존, 환경 보존, 생태계 보존

When you don't have communication skills
• 자연 개발, 경제 발전 인간을 위한

문장의 재구성
Reconstructing Sentences

문제점 & 논란 Problem & Controversy	논란 controversy, 문제 problem, 문제가 되고 있다 to become problem, 의견이 분분하다 to be divergent, 팽팽히 맞서다 to oppose directly, 주장하다 to argue, 비난하다 to condemn
찬반 선택 Choosing between Agreement and Disagreement	찬성 agreement, 반대 disagreement, 동의 consent, 인정 acknowledgement, 바람직하다 to be desirable, 옳다 to be right, 옳지 않다 to be wrong

⑤ 전략 적용 답안 확인 Checking the Strategy-based Answer

도입 단락 Introductory paragraph

주제 도입 Introducing the Subject

입장 표명 Introducing the Subject

다음 예고 Fortelling the Next

최근 경제 발전을 위해 자연을 무분별하게 개발하면서 사회적으로 논란이 되고 있다. 자연 파괴로 이어지는 자연 개발은 결코 허용되어서는 안 된다고 생각한다. 이제부터 자연 개발에 반대하는 이유를 두 가지로 나누어 살펴보고자 한다.

(2) 전개 1 단락 쓰기 Writing the Development 1 Paragraph

① 단락의 이해 Understanding the Paragraph

▸ 반대 이유를 두 가지로 써야 하므로 먼저 이유를 두 가지로 나누어야 합니다. 그 중 하나를 택해서 중심 문장과 뒷받침 문장으로 총 4개 문장을 180~200자로 쓰면 됩니다.

As you need two reasons for objecting, you need to divide the reasons into two rough categories. Choose one of the reasons and write about it in four sentences comprising 180-200 letters, including the main idea and the supporting sentences.

▸ 중심 문장에는 찬성 이유를 쓸 때는 '이유' 문형과 함께 '긍정적 영향, 필요성'을 사용해야 하며 반대 이유를 쓸 때는 '문제점, 부정적 영향'을 사용하면 됩니다.

The main idea should include typical patterns for reasons demanded by the question. You should use positive influences and necessity when agreeing while using problems and negative influences when disagreeing.

▸ 뒷받침 문장으로 결과와 예측의 방법을 연습해 봅시다.

You can choose and practice the methods of explaining in detail and prediction for the supporting sentence.

② 전략 적용하기 Employing the Strategy

자연 개발에 반대하는 이유
Reasons for Objecting to the Development of Nature

동식물의 고통 Sufferings of Animals and Plants Main idea 1 + Supporting Sentence 1	인류 생존 위협 Threatening the Survival of Humankind Main idea 2 + Supporting Sentence 2

1	중심 문장 Main Idea	• 자연 개발은 환경적으로 어떤 나쁜 영향을 미치는가? How does the development of nature influence the environment negatively?	반대 이유 1 Reason 1 for opposing
	뒷받침 문장 Supporting Sentence	• 그 결과로 어떤 상황이 생겼나? What situation can result from it?	결과 Result
2	중심 문장 Main Idea	• 자연 개발은 환경적으로 어떤 또 다른 나쁜 영향을 미치는가? What are some other negative influences of the development of nature?	반대 이유 2 Reason 2 for opposing
	뒷받침 문장 Supporting Sentence	• 그 결과 일어날 일에 대해 예측해 본다면? What results do you predict will happen from it?	예측 Prediction

TIP

- Dividing the reasons into two aspects would let you write easily. For example, you can divide the reasons for opposing nautre development into environmental and economic aspects.
- Sometimes, the question asks you to refute the opposing opinion. For example, if you are against nature development, you need to give reasons of refuting the postive influences on economic development by the agreeing party.

③ 필수 문형 사용하기 Using Typical Patterns

Structure		Typical Patterns
중심 문장 Main Idea	찬성 이유 Reason for Agreement	• -기 위해서는 -는 것이 반드시 필요하다 • N은/는 에게 긍정적 영향을 끼치기 때문이다 • N이/가 없다면 -(으)ㄹ 수 없을 것이기 때문이다 Ex 경제를 발전 시키기 위해서는 자연 개발이 필요하다. We need to develop nature to improve the economy. 자연 개발은 우리의 경제를 발전시키는 데 긍정적 영향을 끼치기 때문이다. The reason is that the development of nature has positive effects on economic development. 자연 개발이 없다면 우리의 경제 발전도 없을 것이기 때문이다. The reason is that the development of nature there would be no econmic development without developing the nature.
	반대 이유 Reason for Disagreement	• N은/는 N에게/에 부정적 영향/악영향을 미치기 때문이다 • N에게/에 부작용을 초래한다 • N(으)로 인해 -는 문제가 발생했다/나타났기 때문이다 Ex 자연 개발은 우리에게 부정적 영향을 미치기 때문이다. The reason is that the development of nature influences us negatively. 자연 개발은 우리에게 환경을 훼손시키는 부작용을 초래했다. The development of nature results in a side of effect of destroying the environment. 자연 개발로 인해 자연이 훼손되는 문제가 발생했다. Due to the problem now is that we are destroying it.
	첨가 Addition	(A를 살펴보면 먼저/우선/무엇보다도) B가 있다. 또한/게다가 C도 있다
뒷받침 문장 Supporting Sentences	결과 Result	• 그로 인해 -게 된다 • 따라서 -게 되었다
	예측 Prediction	• -는다면/-(으)면 -(으)ㄹ 것이다 • N이/가 없다면/-지 않는다면 -(으)ㄹ 수 없을 것이다

④ **어휘 확장하기** Expanding Vocabulary

문제와 논란 Problems & Controversy	문제점 problem, 문제 issue, 논란 controversy, 폐단 evil, 단점 shortcoming, 피해 harm, 폐해 harmful consequence, 악영향 adverse effects, 역기능 문제가 있다 to have adverse effect, 문제이다 to be a problem, (문제가) 나타나다 to show (a problem), 일어나다 to occur, 발생하다 to happen, 대두되다 to rise, 문제를 초래하다 to cause a problem, 야기하다 to result in a problem, 문제에 직면하다 to face a problem, 우려하다 to concern
가치 판단 Value Judgment	옳다 to be right, 옳지 않다 to be wrong, 바람직하다 to be desirable, 바람직하지 않다 to be undesirable, 찬성하다 to agree, 반대하다 to disagree, 동의하다 to consent, 찬성/반대하는 입장이다 to have a agreeing/disagreeing position, 긍정적/부정적으로 생각하다 to think positively/negatively

⑤ **전략 적용 답안 확인** Checking the Strategy-based Answer

전개 1 단락 Development 1 Paragraph

- 반대 이유 1 Reason 1 for opposing
- 결과 Result
- 반대 이유 2 Reason 1 for opposing
- 예측 Prediction

자연 개발을 반대하는 첫 번째 이유는 환경적인 이유이다. 자연 개발은 무엇보다도 환경과 생태계를 파괴한다. 현재도 많은 종류의 동식물들이 삶의 터전이 파괴되어 큰 고통을 겪고 있다. 또한 자연 개발은 인류의 생존까지 위협하고 있다. 즉 자연이 계속 훼손된다면 이상 기후와 자연재해를 가속화 함으로써 인류에게 큰 재앙을 초래할 것이다.

(2) 전개 2 단락 쓰기 Writing the Development 2 Paragraph

① **단락의 이해** Understanding the Paragraph

▸ 두 번째 이유로 자신의 입장과 반대되는 주장을 반박하는 것도 좋은 방법입니다.
It would be a good method to refute the opposing opinion as the second argument.

▸ 중심 문장에는 질문이 요구하는 '이유' 문형과 함께, 찬성 이유를 쓸 때는 '긍정적 영향, 필요성'을 사용해야 하며 반대 이유를 쓸 때는 '문제점, 부정적 영향'을 사용하면 됩니다.
The main idea should use typical patterns of "reasons" demanded by the question. "Positive influences, necessity" should be used for agreeing and "problems, negative influences" for disagreeing.

▸ 뒷받침 문장으로 상술과 예측의 방법을 선택해 연습해 봅시다.
You can choose and practice the methods of "detailed explanation and prediction" for the supporting sentences.

② **단락의 구조화** Structuring the Paragraph

자연 개발에 반대하는 이유 2
Reasons for Opposing to the Development of Nature

다수에게 경제 이익 주지 못함 It cannot benefit a large number of people economically Main idea 1 + Supporting Sentence 1	자연 보존 관광 수익 Preserved natural areas can be turned into tourist revenue Main idea 2 + Supporting Sentence 2

1	중심 문장 Main Idea	• 상대방의 이론에 왜 반대하는가? Why are you against the other party's theory?	반박 이유 1 Reason 1 for opposing
	뒷받침 문장 Supporting Sentences	• 어떤 예가 있나? What are the examples?	예시 Examples
2	중심 문장 Main Idea	• 상대방의 이론에 반대하는 또 하나의 이유는 무엇인가? What is another reason to be against the other party's theory?	반박 이유 2 Reason 2 for opposing
	뒷받침 문장 Supporting Sentences	• 그 결과 일어날 일에 대해 예측해 본다면? What results do you predict will happen from it?	예측 Prediction

③ **필수 문형 사용하기** Using Typical Patterns

Structure		Typical Patterns
중심 문장 Main Idea	찬성 이유 Reasons for Agreement	• −기 위해서는 −는 것이 반드시 필요하다 • N은/는 에게 긍정적 영향을 끼치기 때문이다 • N이/가 없다면 −(으)ㄹ 수 없을 것이기 때문이다
	반대 이유 Reasons for Disagreement	• N은/는 N에게/에 부정적 영향/악영향을 미치기 때문이다 • N에게/에 부작용을 초래한다 • −(으)로 인해 −는 문제가 발생했다/나타났기 때문이다
	첨가 Addition	(A를 살펴보면) B가 있다. 또한/게다가 C도 있다
뒷받침 문장 Supporting Sentences	예시 Examples	• 예로서 −는 것을 들 수 있다 • 예를 들면 −는 것이 있다
	상술 Explaining in Detail	• 즉 −은/는 것이다 • 다시 말해 −은/는 것이다
	예측 Prediction	• −는다면/−(으)면 −(으)ㄹ 것이다 • N이/가 없다면/−지 않는다면 −(으)ㄹ 수 없을 것이다

④ 어휘 확장하기 Expanding Vocabulary

찬성 근거 Reasons for Agreement	긍정적 영향 positive influence, 자유 freedom, 평화 peace, 행복 happiness, 안정 stability, 성장 growth, 발전 development, 번영 prosperity, 향상 imrpovement, 개선 betterment, 효율성 efficiency, 도움이 되다 to be helpful
반대 근거 Reasons for Disagreement	피해 harm, 부정적 영향 negative influence, 부작용 side effect, 방해 hindrance, 저해 hampering, 부담 burden, 사회 불안 social unrest, 위협 threat, 악화시키다 to worsen, 초래하다 to cause, 야기시키다 to result in

⑤ 전략 적용 답안 확인 Checking the Strategy-based Answer

전개 2 단락 Development 2 Paragraph

- 반박 이유 1 Reason 1 for Refutation
- 예시 Examples
- 반박 이유 2 Reason 1 for Refutation
- 예측 Prediction

자연 개발에 반대하는 또 하나의 이유는 경제적인 이유이다. 흔히 경제 발전을 위해 자연을 개발을 한다고 하는데, 자연을 파괴하지 않고도 충분히 경제 발전을 할 수 있다. 예를 들면 아름다운 자연을 관광 상품으로 개발하면 지역 경제도 함께 발전한다. 반면에 자연 개발을 하면 그 이익은 소수 특권층에게만 돌아가는 경우가 허다하다. 다수가 그 혜택을 누릴 수 없다면 그것은 진정한 경제적 효과로 인정받기 어려울 것이다.

(3) 마무리 단락 쓰기 Writing Conclusion Paragraph

① 단락의 이해 Understanding the Paragraph

- ▸ 찬반 유형의 경우는 자신의 의견으로 도입 단락에서 말했던 자신의 주장을 한 번 더 쓰면 됩니다.
  For an agreement and disagreement type, you confirm the position clarified in the introduction as your opinion.
- ▸ 마지막 문장에는 이 주제에 대한 기대를 한 문장 쓰면 됩니다.
  Your expectation on the subject matter in the last sentence will suffice for the conclusion.
- ▸ 전체 글의 길이가 600~700자로 제한되므로 여기에 맞춰서 마무리 단락을 쓸 수 있어야 합니다.
  As the length of the whole text is limited to 600-700 letters, you need to be able to lengthen or shorten your conclusion.

② 단락의 구조화 Structuring the Paragraph

정리 Summary	• 지금까지 내용을 한 문장으로 요약한다면? How would you summarize the above paragraphs in one sentence?
의견 Opinion	• 주제에 대해 가장 중요하다고 생각한 것을 말한다면? What is the most important in your opinion?
기대 Expectation	• 이 주제와 관련하여 미래 사회가 어떻게 되면 좋을까? How would you hope for the future society in regard to the subject?

③ 필수 문형 사용하기 Using Typical Patterns

Structure	Typical Patterns
정리 Summary	• 이처럼/살펴본 바와 같이 • 지금까지 N에 대해 살펴보았다 Ex 살펴본 바와 같이, 자연 개발의 생태계 파괴가 심각하다. As we have seen above, the destruction of ecosystem from the development of nature is serious. 지금까지 자연 개발의 반대하는 이유에 대해 살펴보았다. So far, we have examined the reasons for opposing the development of nature.
의견 Opinion	• -는 것은 옳다/옳지 않다고 생각한다 • N에 대해 동의할 수 없다/찬성한다 • -는 것이 중요하다/필요하다고 본다 Ex (나는) 자연 개발 정책은 허용되어서는 안 된다고 생각한다. I think policies permitting the development of nature should not be allowed. (나는) 자연 개발에 대해 동의할 수 없다. I do not agree with the development of nature. (나는) 자연을 잘 보존하는 것이 필요하다고 본다. I think it is necessary to preserve nature.
기대 Expectation	• 앞으로 -기 바란다 • 앞으로 -아/어야 할 것이다 Ex 앞으로 자연을 잘 보존하여 후손에 물려주기 바란다. I hope we can preserve nature and pass it down to our descendants in the future. 앞으로 자연을 잘 보존하여 후손에 물려주어야 할 것이다. In the future we need to preserve nature and pass it down to our descendants.

④ 어휘 확장하기 Expanding Vocabulary

⑤ 전략 적용 답안 확인 Checking the Strategy-based Answer

마무리 단락 Conclusion Paragraph

정리 Summary
의견 Opinion
기대 Expectation

앞에서 살펴본 바와 같이 자연 개발은 생태계를 파괴할 뿐만 아니라 지역 경제에 큰 기여도 못하고 있다. 이러한 자연 개발은 결코 동의할 수 없다. 앞으로 아름다운 자연을 잘 보존하여 후대에 물려주도록 모두가 노력해야 할 것이다.

TIP

You can write a short conclusion paragraph with two sentences including your opinion and expectation.

Strategy 5 오류 수정하기 | Correcting Errors

Although lengthy sentences are not recommended, you also need to avoid short sentences. Generally, it is desirable to combine two sentences into one complex sentence by using connective endings like -어서/-(이)므로/-(으)며/-(으)나/-고/-(으)면.

- 나는 자연 개발에 반대한다.
  → 나는 자연을 훼손하는 무분별한 자연 개발이 바람직하다고 생각하지 않는다.
  I don't think the reckless development of nature which destroys the environment is desirable.
- 앞으로 자연을 잘 보존하자.
  → 앞으로 아름다운 자연을 있는 그대로 잘 보존하여 후대에 물려줄 수 있도록 우리 모두 노력해야 할 것이다.
  We all need to work hard to preserve our beautiful nature and to pass it down to our descendants in the future.
- 자연 개발 때문에 큰 문제다.
  → 최근 세계적으로 자연을 훼손하는 일이 많아져서 우리 사회에 심각한 문제가 되고 있다.
  Recently, the destruction of nature has become prevalent globally and is causing a serious problem for our society.

Useful Vocabulary

무분별하다 to be reckless | **환경적** environmental | **경제적** economic | **생태계** the ecosystem | **파괴하다** to destroy | **삶의 터전** base | **고통을 겪다** to suffer | **인류** humankind | **생존을 위협하다** to threaten survival | **훼손되다** to be destroyed | **자연재해** natural disaster | **이상 기후** anomaly climate | **재앙** disaster | **가속화되다** to accelerate | **흔히** commonly | **이익** profit | **다수** majority | **소수** minority | **특권층** the privileged | **허다하다** to be numerous | **혜택을 누리다** to benefit from | **기여하다** to contribute | **보존하다** to preserve | **후대에 물려주다** to pass down to one's descendants

2 전략의 적용 답안의 전체 글 확인하기 Checking the complete text of the Strategy-based Answer

도입

최근 경제 발전을 위해 자연을 무분별하게 개발하면서 사회적으로 논란이 되고 있다. 자연 파괴로 이어지는 자연 개발은 결코 허용되어서는 안 된다고 생각한다. 이제부터 자연 개발에 반대하는 이유를 두 가지로 나누어 살펴보고자 한다.

전개①

자연 개발을 반대하는 첫 번째 이유는 환경적인 이유이다. 자연 개발은 무엇보다도 환경과 생태계를 파괴한다. 현재도 많은 종류의 동식물들이 삶의 터전이 파괴되어 큰 고통을 겪고 있다. 또한 자연 개발은 인류의 생존까지 위협하고 있다. 자연이 계속해서 훼손된다면 이상 기후와 자연재해가 가속화됨으로써 인류에게 큰 재앙을 초래할 것이다.

전개②

자연 개발에 반대하는 또 다른 이유는 경제적인 이유이다. 흔히 경제 발전을 위해 자연을 개발한다고 하는데 자연을 파괴하지 않고도 충분히 경제 발전을 할 수 있다. 예를 들면 아름다운 자연을 관광 상품으로 개발하면 자연을 보호하면서도 지역 경제도 함께 발전한다. 반면에 자연 개발을 하면 그 이익은 소수 특권층에만 돌아가는 경우가 허다하다. 다수가 그 혜택을 누릴 수 없다면 그것은 진정한 경제적 효과로 인정받기 어려울 것이다.

마무리

앞에서 살펴본 바와 같이 자연 개발은 생태계를 파괴할 뿐만 아니라 지역 경제에 큰 기여도 못하고 있다. 이러한 자연 개발은 결코 동의할 수 없다. 앞으로 아름다운 자연을 잘 보존하여 후대에 물려주도록 모두가 노력해야 할 것이다.

TIP

Model answers provided by the previous TOPIKs are on page 194. It can be helpful to compare and contrast them with the sample answers for the previous test.

3 전략을 적용한 쓰기 연습 Writing Practice Applying the Strategy

※ 다음을 참고하여 600~700자로 글을 쓰시오. 단, 문제를 그대로 옮겨 쓰지 마시오.

우리 주변에는 많은 CCTV가 설치되어 있습니다. 이들 CCTV는 사건 추적과 범인 검거 등에 큰 역할을 하고 있습니다. 그러나 한편으로 많은 CCTV가 설치됨으로써 사생활이 침해를 당했다고 생각하는 사람도 많습니다. CCTV 설치에 대한 여러분의 생각을 아래 내용을 넣어서 쓰시오.

- CCTV 설치에 찬성하는 입장입니까? 반대하는 입장입니까? 자신의 입장을 밝히시오.
- 그렇게 생각하는 2가지 근거를 쓰시오. 하나는 반대하는 입장의 이유 중 하나를 들어 반박하시오.

Strategy 1

문제를 읽고 로드맵 작성을 통해 답안의 순서를 계획해 봅시다.

Reading the question, try to plan the order of answers through the Type 4 roadmap.

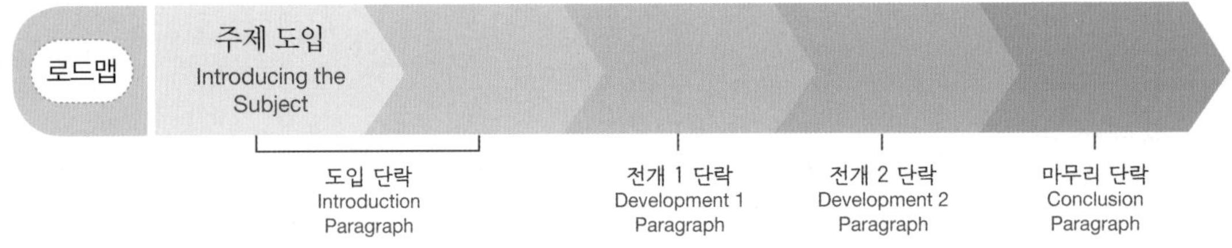

Strategy 2 ~ **Strategy 4**

앞에서 배운 대로 구조 전략, 문형 전략, 어휘 전략을 적용해 자신의 생각을 정리해 써 봅시다.

As you learned before, organize and write down your thoughts by applying strategies of structure, typical patterns, and vocabulary.

(1) 도입 단락 쓰기 Writing Introduction Paragraph

	Structure	Typical Patterns	Vocabulary
도입 Introduction Paragraph			

(2) 전개 1 단락 쓰기 Writing the Development 1 Paragraph

	Structure	Typical Patterns	Vocabulary
전개 1 단락 Development 1 Paragraph			

(3) 전개 2 단락 쓰기 Writing the Development 2 Paragraph

	Structure	Typical Patterns	Vocabulary
전개 2 단락 Development 2 Paragraph			

(4) 마무리 단락 쓰기 Writing Conculsion Paragraph

	Structure	Typical Patterns	Vocabulary & Opinion
마무리 단락 Conclusion			

4 전략의 적용 예시 Examples of Strategy Application

로드맵 Roadmap (주제: CCTV 찬성론 Subject: : Agreements and Disagreements on CCTVs)

주제 도입 Introducing the Subject	입장 선택 Choosing a Side	찬성 이유 1 Reason 1 for Agreeing	찬성 이유 2 Reason 2 for Agreeing	자기 생각 Opinions
도입 단락 Introduction Paragraph		전개 1 단락 Development 1 Paragraph	전개 2 단락 Development 2 Paragraph	마무리 단락 Conclusion Paragraph

	Structure	Typical Patterns	Vocabulary
도입 단락 Introduction Paragraph	주제 도입 Introducing the Subject	최근 논란이 되고 있다	CCTV CCTV
	입장 표명 Clarifying My Position	나는 -다고 생각한다	• 찬성론: 사회 안전에 필요 agreements: needed for social security / • 반대론: 사생활 침해 disagreements: invasion of privacy
	다음 내용 What Comes Next		

	Structure	Typical Patterns	Vocabulary
전개 1 단락 Development 1 Paragraph	찬성 이유 ① Reason 1 for Agreeing ①	-는 데 큰 역할을 한다	찬성론 agreements
	+ 예시 Examples	효율적으로 쓰인다	• 강력 범죄로부터 안전을 보호 keeping our safety from violent crimes
	찬성 이유 ② Reason 2 for Agreeing ②	N(으)로부터 보호해 준다	• 경찰 인력 부족의 해결책 a solution for lack for police force
	+ 결과 Result		

	Structure	Typical Patterns	Vocabulary
전개 2 단락 Development 2 Paragraph	반박 이유 ① Reason 1 for opposing ①		반대론 disagreements
	+ 예측 Prediction	N이/가 더 중요하다	• 생명의 안전성이 사생활 보호보다 우선적 the safety of life is prior to privacy protection
	반박 이유 ② Reason 2 for opposing ②	-는 이유로 반대한다	• 범죄 예방 효과 effect on crime prevention
	+ 예시 Examples		

	Structure	Typical Patterns	Vocabulary / Opinion
마무리 단락 Conclusion Paragraph	정리 Summary	-아/어야 한다	CCTV는 사회의 안전 장치 CCTV is a device of safety protection
	의견 Opinion	-지 않도록	개인 정보 유출 방지 노력 efforts on preventing personal information leakage
	기대 Expectation	-아/어 주기 바라다	

전략 적용 모범 답안 Sample Answer Applying the Strategy

도입

최근 우리 사회에서 발생하는 범죄 사건의 범인을 추적하고 검거하는 데 CCTV가 큰 역할을 하고 있다. 그런데 CCTV가 사회 안전을 위해 꼭 필요하다는 찬성 의견이 있는가 하면, CCTV로 인해 사생활을 침해받고 있다는 반대 의견도 있어 두 의견이 팽팽하게 맞서고 있다. 나는 CCTV가 꼭 필요하다고 생각하며, 이에 대한 찬성 근거를 두 가지로 나누어 살펴보겠다.

전개①

CCTV는 무엇보다 우리의 안전을 보호하는 데 큰 역할을 한다. 최근에는 강력 범죄의 발생률이 높아져 시민의 안전을 위협하는 가운데 CCTV 덕분에 범인을 검거했다는 뉴스가 심심찮게 나온다. 특히 경찰 인력이 부족한 현실에서 CCTV는 이 문제에 대한 해결책이 될 수 있다.

전개②

물론 CCTV는 사생활 침해와 개인 정보 유출의 위험성을 가지고 있다. 그러나 사생활 보호를 위해 CCTV를 없앤다면 더 많은 사람들이 범죄에 희생될 것이다. 게다가 CCTV는 범죄 예상 효과로 인해 의존도가 나날이 높아져 더 많은 곳에 설치해 달라는 요청이 끊임없이 이어지고 있다.

마무리

CCTV는 모두를 위한 최소한의 안전장치로 반드시 필요하다고 생각한다. 다만 CCTV에서 수집된 개인 정보가 나쁜 목적으로 이용되거나 유출되지 않도록 관련 법규를 강화하고 방지 시스템을 작동해야 할 것이다.

TIP

It is a good way to practice writing to change the above supporting arguments regarding CCTV into opposing sentences with two grounds of protecting personal information and privacy protection. Also, it is better to study issues like Internet Real-name Policy and personal information leakage, as they are socially controversial.

예상 문제 풀기 Expected Question

Exercise 1

다음을 참고하여 600~700자로 글을 쓰시오. 단, 문제를 그대로 옮겨 쓰지 마시오. [50점]

현대인들은 거대한 정보의 바다에서 자신에게 필요한 것을 끊임없이 검색하면서 살아갑니다. 업무나 학업에서 짧은 시간에 많은 정보를 처리하는 과제가 주어졌을 때 요구되는 능력이 바로 요약 능력입니다. 이제 아래의 내용을 중심으로 요약의 필요성에 대해 서술하시오.

- 이 시대에 요약이 필요한 이유는 무엇입니까?
- 요약은 어떤 면에서 우리에게 긍정적인 영향을 미칩니까?
- 요약의 기술을 향상시키기 위해서 어떻게 해야 합니까?

[원고지 쓰기의 예]

	광	고	란		텔	레	비	전	이	나		신	문		인	터	넷		같
은		매	체		등	을		이	용	해		상	품	이	나		서	비	스

Exercise 2

다음을 참고하여 600~700자로 글을 쓰시오. 단, 문제를 그대로 옮겨 쓰지 마시오. [50점]

우리는 살아가는 동안 여러 공동체에 들어가 함께 어울려 생활하게 됩니다. 그런데 공동체가 잘 운영되기 위해서는 리더십을 갖춘 좋은 지도자가 필요합니다. 바람직한 리더십과 지도자에 대하여 자신의 견해를 서술하시오.

- 리더십이란 무엇입니까?
- 지도자는 인성 면에서 어떤 자질을 가져야 합니까?
- 바람직한 리더십에는 어떤 능력이 포함되어야 합니까?

[원고지 쓰기의 예]

	광	고	란		텔	레	비	전	이	나		신	문	·	인	터	넷		같
은		매	체		등	을		이	용	해		상	품	이	나		서	비	스

Exercise 3

다음을 참고하여 600~700자로 글을 쓰시오. 단, 문제를 그대로 옮겨 쓰지 마시오. [50점]

최근 뉴스에 따르면 키우던 강아지나 고양이를 버리는 사람들이 늘고 있다고 합니다. 이렇게 해서 버려진 유기 동물들은 여러 가지 면에서 사회의 부담이 되고 있습니다. 아래 내용을 중심으로 유기 동물의 사회적 영향에 대해 자신의 생각을 쓰시오.

- 유기 동물이 증가하고 있는 이유는 무엇입니까?
- 유기 동물이 사회에 미치는 부정적인 영향은 무엇입니까?
- 유기 동물의 문제 해결을 위해 개인과 사회는 어떤 노력이 필요합니까?

[원고지 쓰기의 예]

	광	고	란		텔	레	비	전	이	나		신	문		인	터	넷		같
은		매	체		등	을		이	용	해		상	품	이	나		서	비	스

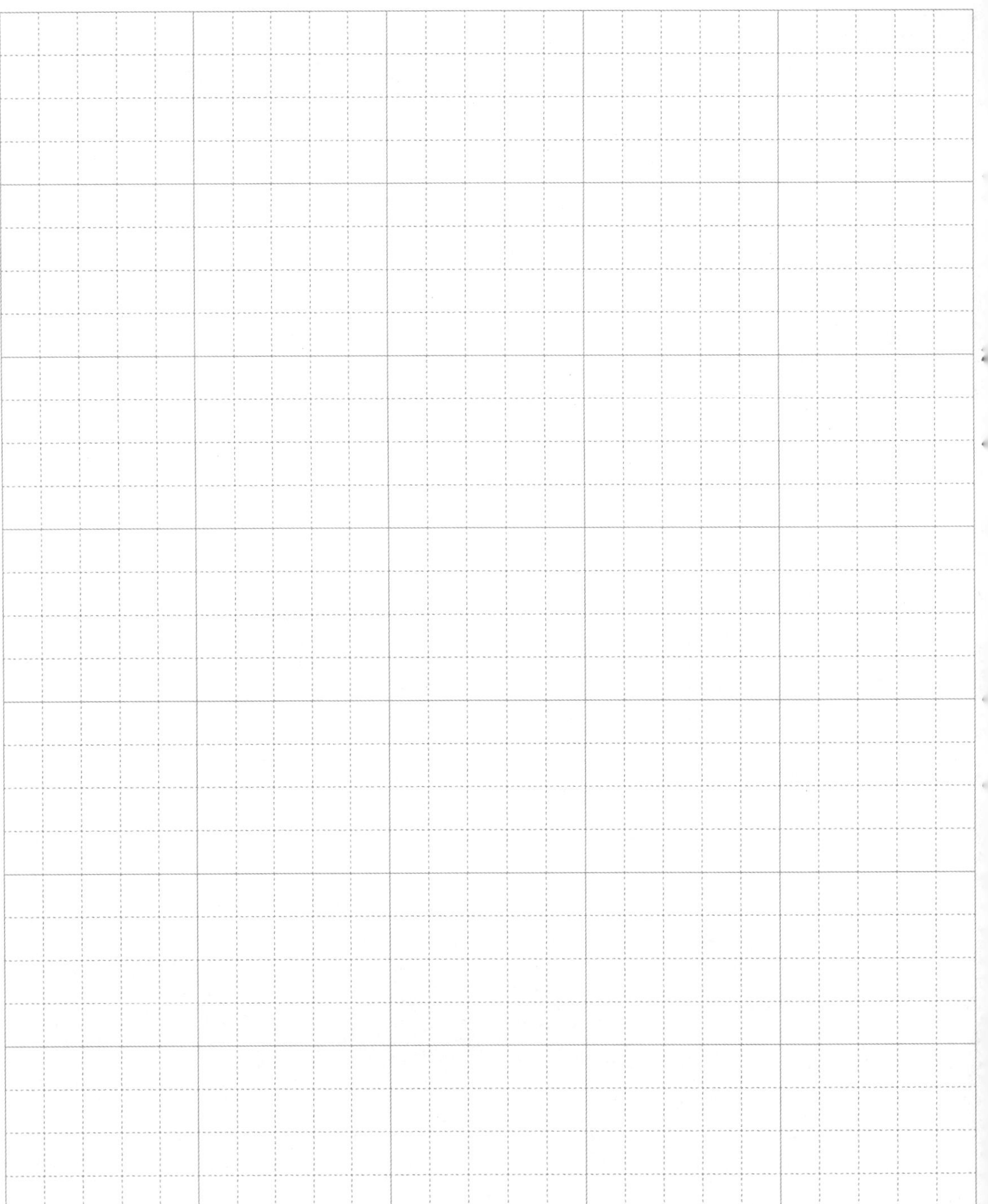

Exercise 4

다음을 참고하여 600~700자로 글을 쓰시오. 단, 문제를 그대로 옮겨 쓰지 마시오. [50점]

현대 사회에서 페이스북이나 트위터, 인스타그램과 같은 SNS 사용자가 점차 급증하고 있습니다. SNS란 온라인을 기반으로 한 사회 관계망 서비스를 말하는데, 이를 통해 소통이 확대되었다고 찬성하는 사람도 많지만 반면에 SNS로 인해 인간의 소외가 깊어졌다고 우려하는 사람도 많습니다. 이 문제에 대한 자신의 견해를 서술하십시오. 단 아래의 내용이 모두 포함되어야 합니다.

- SNS는 인간의 소통을 확장시킵니까? 아니면 인간의 소외를 심화시킵니까? 자신의 입장을 밝히시오.
- 그렇게 생각하는 이유는 무엇입니까? 2가지 이유를 쓰시오.

[원고지 쓰기의 예]

	광	고	란		텔	레	비	전	이	나		신	문		인	터	넷		같
은		매	체		등	을		이	용	해		상	품	이	나		서	비	스

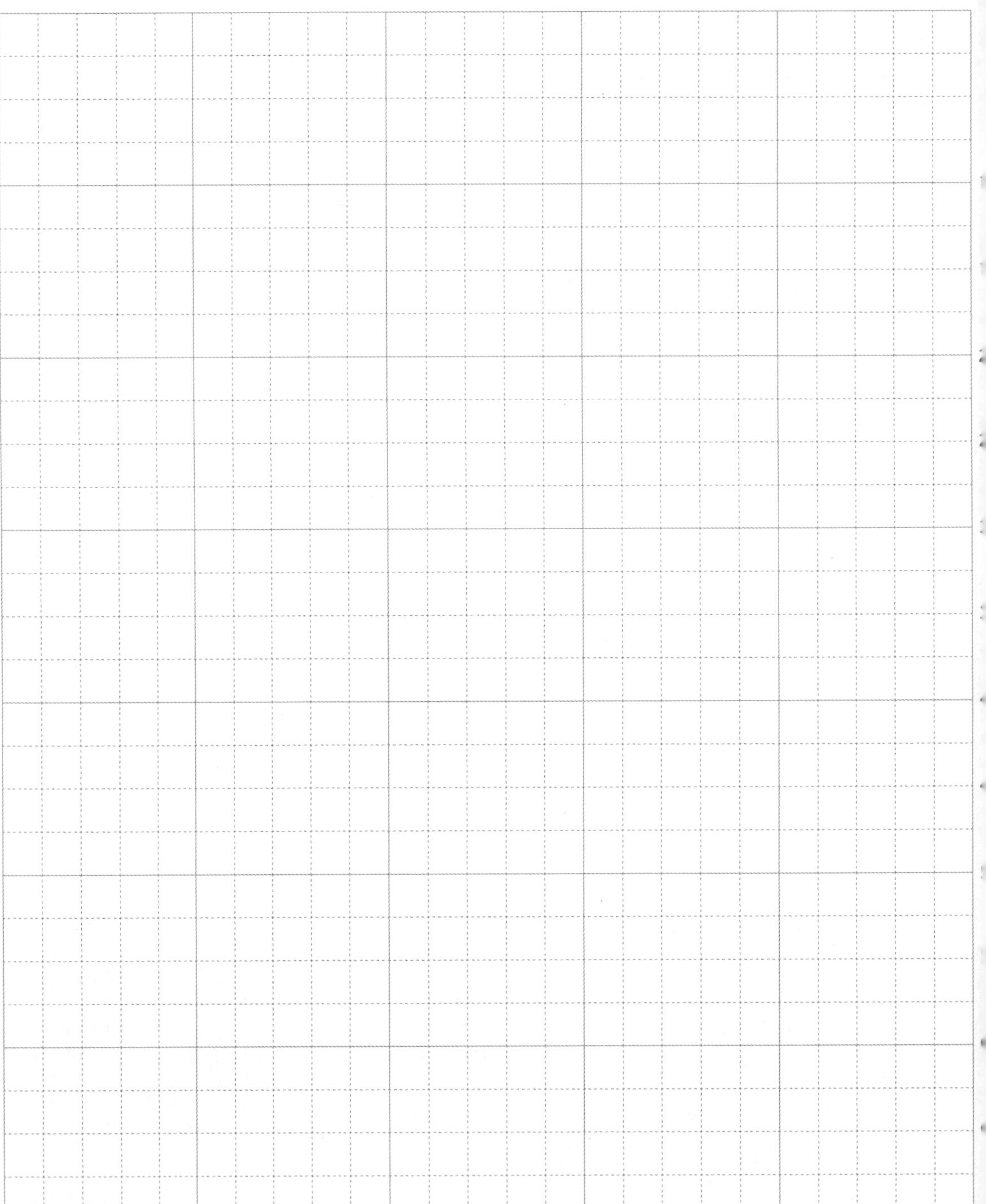

Part 3

실전 모의고사

Mock Tests

실전 모의고사 1회

실전 모의고사 2회

실전 모의고사 3회

실전 모의고사 4회

실전 모의고사 5회

1회 실전 모의고사 Mock Test 1

TOPIK II 쓰기 (51~54번)

※ [51~52] 다음 글의 ㉠과 ㉡에 알맞은 말을 각각 쓰시오. (각 10점)

51.

요가 동아리 회원 모집

요가 동아리에서 신입 회원을 모집합니다.
우리 동아리는 이번 학기에 신입 회원을 10명만 받습니다.
동아리 가입을 원하시는 분은 (　　㉠　　).
신청 장소는 학생회관 305호입니다.
가입하고 싶은데 (　　㉡　　)?
우리 동아리에서는 기초부터 배울 수 있으니까 걱정하지 말고 서두르세요!

52.

북반구에 위치한 한국에서는 집을 살 때 남향집을 선호한다. 남향집이 여름에는 시원하고 겨울에는 따뜻하기 때문이다. 그래서 집값도 동향집이나, 서향집보다 (　　㉠　　). 반면에 호주는 북향집이 비싼 편이다. 왜냐하면 호주는 남반구에 위치하여 (　　㉡　　).

53 다음은 외국인 유학생의 거주 형태를 어떻게 나눌 수 있는지에 대한 자료이다. 이 내용을 200~300자의 글로 쓰시오. 단, 글의 제목은 쓰지 마시오. (30점)

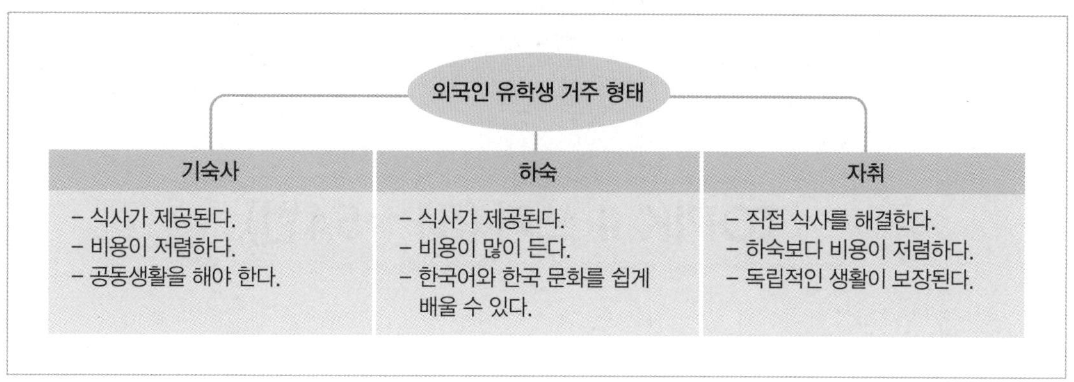

54 다음을 참고하여 600~700자로 글을 쓰시오. 단, 문제를 그대로 옮겨 쓰지 마시오. (50점)

최근 실생활이나 인터넷에서나 할 것 없이 잘못된 언어 사용이 증가하고 있어서 사회적 우려를 낳고 있습니다. 특히 인터넷에서는 언어의 폭력성이 더욱 심각합니다. 바람직한 언어 사용에 대해 아래 질문을 중심으로 자신의 생각을 쓰십시오.

(1) 인터넷에서 일어나는 잘못된 언어폭력의 예로는 어떤 것들이 있습니까?
(2) 언어폭력은 우리 사회에 어떤 부정적인 영향을 미칩니까?
(3) 바람직한 언어 사용을 위해서 개인과 사회가 어떻게 노력해야 할까요?

[원고지 쓰기의 예]

	영	화	의		줄	거	리		전	개	에	서		주	인	공	의		성
격	이		중	요	한		역	할	을		하	는		경	우	가		많	다.

2회 실전 모의고사 Mock Test 2

TOPIK II 쓰기 (51~54번)

※ [51~52] 다음 글의 ㉠과 ㉡에 알맞은 말을 각각 쓰시오. (각 10점)

51.

마이클

안녕하세요?
제가 일 때문에 서울에서 한 달 정도 지내야 해요.
그래서 이번 주 토요일 기차로 서울에 가려고 해요.
혹시 마이클 씨가 서울역에 (㉠)?
한 달 동안 서울에 있어야 하니까 짐이 많아서요.
마이클 씨가 토요일에 (㉡) 그 시간에 맞춰서 기차를 예매할까 해요.
그럼 답장 기다릴게요.

52.

사람의 성격을 말할 때 '내성적이다', 혹은 '외향적이다'라고 말한다. 보통 (㉠). 반면에 외향적인 사람은 혼자 있는 것을 싫어하고 사람들과 어울리는 것을 즐긴다. 그런데 사람이 한 가지 성격만 가지고 있다고 말할 수는 없다. 같은 사람이라도 상황에 따라 적극적일 수도 있고 소극적인 면을 보이기도 하기 때문이다. 또한 전문가들은 사람은 언제든 성격이 변할 수 있다고 말한다. 왜냐하면 내성적이었던 사람이 외향적이 되기도 하고 (㉡).

53 다음은 '국내 반려동물 보유 현황'에 대한 자료이다. 이 내용을 200~300자의 글로 쓰시오. 단 글의 제목은 쓰지 마시오. (30점)

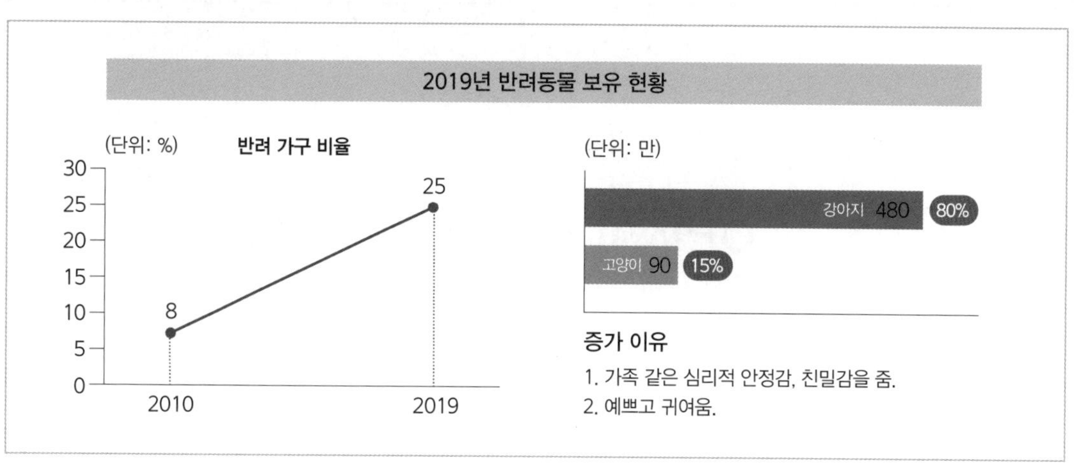

54 다음을 참고하여 600~700자로 글을 쓰시오. 단, 문제를 그대로 옮겨 쓰지 마시오. (50점)

빠른 속도와 고도의 생산성을 추구하는 현대 사회에 대한 반동으로 단순하고 소박한 삶을 지향하고 여유를 가지려는 느림의 가치가 재조명되고 있습니다. 과연 고속화된 시대에 느림은 어떤 의미가 있을까요? 아래의 내용을 넣어 느림의 가치에 대한 여러분의 견해를 서술하시오.

- 현대 사회에서 느림은 어떻게 평가되고 있습니까?
- 느림이 현대 사회에 미치는 긍정적인 영향은 무엇입니까?
- 생활 속에서 느림을 어떻게 받아들이는 것이 좋습니까?

[원고지 쓰기의 예]

	영	화	의		줄	거	리		전	개	에	서		주	인	공	의		성
격	이		중	요	한		역	할	을		하	는		경	우	가		많	다.

3회 실전 모의고사 Mock Test 3

TOPIK II 쓰기 (51~54번)

※ [51~52] 다음 글의 ㉠과 ㉡에 알맞은 말을 각각 쓰시오. (각 10점)

51.

아이 봐 주실 분 찾습니다!

6개월 된 쌍둥이 남자 아기들입니다.
시간은 아침 7시부터 저녁 5시까지입니다.
이렇게 어린 아기들을 돌본 (㉠).
일찍 출근하니까 가까운 곳에 사시는 분을 찾습니다.
아래의 (㉡) 바로 전화 드리겠습니다.
eywon4152@never.com

52.

비빔밥은 고추장을 넣고 밥과 여러 나물과 야채를 함께 비벼 먹는 음식이다. 이렇게 한국의 음식 이름에는 먹는 방법을 알 수 있는 것들이 있다. 마찬가지로 요리 방법을 알 수 있는 음식 이름도 있다. 볶음밥은 (㉠). 또 조리한 용기를 알 수 있는 음식 이름도 있다. '돌솥비빔밥'은 돌솥에 데워서 비벼 먹는 음식이라는 것을 나타낸다. 마찬가지로 냄비우동은 (㉡).

53 다음은 원고지 사용의 장단점에 대한 자료이다. 이 내용을 200~300자의 글로 쓰시오. 단, 글의 제목은 쓰지 마시오. (30점)

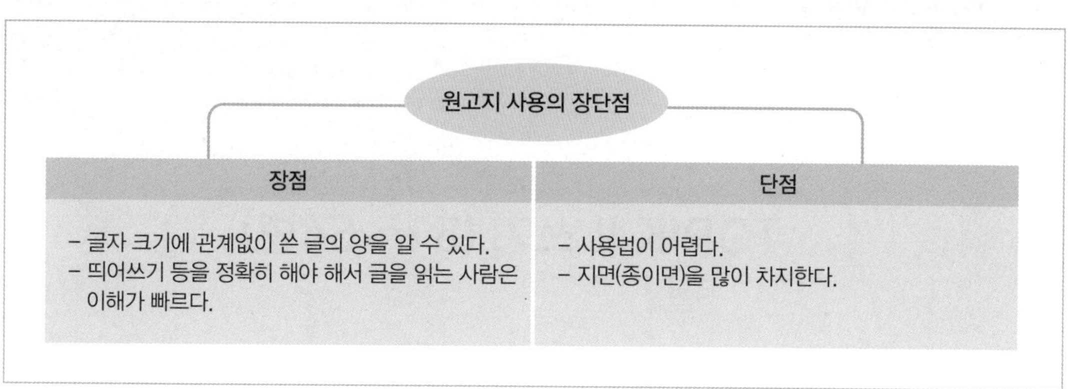

54 다음을 참고하여 600~700자로 글을 쓰시오. 단, 문제를 그대로 옮겨 쓰지 마시오. (50점)

최근 방송 매체가 더욱 다양화되면서 방송의 사회적 영향력이 더욱 강해지고 있습니다. 이러한 시대에 바람직한 방송 매체가 되기 위해 어떤 원칙을 지켜야 할까요? 아래의 내용을 넣어 방송 매체의 사회적 영향에 대한 여러분의 견해를 서술하시오.

• 방송 매체가 사회적으로 미치는 긍정적인 영향은 무엇입니까?
• 방송 매체가 사회적으로 미치는 부정적인 영향은 무엇입니까?
• 방송 매체가 방송을 전달할 때 지켜야 할 원칙은 어떤 것입니까?

[원고지 쓰기의 예]

<table>
<tr><td></td><td>영</td><td>화</td><td>의</td><td></td><td>줄</td><td>거</td><td>리</td><td></td><td>전</td><td>개</td><td>에</td><td>서</td><td></td><td>주</td><td>인</td><td>공</td><td>의</td><td></td><td>성</td></tr>
<tr><td>격</td><td>이</td><td></td><td>중</td><td>요</td><td>한</td><td></td><td>역</td><td>할</td><td>을</td><td></td><td>하</td><td>는</td><td></td><td>경</td><td>우</td><td>가</td><td></td><td>많</td><td>다.</td></tr>
</table>

4회 실전 모의고사 Mock Test 4

TOPIK II 쓰기 (51~54번)

※ [51~52] 다음 글의 ㉠과 ㉡에 알맞은 말을 각각 쓰시오. (각 10점)

51.

보낸 사람	ywlove@never.com
받는 사람	kypvic@anmail.com

경수 씨, 안녕하세요?
요즘 명동 극장에서 '산'이라는 연극을 하는데 경수 씨가 좋아하는 배우가 나와요.
우리 같이 보러 가요.
그런데 제가 외국인이라서 예매 사이트에서 회원 가입하기가 쉽지 않아요.
미안하지만 경수 씨가 (　　　㉠　　　)?
낮에는 아르바이트해야 하고 주말은 사람이 많으니까 (　　　㉡　　　).

52.

'실패는 성공의 어머니'라는 말처럼 성공하기 위해서는 실패의 경험이 필요하다. 그러나 (　　　㉠　　　). 성공의 맛을 본 사람도 그 경험을 통해 성공을 할 수 있는 방법을 배우기 때문이다. 특히 아이들의 경우는 작은 것에서 성공한 경험이 그 다음 단계로 나아가는 용기를 줄 수 있다. 그러므로 아이들에게는 처음에는 (　　　㉡　　　). 그것을 해낸 후의 자신감이 더 어려운 과제로 도전할 수 있는 중요한 경험이 되기 때문이다.

53 다음은 악기를 어떻게 나눌 수 있는지에 대한 자료이다. 이 내용을 200~300자의 글로 쓰시오. 단, 글의 제목은 쓰지 마시오. (30점)

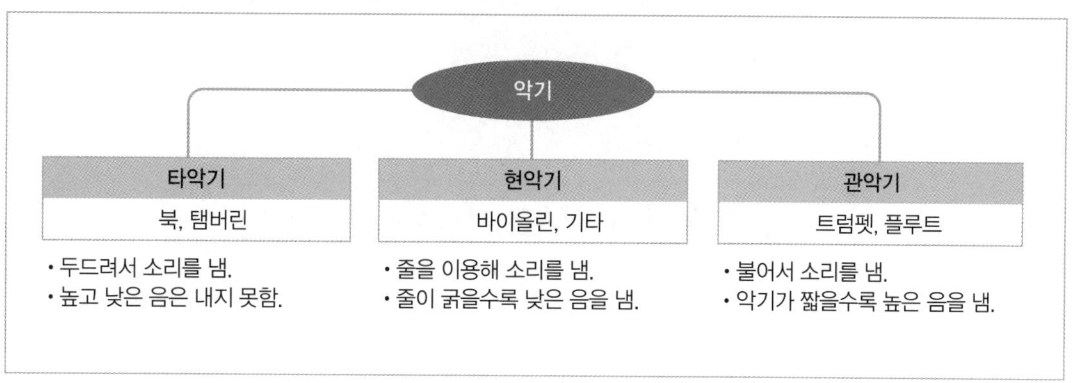

54 다음을 참고하여 600~700자로 글을 쓰시오. 단, 문제를 그대로 옮겨 쓰지 마시오. (50점)

고전 문학은 오랜 시간을 거치면서 변함없이 사람들에게 그 가치를 인정받아 왔습니다. 그러나 지금처럼 가치가 급변하는 현대에서도 여전히 고전 문학을 읽어야 할까요? 아래의 내용을 넣어서 고전 읽기의 중요성에 대한 자신의 견해를 서술하시오.

- 현대인들이 고전 문학 읽기에 부정적인 이유는 무엇입니까?
- 고전 문학은 어떤 가치 때문에 지금도 사랑을 받고 있습니까?
- 고전 읽기는 개인과 사회에 어떤 긍정적인 영향을 미칠까요?

[원고지 쓰기의 예]

	영	화	의		줄	거	리		전	개	에	서		주	인	공	의		성
격	이		중	요	한		역	할	을		하	는		경	우	가		많	다.

5회 실전 모의고사 Mock Test 5

TOPIK II 쓰기 (51~54번)

※ [51~52] 다음 글의 ㉠과 ㉡에 알맞은 말을 각각 쓰시오. (각 10점)

51.

선배님께
지난번 저의 작은 전시회에 와 주셔서 감사합니다.
덕분에 잘 마쳤습니다.
그때 전시한 가방들 중에서 하나를 (㉠).
색깔은 빨강색과 노란색, 파란색이 있습니다.
디자인은 같으니까 선배님이 (㉡).
다음 번 모임에 가지고 가서 하나 드리겠습니다.

후배 은필 드림

52.

몸을 깨끗하게 하는 것이 건강에 좋다고 알려져 있다. 그래서 하루에도 (㉠). 그러나 전문가들은 샤워를 자주 하는 것이 오히려 (㉡). 피부가 건조해지기 때문이다. 특히 비누 같은 세정제를 사용해 뜨거운 물로 샤워를 자주 하는 것은 피부에 강한 자극을 주기 때문에 피해야 한다고 한다.

53 다음은 '대학에 꼭 가야 하는가'에 대한 자료이다. 이 내용을 200~300자의 글로 쓰시오. 단, 제목은 쓰지 마시오. (30점)

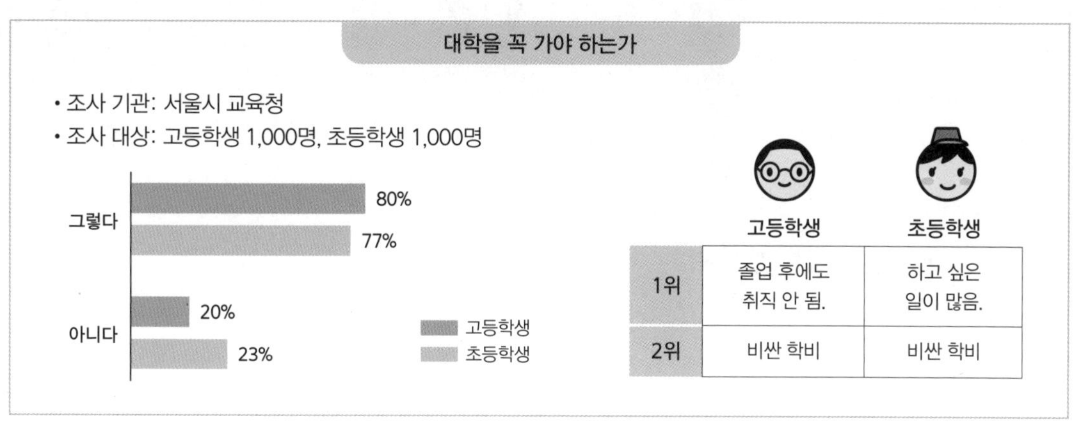

	고등학생	초등학생
1위	졸업 후에도 취직 안 됨.	하고 싶은 일이 많음.
2위	비싼 학비	비싼 학비

54 다음을 참고하여 600~700자로 글을 쓰시오. 단, 문제를 그대로 옮겨 쓰지 마시오.(50점)

우리 사회가 선택과 결정을 해야 할 때 우리는 다수의 이익을 기준으로 삼는 경우가 많습니다. 즉 다수가 혜택을 누릴 수 있다면 소수는 희생을 해도 된다는 생각을 하는 것입니다. 그러나 그것은 당연한 선택일까요? 다수의 의견은 항상 옳은 것일까요? 아래의 내용을 중심으로 이에 대한 자신의 의견을 쓰시오.

- 다수를 위해 소수가 희생해도 된다는 생각은 옳다고 생각합니까? 자신의 입장을 밝히시오.
- 그렇게 생각하는 이유는 무엇입니까? (2가지를 쓰시오.)

[원고지 쓰기의 예]

	영	화	의		줄	거	리		전	개	에	서		주	인	공	의		성
격	이		중	요	한		역	할	을		하	는		경	우	가		많	다.

Appendix

- Answers
- Explanations in Korean
- Special Lecture on Writing Answers

정답 및 모범 답안 Answers 

Part 1 문장 완성형 쓰기 Sentence Completion Type

51 실용문 문장 쓰기 Writing Practical Sentences

Exercise 1

(1) ② (2) ① (3) ①

Exercise 2

	높임말		높임말
집	댁	이름	성함
나이	생신	자다	주무시다
죽다	돌아가시다	마시다	드시다
말하다	말씀하시다	데리고 가다	모시고 가다
먹다	잡수시다	있다	계시다
	드시다		있으시다
주다	드리다	아들, 딸	아드님
	주시다		따님

Exercise 3

(1) 언제 시간이 되십니까?
(2) 이 책을 교수님께 선물로 드리려고 합니다.
(3) 제가 오늘 밤에 댁으로 전화 드려도 됩니까?
(4) 할아버지께서는 궁금한 게 있으시면 인터넷을 찾아보십니다.

Exercise 4

(1) ⑨ (2) ④ (3) ⑤ (4) ⑧
(5) ⑩ (6) ⑥ (7) ⑦ (8) ③

Exercise 5

(1) 이 (2) 이 (3) 으로 (4) 를
(5) 가 (6) 가 (7) 이 (8) 로, 에서

예상 문제 풀기 Expected Questions ▸ p.40

Exercise 1

㉠: 지갑을 잃어버렸습니다/분실했습니다
㉡: 주우신 분/보관하고 계신 분은 꼭 연락 주시기 바랍니다

Exercise 2

㉠: 좋아하니까 같이 등산갈까요
㉡: 바꿀 수 있으니까/변경할 수 있으니까

Exercise 3

㉠: 시험도 보지 못했습니다/시험을 못 쳤습니다
㉡: 보고서를 내도 됩니까/제출해도 됩니까

Exercise 4

㉠: 빠지지 말고
㉡: 내 주십시오/내 주시면 감사하겠습니다

Exercise 5

㉠: 다음 주에 언제 시간이 되십니까
㉡: 제가 식당을 예약하겠습니다/예약하도록 하겠습니다

Exercise 6

㉠: (맞는 치수로) 교환해 주시거나
㉡: 빨리 보내 주세요/배송해 주세요

52 설명문 문장 쓰기 Writing Descriptive Sentences

Exercise 1

(1) 여행을 가는 사람들은 패키지여행을 하거나 아니면 자유 여행을 한다. 패키지여행은 여행사가 만든 일정으로 관광 안내사와 함께 단체 여행을 하는 것이다. 반면에 자유여행은 (㉠). 두 여행 방식 모두 장단점이 있지만 대체로 노인들은 패키지여행을 선호한다. 반대로 (㉡). 체력이 부족한 노인들은 모든 것을 다 처리해 주는 패키지여행을 편하게 느끼지만 젊은이들은 스스로 결정할 수 있는 자유로운 여행을 더 좋아하기 때문이다.

(2) • 주제 단어: 패키지여행, 자유 여행
• 핵심 단어: 반면에, 반대로

(3) ㉠: 여행을 가는 사람이 스스로 만든 일정으로 하는 개인 여행이다
㉡: 젊은이들은 자유 여행을 하는 경우가 더 많다/젊은이들은 자유 여행을 더 선호한다

Exercise 2

(1) 고생한 보람이 있을 것이다.
(2) 그러므로 급할수록 천천히 하는 것이 좋다.
(3) 아무도 하고 싶은 것을 다 하며 살지 못한다.
(4) 그런데 불규칙하게 생활해서 건강이 나빠졌다고 한다.

Exercise 3

(1) 기부도 하는 사람이 계속 한다
(2) 휴식을 하는 것이 좋다
(3) 감소하고 있다/줄어들고 있다
(4) 깨지기 쉽다/깨질 수 있다
(5) 도움이 된다
(6) 자존감이 높다
(7) 커서도/어른이 돼서도/성장해서도 편식을 하기 때문이다
(8) 높아지기/좋아지기 때문이다
(9) 늦게 자고 늦게 일어나는 생활 습관을 가진 사람들도 있다
(10) 나이를 중요하게 생각한다/중시한다
(11) 유행에 무관심하고/관심이 없고 유행을 중요하게 생각하지 않는 사람들도 있다
(12) 부모와 (같이) 있을 때보다 더 활발하게 움직이는 아이들이 있다
(13) 주말에도 일한다/ 쉬는 날이 없다
(14) 돈이 많으면 행복하다고
(15) 다 품질이 좋은 것은 아니다
(16) 태풍이 나쁜 영향만 주는 것은 아니다

Exercise 4

(1) 해롭다고 한다
(2) 살라고
(3) 비결이라고 한다
(4) 떴다

Exercise 5

(1) ② (2) ⑤ (3) ④ (4) ①
(5) ③

예상 문제 풀기 Expected Questions ▸ p.60

Exercise 1

㉠: 돌봐 줄 수 없고 관심을 줄 수 없는 사람이
㉡: 끝까지 책임질 수 있는지를 생각해 보라고

Exercise 2

㉠: 한 바퀴 도는 데 필요한 시간을
㉡: 옛날에는/예전에는 음력을 썼다

Exercise 3

㉠: 찬물보다는 미지근한 물로 샤워를 하는 것이 좋다
㉡: 잠자기 전에 운동을 하는 것은 좋지 않다/하지 않는 것이 좋다

Exercise 4

㉠: 다른 하나는 주어진 환경을 긍정적으로 생각하고 (습관처럼) 감사하는 것이다
㉡: (좌절하지 말고) 긍정적으로 생각하라고/긍정적인 생각을 하라고

Exercise 5

㉠: 둘째는 마라톤 같은 장거리 경주이다
㉡: 몸이 크고 근육이 굵은 편이라고 한다

Exercise 6

㉠: 피곤할 때도 운동을 한다
㉡: 좋지 않다고 한다

Part 2 작문형 쓰기 Essay Type

53 제시된 자료 보고 단락 쓰기
Writing a Paragraph Describing Dada

》유형 1 ▸ p.71

Strategy 1 로드맵

정의 → 분류 및 예시 → 목적 → 정리

Strategy 2 전개

- 광고는 (그 목적에 따라) 공익 광고와 상업 광고로 나눌 수 있다.
- 공익 광고에는 안전 광고, 절전 광고, 환경 보호 광고 등이 있다.
- 공익 광고의 목적은 사회 전체에 도움이 되는 메시지를 전달하는 것이다.
- 상업 광고에는 기업 광고, 상품 광고 등이 있다.
- 상업 광고의 목적은 상품을 많이 파는 것이다.

》유형 2 ▸ p.78

Strategy 1 로드맵

정의/현상 → 장점 → 단점 → 할 일

Strategy 2 전개

- 재택근무의 장점은 시간을 자유롭게 활용할 수 있는 것이다. 그리고 출퇴근 시간과 교통비를 아낄 수 있는 것이다.
- 재택근무의 단점은 시간 관리를 잘 못하면 일을 잘 못할 수 있는 것이다. 그리고 필요할 때 바로바로 의논할 수 없는 점도 단점이다.

》유형 3 ▸ p.85

Strategy 1 로드맵

현상 소개 → 현황 → 원인 → 전망

Strategy 2 전개

- 기상청에 따르면 1900년에는 3개월이던 여름이 점점 길어져 2018년에는 4개월이 되었다고 한다.
- 이러한 변화의 원인은 지구 온난화를 들 수 있다. 그리고 도시화와 인구 집중도 원인이다.

》유형 4 ▸ p.93

Strategy 1 로드맵

조사 대상과 내용 ➞ 조사 결과 비교 ➞ 정리/분석

Strategy 2 전개

- 그 결과 여자는 해외여행이나 배낭여행 같은 여행이라고 응답한 사람이 67%로 가장 많았다. 그리고 TV 시청, 잠과 같은 휴식이라는 응답이 뒤를 이었다.
- 반면에 남자는 휴식이라고 응답한 사람이 57%로 제일 많았고 다음으로 43%를 차지한 여행 순이었다.

예상 문제 풀기 Expected Questions ▸ p.97

Exercise 1

요즘 스마트폰을 이용하는 보행자와 차량 간의 사고가 급증하고 있다. 국민 안전처의 자료에 따르면 이와 같은 사고가 2011년에는 604건에 불과했는데 2019년에는 2,420건으로 4배 가까이 증가한 것으로 나타났다. 이러한 사고가 발생하는 원인은 먼저 시야 각도 감소를 들 수 있다. 스마트폰을 사용하면서 걸으면 시야 각도가 120도에서 20도로 감소하기 때문이다. 뿐만 아니라 소리 반응도 50%나 감소한다. 이를 통해 보행 중에 스마트폰을 사용하는 것은 교통사고를 유발하는 위험한 행동임을 알 수 있다.

Exercise 2

발효 식품은 계절과 관계없이 장기간 두고 먹을 수 있는 식품으로 그 종류도 다양하다. 한국의 발효 식품은 크게 장류, 김치류, 젓갈류로 나눌 수 있다. 첫 번째 장류에는 간장, 고추장, 된장 등이 있는데 콩으로 만들어 영양이 풍부하다는 특징이 있다. 두 번째로는 배추김치, 깍두기, 동치미 같은 김치류가 있다. 김치류는 겨울철에도 채소를 먹을 수 있다는 특징이 있다. 세 번째로는 명란젓, 오징어젓, 조개젓 같은 젓갈류가 있는데 해산물로 만들어서 영양이 풍부하다는 특징이 있다. 이처럼 한국의 발효 식품은 종류에 따라 특징이 다르다.

Exercise 3

한국에서는 중고등학생이 등교할 때 교복을 입는다. 교복의 장점은 입으면 학생답게 단정하게 보인다는 점이다. 또한 매일 무슨 옷을 입을지 특별하게 신경을 쓰지 않고 학업에 집중할 수 있어서 편한 것도 장점이다. 뿐만 아니라 항상 같은 옷을 입으므로 옷값도 절약할 수 있다. 반면에 단점도 있다. 날씨에 맞는 옷을 입을 수 없기 때문에 매우 더운 날이나 추운 날에는 불편할 수밖에 없다. 게다가 언제나 동일한 옷을 입어야 하므로 학생들은 옷을 통해 자기 표현을 할 수 없다. 이처럼 교복의 장점은 단점이 되기도 한다.

Exercise 4

최근 10년간 다문화 가구가 급증했다. 2009년 10만이던 다문화 가구는 잠시 주춤하더니 다시 증가세를 보이며 2019년에는 30만 가구가 되었다. 2009년과 비교하면 세 배 정도 증가한 것이다. 이러한 증가의 원인으로는 우선 국제결혼이 많아진 것을 들 수 있다. 또한 한국에서 일하는 외국인 근로자가 증가한 점도 영향을 미친 것으로 보인다. 앞으로 이러한 증가세가 계속된다면 2025년에는 다문화 가구가 35만에 이를 것으로 예상된다.

54 제시된 주제로 글쓰기
Writing on a Given Topic

모범 답안 확인 Model Answers

》유형 1 52회 ▸ p.117

어떤 일을 다른 사람들과 함께 계획하고 추진하기 위해서는 그 사람들과의 원활한 인간관계가 필요하다. 다만 인간관계를 원활하게 하는 데에는 많은 대화가 요구되며, 이 과정에서 의사소통 능력이 중요한 역할을 한다. 일반적으로 의사소통은 타인과의 소통의 시작이어서 의사소통이 제대로 이루어지지 않는 경우 오해가 생기고 불신이 생기며 경우에 따라서는 분쟁으로까지 이어질 수 있게 된다.

그런데 이러한 의사소통이 항상 원활히 이루어지는 것은 아니다. 사람들은 서로 다른 생활 환경과 경험을 가지고 있고, 이는 사고방식의 차이로 이어지게 된다. 이러한 차이들이 의사소통을 어렵게 함과 동시에 새로운 갈등을 야기하기도 한다.

따라서 원활한 의사소통을 위한 적극적인 노력이 필요하다. 우선 상대를 배려하는 입장에서 말을 하는 자세가 필요하다. 나의 말이 상대를 불편하게 만드는 것은 아닌지 항상 생각하며 이야기하여야 한다. 다음으로 다른 사람의 말을 잘 듣는 자세가 필요하다. 마음을 열고 다른 사람의 이야기를 듣는 것은 상대를 이해하는 데 꼭 필요하기 때문이다. 마지막으로 서로의 입장에서 현상을 바라보는 자세가 필요하다. 이는 서로가 가질 수 있는 편견과 오해를 해결할 수 있는 역할을 하기 때문이다.

》유형 2 37회 ▸ p.131

현대 사회는 과학 기술과 교통의 발달로 많은 변화를 겪고 있다. 그 결과 세계는 점점 가까워져 소위 지구촌 시대라고 불리게 되었다. 이와 함께 지식 생산이 활발해지고 각 영역에서의 경쟁이 치열해지면서 전문화의 중요성이 강조되었다. 이러한 사회에서는 어떠한 인재가 요구될까?

세계화가 되면서 우선 글로벌 마인드의 구축과 글로벌 인재로 서의 역량을 키우는 것이 필요하다. 예전에는 국경이라는 테두리에서 국가 구성원으로서의 기본 자질을 갖추고 사회에서 요구하는 역량을 길러 사회 발전에 기여하는 인재가 요구되었다. 그러나 세계화 시대에는 기본적으로 세계 시민으로서의 역량과 자질을 갖추고 세계를 무대로 활동할 수 있는 인재가 필요하다.

또한 과학 기술의 발달과 전문화가 심화되고 있는 상황에서 각자가 가진 능력을 최대한 발휘하여 경쟁력을 갖추려고 노력해야 한다. 과거에는 단순히 지식이나 기술을 습득하여 이를 활용하는 것만으로도 인재로서의 역할이 가능하였다. 그러나 대량의 정보 속에서 이를 선택하고 활용할 수 있는 지금은 지식의 융복합이나 자신만의 특성화 등을 통하여 전문성을 인정받음으로써 상대적인 경쟁력을 갖추어야 한다. 이렇게 내적으로는 글로벌 마인드를 기르고 외적으로는 전문적인 자기 능력을 갖춰 시대의 변화에 발맞추어 나가야 한다.

》유형 3 47회 ▸ p.147

우리는 칭찬을 들으면 일을 더 잘하고 싶어질 뿐만 아니라 좀 더 나은 사람이 되고 싶은 마음이 든다. 그리고 자신감이 생겨 공부나 일의 성과에도 긍정적인 영향을 미친다. 그래서 자신이 가진 능력 이상을 발휘하고 싶어지는 도전 정신이 생기기도 하는 것이다. 한 마디로 말해 칭찬은 사람을 한 단계 더 발전시키는 힘을 가지고 있다.

그런데 이러한 칭찬이 독이 되는 경우가 있다. 바로 칭찬이 상대에게 기쁨을 주는 것이 아니라 부담을 안겨 주는 경우이다. 칭찬을 들으면 그 기대에 부응해야 한다는 압박감 때문에 자신의 실력을 제대로 발휘하지 못하게 되는 일이 생기게 된다. 칭찬의 또 다른 부정적인 면은 칭찬 받고 싶다는 생각에 결과만을 중시하게 되는 점이다. 일반적으로 칭찬이 일의 과정보다 결과에 중점을 두고 행해지는 경우가 많기 때문이다.

그래서 우리가 상대를 칭찬할 때에는 그 사람이 해낸 일의 결과가 아닌, 그 일을 해내기까지의 과정과 노력에 초점을 맞추는 것이 중요하다. 그래야 칭찬을 듣는 사람도 일 그 자체를 즐길 수 있다. 또한 칭찬을 듣고 잘 해내야 한다는 부담에서도 벗어날 수 있을 것이다. 우리는 보통 칭찬을 많이 해 주는 것이 중요하다고 생각하는데 칭찬은 그 방법 역시 중요하다는 것을 잊지 말아야 할 것이다.

》유형 4 34회 ▸ p.163

자연을 자연 그대로 보존해야 한다는 의견과 경제 발전을 위해 자연을 개발해야 한다는 의견이 팽팽히 맞서고 있다. 자연을 보존해야 한다는 입장에서는 자연 개발이 자연 파괴로 이어진다는 이유를, 자연을 개발해야 한다는 입장에서는 개발을 통해 얻는 경제적 이익을 포기할 수 없다는 이유를 들고 있다. 이에 나는 다음과 같은 이유로 자연을 개발하기보다는 자연을 보존하는 것이 더 중요하다고 본다.

첫째, 한 번 파괴된 자연은 되돌리기가 쉽지 않다는 것이다. 물론 자연 개발이 모두 자연 파괴로 이어지는 것은 아니지만 지금까지 개발의 사례들을 살펴볼 때, 개발의 이익을 누리기보다는 개발의 부작용으로 인한 고통을 호소하는 경우가 훨씬 많았다. 문제는 개발에 걸리는 시간은 얼마 되지 않는 반면, 그로 인해 파괴된 자연을 원래의 상태로 되돌리는 데에는 오랜 세월이 필요하다는 것이다. 최악의 경우는 되돌리는 것이 불가능할 때도 있다. 이런 위험을 감수하면서까지 개발을 추진해야 하는지 의문이 든다.

둘째, 자연을 보존하는 것이 자연을 개발하는 것에 비해 경제성이 떨어지는 것이 아니기 때문이다. 최근 자연 그대로의 모습을 잘 보존하고 있는 곳들이 여행지로서 크게 각광을 받고 있다. 편리한 시설을 갖춘 잘 개발된 관광지에 비해 다소 불편할 수 있음에도 불구하고 많은 사람들이 이런 곳을 찾는 이유는 바로 자연에 있다. 자연을 잘 보존했기 때문에 사람들이 이곳을 많이 찾게 되는 것이고 그것이 지역 경제에 도움이 되는 것이다.

자연은 현 세대의 전유물이 아니다. 우리는 다음 세대에게 살기 좋은 상태 그대로 자연을 물려주어야 할 의무가 있다. 그러한 의무를 다하기 위해서라도 자연 파괴의 위험성이 있는 개발을 무리하게 추진해서는 안 될 것이다.

예상 문제 풀기 Expected Questions ▸ p.169

Exercise 1

현대 사회는 무한한 정보가 생산되는 빅 데이터 시대인 동시에 스피드가 경쟁력인 사회다. 정보의 홍수 속에서 꼭 필요한 내용을 빠르게 찾기 위해서는 전략이 필요하다. 요약이란 긴 내용을 요점만 짧게 줄이는 기술이므로 이러한 시대에 꼭 갖춰야 할 전략이 아닐 수 없다.

요약은 무엇보다 사고력 훈련에 긍정적인 영향을 미친다. 요약을 하려면 정보를 읽으면서 핵심을 파악하기 위해 고도로 집중된 사고 작용을 계속해야 하는데 이를 통해 이해력과 분석력, 판단력이 고르게 향상되는 것이다. 둘째로 요약을 하다 보면 두뇌의 회전이 빨라지게 된다. 따라서 문제가 일어났을 때 빠른 문제 해결 능력을 보일 수 있다.

그러면 요약 능력을 향상시키기 위해서 어떻게 해야 할까? 먼저 요약할 때 핵심 내용을 메모하거나 마인드맵을 그려 구조를 기록해 보는 것이 정보 요약 능력을 기르는 데 효과적이다. 또한 시간을 정해 놓고 요약해 보는 방법도 유용하다. 시간을 제한하면 집중력이 더 높아질 수 있고 정보 처리의 양을 비교할 수 있기 때문이다.

이와 같이 짧은 시간에 많은 정보를 처리할 수 있는 요약 능력은 정보화 시대에 꼭 필요한 기술이다. 요약을 잘하면 업무나 학업 모든 면에서 경쟁력을 가질 수 있다. 요약 능력을 통해 사고력과 집중력을 갖춤으로써 이 시대가 원하는 인재가 될 수 있는 것이다.

Exercise 2

우리는 살아가면서 공동체나 조직에 속하게 되는데, 어느 조직이든지 리더십을 가진 지도자가 필요하다. 리더십이란 지도자가 구성원을 이끌어 공동의 목표를 달성시키기 위해서 반드시 갖춰야 할 능력을 말한다. 그러면 훌륭한 지도자는 어떤 자질과 능력을 가져야 하는 것일까?

지도자는 인성 면에서 우선 포용력이 강해야 한다. 한 조직의 가장 높은 자리에 있는 만큼 타인을 존중하고 배려하며 많은 소리에 귀를 기울일 수 있어야 한다. 또한 올바른 가치관과 도덕성을 필수적으로 가지고 있어야 한다. 권력욕이나 물욕에 빠지지 않는 청렴결백한 지도자가 되어야 존경을 받을 수 있을 것이다.

지도자가 가져야 할 능력을 살펴보면 무엇보다도 업무 능력이 뛰어나야 한다. 업무의 흐름을 파악하고 구성원의 역량에 맞춰 업무를 배치하며 효율적으로 일을 할 수 있도록 조직을 구성하는 능력을 갖춰야 한다. 또한 비전을 가지고 공동의 목표를 제시할 수 있어야 하는 것은 물론이거니와 목표를 달성할 수 있도록 앞장서서 이끄는 행동력도 필요하다.

이처럼 지도자는 훌륭한 인성과 전문적 업무 능력을 가지고 공동의 비전을 달성할 수 있게 만드는 사람이다. 앞으로 이런 리더십을 가진 지도자가 많이 나타나 우리의 미래 사회를 보다 나은 방향으로 이끌어 주기 바란다.

Exercise 3

최근 우리 사회에는 유기 동물들이 증가하면서 문제가 되고 있다. 유기 동물이란 사람들이 키우다가 버린 개와 고양이 같은 반려동물을 말한다. 유기 동물이 증가하는 이유는 이기적이고 무책임한 주인들이 많아지고 있기 때문인데, 유기 동물은 주인에게 버림받은 후에 거리에서 떠돌아다니며 생활하면서 관리를 받지 못하고 있어 우리 사회에 큰 부담이 되고 있다.

유기 동물은 우리 사회에 여러 가지 부정적 영향을 미친다. 우선 유기 동물 때문에 로드킬 같은 교통 사고나 사람이 개에게 물리는 사건이 심심찮게 발생한다. 또한 개와 고양이들은 주택가나 공사장 주변 등을 떠돌아다니며 살기 때문에 위생 상태도 불결하다. 이들의 존재로 인해 사람들의 주거 환경도 나빠지기 마련이다.

이러한 유기 동물 문제를 해결하는 데 우선 책임을 져야 할 사람은 바로 주인이다. 생명은 사람에게나 동물에게나 모두 고귀한 것임을 인식하고 이들을 끝까지 돌보려는 자세가 필요하다. 또한 정부는 유기 동물을 관리할 수 있도록 동물 보호 시설을 늘려야 할 것이다. 아울러 이들을 잘 관리하고 훈련하여 새로운 주인에게 입양을 보낼 수 있도록 하는 것이 바람직하다.

유기 동물은 결국 인간의 잘못된 윤리 의식이 초래한 사회의 부정적인 현상이다. 주인과 정부가 서로 책임을 회피하지 말고 모두 힘을 합쳐 이 문제를 해결해야 할 것이다.

Exercise 4

SNS는 최근 소통의 핵심이 되고 있다. 많은 사람들은 온라인 관계망 서비스인 SNS의 이용이 인간 교류의 기회를 확대시켰다고 주장하지만 다른 한편에서는 SNS로 인해 오히려 인간 소외 현상이 심해졌다고 말한다. 그러나 나는 인간의 소통이 SNS 덕분에 확장되었다고 생각한다.

SNS는 무엇보다도 시간과 장소의 제약을 받지 않고 실시간으로 대화할 수 있게 해 준다는 장점이 있다. 게다가 동시에 많은 사람과 대화를 하는 것도 가능하다. 이처럼 SNS는 우리의 소통의 기회를 확장시켰다. 또한 SNS는 교류의 범위도 확대시켰다. 일상 대화를 나누는 일 외에도 정치적 견해를 나누거나 상품을 공동 구매를 하는 등 다양한 교류를 할 수 있어 유익하고 유용하다.

물론 SNS를 반대하는 사람들은 기술적으로 소외된 노인층이나 혹은 경제적으로 소외된 저소득층이 SNS의 혜택을 받지 못한다고 지적한다. 그러나 점점 스마트폰의 이용자 수가 많아지면서 노인층에 대한 스마트폰 활용 교육도 실시되고 있고 저가의 스마트폰도 보급되고 있다. 앞으로는 더 많은 사람이 SNS를 이용할 것이며 소외 상황은 점차 개선될 것이라고 생각한다.

나는 SNS가 인간의 소통을 확대시키는 좋은 도구라고 생각한다. 다만 기술 발전의 혜택을 누리지 못하는 사람들이 줄어들 수 있도록 정부와 우리 사회가 다 같이 노력해야 할 것이다.

Part 3 실전 모의고사
Mock Tests

1회 실전 모의고사 1회 Mock Test 1

51 ㉠: 빨리 신청하시기 바랍니다

㉡: 요가를 못해서 걱정입니까/걱정합니까

52 ㉠: 남향집이 비싼 편이다

㉡: 북향집이 여름에는 시원하고 겨울에는 따뜻하기 때문이다

53

최근 외국인 유학생이 점점 증가하고 있다. 이들이 한국에서 거주하는 형태는 크게 기숙사, 하숙, 자취로 나눌 수 있다. 먼저 기숙사는 식사가 제공될 뿐만 아니라 거주 비용이 저렴하다는 장점이 있다. 반면 공동생활로 인한 불편함은 있을 수 있다. 다음으로 하숙은 식사가 제공되고 한국 문화를 쉽게 배울 수 있다는 장점이 있다. 반면에 비용이 많이 든다. 마지막으로 자취는 식사를 직접 만들어 먹거나 사 먹어야 하는 불편함이 있는 반면 독립적인 생활이 보장된다는 장점도 있다. 이처럼 외국인 유학생의 거주 형태는 크게 세 가지이고 각각의 특징이 있다.

54

최근 인터넷 상에서 언어폭력 현상이 심해져 사회 문제가 되고 있다. 인터넷에서 나타난 언어폭력의 대표적인 예로서, 다른 사람의 글에 그 사람을 무시하고 비난하는 악성 댓글을 다는 것이나 온라인 대화를 할 때 욕설을 하는 것 등을 들 수 있다. 언어폭력은 피해자 개인에게 심리적 상처를 주게 되는데 사회적으로는 과연 어떤 부정적 영향을 미칠까?

잘못된 언어 사용이 만연한 사회에서는 모두가 피해자이면서 가해자가 될 수 있다. 말이 미치는 영향력을 알지 못한 채 타인을 쉽게 비방하는 분위기 속에서 그 누구도 행복한 삶을 살아갈 수 없기 때문이다. 그뿐만 아니라 건설적인 비판이나 제안을 하기 어려워지면서 사회가 건강하게 발전하지 못한다는 문제점이 있다.

바람직한 언어 사용을 위해서 먼저 바른 언어 습관의 중요성을 인식해야 한다. 언어 습관은 어릴 때부터 길러지는 것인 만큼 가정에서 지속적인 지도가 필요하다. 학교에서도 집단생활 속에서 타인과 제대로 대화하는 방법을 교육할 필요가 있으며 언어폭력이 발생했을 때 이를 강력하게 대처해야 한다. 언어폭력은 개인과 사회 모두에 악영향을 끼치는 만큼 반드시 줄여 나가야 한다.

이처럼 언어의 폭력성은 희망적인 사회 분위기를 위해 반드시 없애야 할 요소다. 언어폭력 없이 평화롭게 인터넷을 사용할 수 있도록 가정과 학교가 책임을 지고 교육해야 한다.

2회 실전 모의고사 2회 Mock Test 2

51 ㉠: 마중 나올 수 있어요

㉡: 가능한/되는 시간을 알려 주면

52 ㉠: 내성적인 사람은 사람들과 어울리는 것보다는 혼자 있는 것을 좋아한다/내성적인 사람은 혼자 있는 것을 좋아하고 사람들과 어울리는 것을 즐기지 않는다

㉡: 외향적인 사람이 내성적이 되기도 하기 때문이다

53

요즘 반려동물을 키우는 가구가 많아지고 있다. 2010년에 8%였던 반려 가구는 2019년에는 크게 증가해 25%가 되었다. 가장 많이 키우는 동물은 강아지였는데 480만 마리로 80%에 달했다. 반면에 고양이는 90만 마리로 15%에 불과했다. 반려 가구 증가의 원인은 첫째로 반려동물이 가족 같은 친밀감과 안정감을 주는 것을 들 수 있다. 또한 반려동물이 예쁘고 귀여운 것도 이유인 것으로 나타났다. 이 자료를 통해 사람들은 주로 강아지를 많이 키우며, 정서적인 이유로 반려동물을 키우는 것을 알 수 있다.

54

현대 사회에서는 속도가 경쟁력이므로 사람들은 빠르게 업무를 수행함으로써 자신의 능력을 과시하고자 한다. 이런 시대에 여유 있고 느린 삶을 추구하는 것은 부정적으로 인식되기 쉽다. 느림은 성과를 내지도 못하고 경쟁에 뒤쳐져서 성공에서 멀어진다고 생각하기 때문이다. 그러면 느림은 정말 부정적인 것일까? 긍정적인 영향은 없을까?

느림은 우리에게 업무와 인간관계라는 두 가지 면에서 긍정적인 영향을 미친다. 첫째, 느림은 업무 면에서 효율성을 높여 준다. 혹시 중요한 것을 놓치고 있는 것은 아닌지 잠시 여유를 가지고 목표와 방향을 확인하면 업무 성과를 높일 수 있다. 또한 느림은 인간관계를 풍요롭게 한다. 앞만 보고 달리다 보면 인간관계가 소홀해지기 마련인데, 느림을 통해 주위 사람들을 돌아볼 여유가 생기면 인간관계를 개선할 수 있다.

따라서 우리는 생활 속에서 빠름과 느림의 조화를 꾀해야 한다. 업무 중간에 가끔 속도를 늦춘다면 더 잘 달릴 수 있는 동력을 얻을 수 있다. 또한 업무가 끝난 후에는 자신에게 집중하는 느림의 시간을 준다면 풍요로운 인간관계와 사생활을 즐길 수 있을 것이다. 빠름과 느림의 속도 조절을 통해 일과 인간관계라는 두 마리 토끼를 다 잡을 수 있을 것이다.

느림은 경쟁적으로 달려가는 현대 사회에서 조화로운 삶을 살게 하는 삶의 지혜다. 앞으로 경쟁과 성공에만 집착하지 말고 가끔은 여유를 가지고 자신을 돌아보며 행복하게 살아가기 바란다.

3회 실전 모의고사 3회 Mock Test 3

51 ㉠: 경험이 있으신 분이면 좋겠습니다

㉡: 메일로 연락처를 남겨 주시면/전자우편으로 전화번호를 남겨 주시면

52 ㉠: 밥과 야채 같은 재료를 볶아 만든 음식이다

㉡: 냄비에 조리한 음식이라는 것을 나타낸다

53

옛날에 비해 요즘에는 원고지를 많이 사용하지 않는다. 원고지 쓰는 법이 까다롭고 지면도 많이 차지하기 때문이다. 그런데 이러한 단점이 있는 반면에 장점도 있다. 글자를 크게 쓰는 사람도 있고 작게 쓰는 사람도 있는데 원고지에 쓰면 글자의 크기에 관계없이 쓴 글의 양을 바로 알 수 있다. 또한 띄어쓰기를 정확하게 하므로 읽는 사람이 빠르고 쉽게 이해할 수 있다. 그러므로 써야 하는 글의 양이 정해져 있는 시험의 답안을 작성할 때는 원고지를 사용하는 것이 좋다.

54

우리는 방송을 보지 않고서는 단 하루도 살 수 없을 정도로 방송에 의존하고 있다. 방송 매체는 다양한 콘텐츠를 통해 대중문화를 이끌 뿐 아니라 의견과 공유의 장이 되기도 한다. 게다가 공익 캠페인을 벌이는 등 직접적으로 사람들의 의식에 영향을 끼치기도 하는 만큼 우리 사회에서 영향력이 아주 크다고 할 수 있다. 문제는 방송의 부정적인 영향력도 상당히 크다는 데에 있다.

방송 매체가 우리 사회에 미치는 부정적인 영향은 방송 미디어 산업이 상업성에 기반을 두고 있다는 것에서 비롯된다. 광고 수익에 신경을 쓰다 보니 시청률과 흥행에 대한 경쟁이 생기고 그 결과 선정적이고 폭력적인 방송이 만들어지는 것이다. 또한 흥미 중심으로 편집되고 왜곡된 뉴스와 보도가 양산되는 환경에서는 대중들이 비판적 사고를 갖기 쉽지 않다.

따라서 방송 매체는 상업성에만 집중할 것이 아니라 공정성을 잃지 말아야 한다. 뉴스 보도를 할 때는 국민의 알 권리에 부응하여 보도 내용의 선별과 보도 방식에 있어서 공정성을 유지해야 한다. 또한 흥미나 호기심 위주의 방송을 만들기보다 공익성에 기반을 두는 것이 중요하다. 청소년에게 미치는 영향을 고려하여 선정성과 폭력성의 수위를 조절해야 할 것이다.

이와 같이 방송은 큰 영향력을 가진 매체이다. 앞으로 공정성과 공익성을 지키며 대중문화를 이끌어 갈 수 있기를 바란다.

4회 실전 모의고사 4회 Mock Test 4

51 ㉠: 예매해 줄 수 있어요

㉡: 평일 저녁이면 좋겠어요/평일 저녁으로 해 주세요

52 ㉠: 성공하기 위해서는 성공의 경험도 필요하다

㉡: 쉬운 과제를 주는 것이 좋다

53

음악을 연주하기 위해서는 악기가 필요하다. 악기는 연주 방법에 따라 타악기, 현악기, 관악기로 나눌 수 있다. 먼저 타악기에는 북과 탬버린이 있는데 두드려서 소리를 내고 높거나 낮은 음은 낼 수 없다는 특징이 있다. 다음으로 현악기에는 바이올린, 기타 등이 있는데 줄을 이용해 소리를 내며 줄이 굵을수록 낮은 음을 낸다는 특징이 있다. 마지막으로 플루트, 트럼펫 같은 관악기가 있다. 관악기는 불어서 소리를 내는 악기로 짧을수록 높은 음을 낸다는 특징이 있다. 이처럼 악기는 종류가 다양하며 각각 다른 특징이 있다.

고전 문학이란 예전에 쓰였지만 지금도 가치를 인정받는 문학 작품을 일컫는다. 최근 사회가 급격히 발전하면서 고전 문학을 시대에 맞지 않는 낡은 이야기라고 생각하는 사람들이 많아지고 있다. 그러나 시대가 흘러도 여전히 고전 문학이 가치가 있는 이유는 무엇일까?

고전 문학이 사랑받는 이유는 인간의 변하지 않는 속성에 대해 말하고 있기 때문이다. 오랜 시간 동안 검증된 인간에 대한 지식의 집합체가 문학 작품 속에 녹아 있는 것이다. 시대에 뒤떨어진 낡은 것이 아니라 시대를 초월하는 가치를 작품 속 이야기를 통해 보여 주기 때문에 고전 문학은 위대한 인류의 지적 자산으로 사랑받는 것이다.

고전 문학 읽기는 개인과 사회에 좋은 영향을 미친다. 우선 고전 문학 작품을 읽으면 개인적으로 인간의 본질에 대해서 이해하게 되어 사람을 보는 안목과 판단력이 높아진다. 또 다른 긍정적인 영향은 고전 문학이 창의성의 뿌리가 된다는 것이다. 고전 문학은 시대에 따라 다양한 해석이 가능하기 때문에 하나의 뿌리에서 많은 가지가 나오듯 고전 작품에 기반을 둔 다양한 창작물들이 나와 이 시대의 문화를 깊고 풍부하게 한다.

이처럼 고전 문학은 개인과 사회를 풍요롭게 만드는 소중한 지적 자산이다. 급변하는 시대에 눈앞의 유행만 쫓지 말고 고전 문학을 가까이 하면서 삶을 풍요롭게 하는 것이 바람직하다.

5회 실전 모의고사 5회 Mock Test 5

51 ㉠: 선배님께 하나 드리려고 합니다/선물하려고 합니다/선물로 드리고 싶습니다

㉡: 좋아하는/원하는 색깔을 알려 주십시오

52 ㉠: 여러 번/몇 번씩 샤워를 하는 사람이 있다

㉡: 피부 건강에 해롭다고 한다/피부에 나쁘다고 한다

53

서울시교육청에서 고등학생과 초등학생 1,000명을 대상으로 '대학에 꼭 가야 하는가'에 대해 조사를 실시하였다. 그 결과 '그렇다'라고 응답한 고등학생은 80%, 초등학생은 77%였고 '아니다'라고 응답한 고등학생은 20%, 초등학생은 23%였다. 이들이 '아니다'라고 응답한 첫 번째 이유로 고등학생은 졸업 후에도 취직이 안 되는 것을, 초등학생은 하고 싶은 일이 많은 것을 꼽았다. 두번째 이유는 고등학생과 초등학생 모두 비싼 학비라고 응답했다. 이상의 결과를 통해 고등학생과 초등학생 모두 대학에 가야 한다는 생각이 지배적인 것을 알 수 있다.

54

우리의 삶은 항상 어려운 선택의 연속이다. 개인적인 선택도 그렇지만 사회 공동의 이익을 위한 선택을 하는 것은 더욱 어렵다. 사회적 선택을 해야 할 때 다수를 위해 소수가 희생해야 한다는 사람도 있지만 다수 때문에 소수가 희생되어서는 안 된다는 사람도 많다. 나는 누구도 소수에게 희생을 강요할 수는 없다고 생각한다. 그 이유로 다음 두 가지를 살펴보겠다.

첫째, 항상 다수의 의견이 옳은 것이 아니기 때문이다. 예를 들면 민주주의 사회에서는 많은 일을 투표로 결정하는데 결과적으로 사회에 악영향을 준 잘못된 선택도 꽤 많았다. 그 이유는 사람들이 장기적인 관점에서 공동체 전체를 고려한 것이 아니라 눈앞의 이익을 위해서 이기적으로 선택을 했기 때문이다. 특히 이익이 클 때는 사고가 마비되어 잘못된 결정을 하는 일이 많았다.

둘째, 다수에 의해 소수의 인권이 무시되며 차별을 당할 수 있기 때문이다. 소수 의견에 대한 다수의 차별은 폭력이라고 볼 수 있으며 이러한 차별은 무엇으로도 정당화되지 못한다. 게다가 다수가 원한다는 명분을 앞세워 자신의 이익을 챙기는 나쁜 사람들이 많은데, 그런 경우 소수의 희생은 더욱 값없는 희생이 된다.

그러므로 나는 다수의 이름으로 소수의 희생을 강요하는 집단주의 문화는 바람직하지 않다고 생각한다. 앞으로 소수를 존중하고 그들의 소리에 귀를 기울이는 관용적인 사회가 되기를 기대한다.

한국어 번역 Explanations in Korean

Part 1 문장 완성형 쓰기
Sentence Completion Type

51 실용문 문장 쓰기 Writing Practical Sentences

※ 기출문제 확인

(해설)

이 문자 메시지는 책을 빌려준 것에 대해 감사 인사를 하고 책을 돌려주기 위해 쓴 글입니다. 맥락에 맞는 내용을 격식에 맞춰 쓰면 됩니다.

채점 기준

- 글의 흐름에 맞게 문장과 문장이 잘 연결되게 씁니다.
- 글의 목적과 읽는 사람에 맞게 반말이나 높임말, '-요'나 '-습니다'를 잘 선택해서 씁니다.

고득점 전략 배우기 ▸ p.24

51번의 유형을 이해하고, 기출문제도 확인했다면 이제 빠른 시간 안에 답안을 작성하기 위한 전략을 배워 봅시다!

Be careful

- ㉠ 부분까지만 읽고 답안을 작성하지 말고 반드시 끝까지 훑어 읽기를 합니다!
- ( ) 뒤에 마침표가 있는지 물음표가 있는지도 확인합니다!
- ㉠과 ㉡ 각각 한 문장 쓰기이므로 두 문장 이상 쓰지 않도록 주의합니다!

Strategy 1 훑어 읽기

( ) 안에 쓸 문장은 글을 쓴 목적과 관계가 깊습니다. 빠르게 글을 이해하고 글의 목적을 파악하기 위해 훑어 읽기 전략을 사용합니다. 초대장, 메일, 안내문 등과 같이 제목이 있는 글은 먼저 제목을 통해 글의 목적을 추측할 수 있습니다. 또한 관련 어휘를 통해서도 글의 내용 추측이 가능합니다.

TIP

51번은 실용문 쓰기라서 글의 목적과 관련 있는 '약속 정보(시간, 장소 등)'를 주고받는 내용이 자주 나옵니다.

Strategy 2 글의 격식 기억하기

실용문에서는 메일이나 편지 글처럼 상대방에게 대화하는 것처럼 쓴 글이 많습니다. 그래서 학생들이 '-요'로 끝나는 문장을 쓰는 실수를 많이 합니다. 그러나 글을 읽으면서 '-습니다'로 끝난 것을 확인했으면 답안도 반드시 '-습니다'로 써야 합니다. 또한 글을 읽는 사람이 아랫사람이나 친구면 반말을, 윗사람이면 높임말을 써야 하므로 어떤 글이든지 문장 끝을 확인하고 씁니다.

Be careful

도입 단락에서 다음 내용을 예고하는 질문을 쓴 후에 대답을 쓰면 안 됩니다. 자기 생각을 써도 안 됩니다. 이 질문에 대한 대답은 다음 단락에서 나와야 하며, 자기 생각은 마무리 단락에서 써야 합니다.

4

- 문장의 주어가 '나'이므로 '방문하셔도'처럼 높임말을 쓰면 안 됩니다.
- 문장의 주어가 '할머니'이므로 높임말 '주신'을 써야 됩니다.

Be careful

- 높임 문장에서는 주어를 꼭 확인합니다!
- 높임 단어도 알아둡시다!

Strategy 3 추측하기

51번은 앞 문장이나 뒤의 문장을 읽고 ( ) 안에 들어갈 내용을 추측해서 쓰는 문제입니다. 추측할 때는 문장의 주어와 '는, 도' 같은 조사를 주의해야 합니다. 또한 추측한 것을 문장으로 빠르게 쓰려면 글의 목적에 따라서 필수적으로 들어가는 문장에도 익숙해져야 합니다.

Strategy 4 오류 수정하기

(㉠)과 (㉡)에 문장을 모두 써 넣었습니까? 그럼 마지막으로 자신이 쓴 문장에 틀린 것이 있는지 반드시 확인합니다.

- 긴장해서 문제에 나온 단어도 틀리게 쓰는 경우가 있으니까 꼭 맞춤법을 확인합니다.
- 조사를 잘못 쓰는 경우가 많습니다. 또 필요한 조사를 안 쓰는 경우도 있으니까 꼭 확인합니다.

전략 적용해 보기 ▸ p.35

지금까지 하나씩 연습한 전략을 다시 확인해 보십시오. 그리고 전략을 적용해서 빠르게 답안을 작성해 봅시다.

1

Strategy 1 훑어 읽기

글을 쓴 목적이 캠프 참가자를 모집하는 것임을 파악합니다.

Strategy 2 글의 격식 기억하기

문장 끝이 '-습니다'이며 모두 높임 문장인 것을 기억합니다.

Strategy 3 추측하기

㉠: 앞 문장들에 캠프 시간과 장소에 대한 정보가 있습니다. ( ) 앞에 '한국대학교 학생이면'이라는 조건이 있으므로 이 문장은 참가 자격에 관한 정보를 주는 것임을 알 수 있습니다.

㉡: 스키가 없는 사람을 위해 캠프에서 스키를 준비한다는 문장입니다. 이를 위해서 참가자는 발 사이즈를 알려 줘야 합니다.

Strategy 4 오류 수정하기

높임 문장을 잘 썼는지 확인합니다.

Strategy 5 오류 수정하기

자기 생각을 쓸 때, '내가 생각하기에는' '내 생각에는' '나는' 과 같이 '내가 드러나도록 쓰는 것은 좋지 않습니다. 객관화시켜서 '우리'를 주어로 써야 합니다. 또한 '-어/야 한다'로 단정적으로 쓰기 보다는 '-어/아야 할 것이다'로 쓰는 것이 더 바람직합니다.

Useful Grammar

㉠: **누구도 참가하실 수 있습니다 (X)**
'누구도' 뒤에는 긍정의 내용이 올 수 없습니다. 참가가 가능하다는 긍정 문장은 '누구나'나 '누구든지'를 써야 합니다.

㉠: **참가하실 수 있습니다 (△)**
'의미상 틀리지 않지만 ㉠ 앞에 '한국대학교 학생이면'이라는 조건이 있으므로 이에 호응하는 '누구나'나 '누구든지'를 써야 합니다.

Be careful

• 답안은 중급 수준의 문장으로 씁니다. 글을 끝까지 훑어 읽었다면 '참가하다'나 '신청하다' 같은 단어를 이용해 답안을 작성할 수 있을 겁니다.
• 글 전체가 존대 문장이므로 ㉠과 ㉡에도 '-시-'가 들어가야 합니다.

2

Strategy 1 훑어 읽기

'축하해'라는 말과 '고맙겠어!'라는 말을 통해 글의 목적이 '축하'와 '부탁'이라는 것을 파악합니다.

Strategy 2 글의 격식 기억하기

문장 끝을 확인하고 반말로 써야 하는 것을 기억합니다.

Strategy 3 추측하기

㉠: 뒤 문장을 통해 무엇을 축하하는지 추측할 수 있습니다.
㉡: 뒤 문장에 '나도 그 책을 사서 공부하면'을 통해 같은 책으로 공부하려는 것을 알 수 있습니다. 그래서 그 책이 무슨 책인지 알고 싶은 것을 추측할 수 있습니다.

Strategy 4 오류 수정하기

• ㉠의 답안을 '한국어능력시험에 3급을 따서'로 썼다면 '시험에서'로 수정합니다.
• ㉡의 답안을 '가리켜 줄 수 있어'로 썼다면 '가르쳐 줄 수 있어'로 의미와 맞춤법에 맞게 수정합니다.

Be careful

• 시험을 본 사실은 축하할 일이 아니므로 뒤 문장 그대로 쓰면 감점됩니다.
• N을/를 축하하다'나 '-ㄴ/는/은 것을 축하하다'가 바른 표현입니다. 이미 3급을 땄기 때문에 과거형을 쓰면 됩니다.
• 중급 이상의 문법과 어휘를 씁니다.

3

Strategy 1 훑어 읽기

'죄송합니다'라는 말을 통해 글을 쓴 목적이 사과하기인 것을 파악합니다.

Strategy 2 글의 격식 기억하기

문장 끝이 '-습니다'인 것을 확인합니다.

Strategy 3 추측하기

㉠: 뒷 문장의 '늦지 않으려고'라는 말을 통해 늦었다는 것을 알 수 있습니다. 그러므로 ㉠에는 '늦었다'는 것과 '늦은 이유'를 써야 합니다.
㉡: '다음부터는'을 통해 같은 잘못을 또 하지 않겠다는 말을 쓰는 것이 필요합니다.

Strategy 4 오류 수정하기

㉠을 '차가 막혀서'로 썼다면 '차가 밀려서'로 수정하거나 '길이 막혀서'로 수정합니다.

Useful Grammar

• 나쁜 결과에 대한 이유를 말하는 '-는 바람에'는 형용사와 같이 쓸 수 없습니다. 그러므로 '길이 막히는 바람에 늦었습니다'로 써야 합니다.
• 다음부터라는 말이 있으므로 의지를 나타내는 '-겠-'을 씁니다.
• '꼭'은 부정 표현과 같이 쓸 수 없습니다. '절대로, 결코'를 써야 합니다. '절대로/결코'가 없으면 감점입니다.

Be careful

상사에게 쓴 글이고 다른 문장들은 모두 '-습니다'이므로 '-아/어요'를 쓰면 안 됩니다.

52 설명문 문장 쓰기 Writing Descriptive Sentences

※ 기출문제 확인

(해설)

표정과 감정의 영향 관계에 대한 설명문입니다. 맥락에 맞는 내용을 격식에 맞춰 쓰면 됩니다.

고득점 전략 배우기 ▸ p.45

52번의 유형을 이해하고, 기출문제도 확인했다면 이제 빠른 시간 안에 답안을 작성하기 위한 전략을 배워 봅시다!

> **Be careful**
> - 답안 작성을 위한 정보가 글의 끝에 있는 경우도 있으므로 끝까지 훑어 읽기를 합니다.
> - 답안에 구어적 표현을 쓰지 않도록 주의하며 조사도 생략하지 않습니다.
> - 자주 출제되는 간접화법 문장을 정확하게 공부합니다.

Strategy 1 훑어 읽기

52번은 한 단락으로 된 설명문입니다. 주제 단어를 찾으면 글의 내용을 이해하기 쉽고 핵심 단어(keyword)를 찾으면 답안 작성이 용이하므로 훑어 읽기를 하면서 밑줄을 칩니다.

주제 단어	52번 설명문의 주제가 되는 단어로 제목에 해당됩니다. → 답안에 주제 단어가 들어가는 경우가 많습니다.
핵심 단어	답안을 작성하는 데 열쇠가 되는 단어입니다. → 반드시 ㉠과 ㉡의 앞과 뒤 문장에 핵심 단어가 있습니다. → 주로 글의 맥락을 보여 주는 접속사, 문장의 주어 등입니다.

2

㉠: **'그래서'로 시작하는 유형 ① 문제** 주어가 부모들이므로 답안은 '-게', '-도록'의 문장을 써야 합니다.
㉡: **'그러나'로 시작하는 유형 ④ 문제** 뒤 문장에 더러운 환경의 긍정적 영향이 나오므로 ㉡에는 깨끗한 환경에 대한 부분 부정을 써야 합니다.

Strategy 2 글의 격식 기억하기

설명문을 쓸 때 주의할 점은 문장의 끝을 '-다'로 써야 하는 것입니다. 또한 구어체 표현을 쓰면 안 되고 문어체 표현을 쓰는 것도 기억해야 합니다.

Strategy 3 추측하기

훑어 읽기 전략을 이용해 핵심 단어를 찾아서 빠르게 문제 유형을 파악했다면 이제 문제의 유형에 따라 맥락에 맞는 답안을 추측할 수 있습니다.

1

(유형1) ▶ 앞에 나온 이유나 조건에 맞게 쓰면 됩니다.
(유형2) ▶ 앞 문장의 이유를 쓰면 되면 됩니다.
'왜냐하면'으로 문장을 시작했으므로 '-기 때문이다'를 씁니다.
(유형3) ▶ 앞 문장과 대조적인 내용을 쓰면 됩니다.
(유형4) ▶ 앞 문장과 반대되는 내용을 중급 문법을 이용해 쓰면 됩니다.

Strategy 4 오류 수정하기

마지막으로 맞춤법, 조사 등을 확인하고 간접화법 문장을 써야 하는 경우에 이를 맞게 썼는지도 확인합니다. 그리고 호응에 맞는 문장을 썼는지도 확인합니다.

전략 적용해 보기 ▸ p.56

지금까지 하나씩 연습한 전략을 다시 확인해 보십시오. 그리고 전략을 적용해서 빠르게 답안을 작성해 봅시다.

1

Strategy 1 훑어 읽기

- 주제 단어: 건강
- 핵심 단어: 그런데, 마찬가지이다
- 주어: 사람
- ㉠ 유형 4 ㉡ 유형 1

Strategy 2 글의 격식 기억하기

문장 끝은 '-다'로 끝나, 문어체를 사용합니다.

Strategy 3 추측하기

㉠: 앞 문장에 육체의 건강이 중요하다는 내용이 있고 '그런데'로 시작하는 문장입니다. ㉠ 앞에 '뿐만 아니라'가 있으므로 육체 건강과 다른 것도 중요하다는 내용이 오면 자연스럽습니다. 글의 마지막 문장을 참고하면 ㉠은 정신 건강도 중요하다는 내용임을 추측할 수 있습니다.

㉡: 앞 문장에 '마찬가지이다'가 있고 '그래서'가 생략된 문장입니다. 몸이 병에 걸렸을 때와 동일한 문형을 쓰면 됩니다.

Strategy 4 오류 수정하기

㉠과 ㉡의 답안 중 '-아/어요'로 쓴 것이 있다면 '-다'로 수정합니다.

> **Be careful**
> - 답안을 작성하기 전에 끝까지 훑어 읽기를 하는 것이 중요합니다. 마지막 문장을 통해 '육체'에 호응되는 반의어는 마음이 아니라 '정신'이라는 것을 알 수 있습니다.
> - 앞 문장에 '마찬가지이다'가 있으므로 그 앞에 문장과 동일한 형태의 '-게 되다'로 씁니다. 그렇지만 ㉡은 '다른 사람들이 보기에'가 앞에 있으므로 앞 문장과 내용까지 동일하게 쓰면 안 됩니다.

2

Strategy 1 훑어 읽기

- 주제 단어: 동지
- 핵심 단어: 반면, 왜냐하면
- 주어: 옛날 사람들
- ㉠ 유형 3 ㉡ 유형 2

Strategy 2 글의 격식 기억하기

문장 끝은 '–다'이며, 문어체를 사용합니다.

Strategy 3 추측하기

㉠: 뒷문장의 '반면'이라는 말이 있으므로 '하지'와 상반되게 쓰면 됩니다.
㉡: '왜냐하면'으로 시작하므로 앞 문장의 팥죽 먹는 전통에 대한 이유를 설명하는 문장인 것을 알 수 있습니다. 뒤 문장에 '귀신을 쫓기 위해'라는 말을 통해 (　　) 안에 내용을 추측할 수 있습니다. 그렇지만 주어가 '옛날 사람들'이고 붉은 색은 수단이므로 간접화법의 문장을 문맥에 맞게 잘 써야 합니다.

Strategy 4 오류 수정하기

'왜냐하면'으로 시작하는 ㉡의 답안을 호응에 맞게 잘 썼는지 확인합니다.

Be careful

- '길다'는 뒤에 명사가 올 때 '긴'으로 써야 합니다. 글의 마지막 문장에 '밤이 가장 긴 동지'라고 나왔는데도 틀리게 쓰면 안 됩니다.
- 이 문장의 주어는 '옛날 사람들'입니다. 사람들이 붉은 색을 이용해 귀신을 '쫓는다고 생각한 것'입니다. 또한 '왜냐하면'이 있으면 문장 끝은 '–기 때문이다'입니다.

3

Strategy 1 훑어 읽기

- 주제 단어: 시험
- 핵심 단어: 이런 이유로, 그러나
- 주어: 정부
- ㉠ 유형 1　㉡ 유형 4

Strategy 2 글의 격식 기억하기

문장 끝은 '–다'이며, 문어체를 사용합니다.

Strategy 3 추측하기

㉠: 뒤 문장에 '시험이 없다면'이라는 말이 있으므로 시험을 없애는 내용이 오는 것을 알 수 있다. 주어가 정부니까 간접화법의 문장을 씁니다.
㉡: 시험의 부정적 영향을 말한 다음에 '그러나'가 왔습니다. 그리고 ㉡문장 다음 내용도 시험의 긍정적 영향에 관한 것입니다. ㉡ 앞에 이미 '부정적인 면'이 있으므로 긍정적인 면이 있다는 것을 쓰면 됩니다.

Strategy 4 오류 수정하기

간접화법 문장을 구어체 '–ㄴ/는/대요'로 쓰지 않았는지 확인합니다.

Useful Grammar

(　) 앞에 '부정적인 면만 있는 게 아니라'가 있습니다. 'N만 있는 게 아니라/N만 아니라 N도'의 문장으로 추가해서 더 있다는 의미이므로 조사는 '도'를 써야 합니다.

Be careful

- 주어를 생각하지 않고 바로 뒤 문장만을 보고 '시험이 없다'라고 쓰면 안 됩니다. 또한 훑어 읽기 전략을 사용해 마지막 문장의 '시험을 없애다'라는 표현을 ㉠에 정확하게 써야 합니다.
- '부정적인 면'의 반의어인 '긍정적인 면'이라고 쓰는 것이 정확한 답안입니다.

Part 2 작문형 쓰기
Essay Type

53 제시된 자료 보고 단락 쓰기
Writing a Paragraph Describing Dada

※ 기출문제 확인

(해설)

'자전거 이용자 변화'에 관한 자료를 설명하는 문제입니다. '이용자 수'와 '변화 이유', '이용 목적'까지 세 가지 정보를 모두 설명해야 합니다.

TIP

문장과 문장, 단락과 단락을 논리적으로 연결해 주는 '또한, 이에 비해, 이처럼' 등 특정 기능을 가진 단어나 표현을 말합니다.

고득점 전략 배우기 ▸ p.67

Strategy 1 로드맵 짜기

53번 문제는 지시문만 읽어도 유형 파악이 가능합니다. 문제의 유형을 알면 그에 따른 답안 쓰기의 순서를 예측할 수 있는 있습니다. 로드맵은 어떤 순서로 하나의 단락을 구성할지 계획하는 전략입니다.

Strategy 2 단락 구조화하기

한 단락 쓰기지만 가능하면 도입–전개–마무리의 구성으로 써야 하며 200~300자의 글자 수에 맞게 써야 합니다. 답안은 최대 여덟 문장을 넘지 않아야 하며 도입 한 문장, 전개 네 문장에서 여섯 문장, 마무리 한 문장으로 완성하는 것이 적당합니다.

Strategy 3 설명의 방법 찾기

문제의 유형에 따른 전형적인 문형과 표현이 있습니다. 필수 문형은 여러 개를 연습하기보다는 하나라도 정확하게 쓸 수 있도록 연습하고, 필요한 어휘를 다양하게 사용하는 것이 좋습니다.

Strategy 4 오류 수정하기

맞춤법, 조사 등을 확인하고 문어체 문장으로 호응에 맞게 썼는지도 확인합니다. 또한 53번은 답안을 원고지에 써야 하므로 원고지 사용법을 숙지하도록 합니다.

Be careful

- 한 단락 쓰기 문제이므로 답안에서 줄 바꾸기는 하지 않습니다!
- 문제에 따라서는 마무리 문장을 쓰지 않아도 무방합니다.
- 설명문 쓰기이므로 자신의 주관적인 의견을 쓰지 않도록 주의합니다!

기출문제로 이해하기

▸ p.68

》유형 1 분류하고 특징 쓰기

(해설)

주제 단어를 분류하고 특징을 쓰는 문제입니다. 먼저 주제 단어를 분류한 후 그림의 왼쪽 항목부터 제시된 예와 특징을 함께 설명하면 됩니다. 문제에 따라서는 특징 대신에 성격이나 목적, 혹은 역할 등의 자료가 제시될 수도 있습니다.

1 전략의 적용

Strategy 3 설명의 방법 찾기

정의	정의가 어려우면 주제 단어의 성격을 설명하거나 혹은 현상을 소개하는 도입 문장도 괜찮습니다.
분류	어떤 기준을 가지고 분류할 경우는 '~에 따라'를 쓰면 됩니다.
차례	분류한 각각을 차례로 설명하기 위한 문형입니다.

Strategy 4 오류 수정하기

문법과 문장의 호응에 주의합니다.

3 전략을 적용한 답안 쓰기 연습

Strategy 2 단락 구조화하기

도입	정의가 어렵다면 현상을 소개
전개	분류 기준 설명
마무리	마무리 문장을 쓸 때는 글자 수를 고려

TIP

도입 문장은 현상을 설명해도 됩니다. 또한 전개 부분에서 분류 기준이나 예시한 광고에 대한 설명을 보충해 쓰는 것이 어렵다면 생략해도 됩니다.

》유형 2 장점과 단점 쓰기

(해설)

주제 단어의 장점과 단점을 쓰는 문제입니다. 자신이 생각하는 장단점이 아니라 제시된 표의 내용을 쓰는 것입니다. 특별히 어떻게 해야 하는지 쓰라는 지시문이 있을 경우에는 이 내용을 마무리 문장으로 써서 단락을 완성하면 됩니다.

1 전략의 적용

Strategy 3 설명 방법 찾기

현상/정의	자료에는 없지만 글의 구조화를 위해 도입 문장을 만들어야 합니다. 현상을 소개할 수도 있고 주제 단어를 설명할 수도 있습니다.
정리/할 일	문제에 특별히 '어떻게 해야 하는지' 쓰라는 지시가 없다면 설명문 쓰기이므로 지금까지의 내용을 정리해서 마무리 문장을 쓰면 됩니다. 만약 '어떻게 해야 하는지' 써야 한다면 '그러므로'나 '따라서'로 문장을 시작하고 '-야 한다'가 아닌 '-야 할 것이다'나 '-는 것이 좋다'로 끝내는 것이 적절합니다.

TIP

도입을 위한 내용이 있다면 다음과 같이 첫 문장부터 장단점의 설명을 시작해도 됩니다.

Strategy 4 오류 수정하기

자료에 제시된 장단점만 설명하고 자신이 생각한 장단점이나 경험을 쓰지 않습니다. 문장의 호응에 맞게 '장점/단점은 -이다', 또는 'N은 -을 수 있다는 장점/단점이 있다'로 써야 합니다.

3 전략을 적용한 답안 쓰기 연습

Strategy 2 단락 구조화하기

도입	정의 문장이 어렵다면 현상을 소개
전개	긍정 현상이므로 장점부터 설명 후 단점 설명
마무리	단점을 보완할 수 있는 내용으로

TIP

재택근무를 정의하는 것이 어렵다면 그냥 현상을 설명하는 도입 문장을 만들어도 되며 다음 문장처럼 장점을 쓰는 방법도 있습니다.

》유형 3 장점과 단점 쓰기

(해설)

자료로 제시된 표와 그래프를 이용해 주제 단어의 현황을 설명하는 글쓰기 문제입니다. 과거와 비교해서 현황을 설명하고 변화 이유를 쓰면 됩니다. 문제에 따라 목적 혹은 전망 등의 자료가 함께 제시되기도 합니다. 일반적으로 자료가 제시된 순서에 따라(왼쪽→오른쪽, 위→아래) 글을 구성하면 됩니다.

1 전략의 적용

Strategy 3 설명 방법 찾기

현상/정의	제시된 자료를 보고 도입 문장을 만들면 됩니다.
출처	자료에 출처가 있다면 전개 부분에서 출처를 밝힙니다.
비교 현황	많음을 강조한 표현 적음을 강조한 표현
원인	원인을 설명할 때 '영향을 끼치다/미치다'로 써도 됩니다.
전망/정리	만약 '기대, 예측, 전망'이라고 된 자료가 있다면 제시된 수치를 이용해 구체적으로 마무리 문장을 씁니다.
	자료에 현황과 원인만 제시되어 있다면 마무리 문장은 지금까지 설명한 내용을 정리해서 쓰거나 그래프의 추세가 지속될 것을 예측하는 내용을 쓰면 됩니다.

① 현황과 원인만 있는 자료
유형 3 문제는 변화가 +(증가, 연장, 인상, 길어짐 등) 양상인지 –(감소, 단축, 인하, 짧아짐 등)인지를 파악하는 것이 중요합니다. 다음과 같은 형식으로 문제가 출제된 경우도 있는데 이러한 자료의 경우도 로드맵 전략에서 +인지 –인지를 확인할 필요가 있습니다.

▶ 자료에 원인이 먼저 나왔지만 유형 3의 로드맵은 현상→현황→변화 원인→전망입니다. 먼저 현황 자료를 통해 + 양상인 것을 확인한 후에 답안을 작성하며 원인을 세 가지 써야 하므로 다음과 같은 문형이나 표현을 사용하면 됩니다. 마무리 문장의 경우 '기대'라고 된 자료가 없지만 + 양상이 계속될 것을 예측해서 쓸 수 있습니다.

② 현황 그래프의 정보가 많은 자료
53번은 그래프에 제시된 모든 정보를 설명해야 합니다. 다음과 같은 그래프라면 연도별 현황을 모두 설명할 필요가 있습니다.

▶ '약 25배'라는 정보가 있으므로 현황을 설명할 때 이 정보를 이용해서 구체적으로 설명하는 것이 좋습니다.

③ 전망 대신 목적이 있는 자료
문제에 따라서는 자료에 목적이 제시되는 경우도 있습니다. 로드맵에서 살펴본 것처럼 마지막 순서로 쓰면 됩니다

▶ 이처럼 목적 1과 목적 2의 차이를 비교할 수 있는 그래프가 제시될 수도 있습니다. 그래프 정보를 잘 파악해서 설명하는 것이 중요합니다.

Strategy 4 오류 수정하기

문장의 호응에 주의합니다.

3 전략을 적용한 답안 쓰기 연습

Strategy 2 단락 구조화하기

도입	변화가 +로 진행
전개	자료는 모두 설명 (출처 및 여름의 정의)
마무리	증가 폭을 구체적으로 설명

TIP

이 문제의 경우 자료에 여름의 정의가 있으므로 이를 이용해 도입 문장을 만들어도 됩니다.

» 유형 4 설문 결과 비교 분석 쓰기

(해설)

표나 그래프로 제시된 설문 조사 결과를 설명하는 글쓰기 문제입니다. 조사 결과를 대상별로 높은 순위부터 차례로 설명해도 되고 두 대상을 비교하며 설명해도 됩니다. 자신의 생각을 쓰라는 지시문이 있다면 마무리 문장으로 자신이 분석한 결과를 쓰면 됩니다.

1 전략의 적용

Strategy 3 설명의 방법 찾기

그래프 설명	문장이 길어질 때는 호응에 주의합니다.
	선호도 등을 조사한 문제가 많으므로 순위를 써서 그래프를 설명할 수도 있습니다.
대조	보통 조사 대상은 둘입니다. 이때 둘의 차이점을 하나씩 대조해 설명하는 방법이 있습니다. 만약 두 대상의 응답 결과가 동일한 것이 있다면 이러한 설명 방식이 좋습니다.
	한 대상의 조사 결과를 모두 설명한 후에 '반면에'로 문장을 다시 시작하는 방법도 있습니다. 두 대상 간의 공통 결과가 없다면 이 방법이 답안 작성이 용이하고 글자 수를 맞추기도 수월합니다.
정리/분석	시간이 부족하고 정리 문장이 생각나지 않을 때는 간단하게 써도 됩니다.

① 막대그래프 자료
유형 4는 조사한 결과를 숫자를 이용해 설명하는 문제입니다. 다음과 같은 자료가 제시되는 경우도 위에서 배운 필수 문형을 이용해 설명합니다.

② 이유와 순위가 있는 자료
최근 유형 4 문제의 형식이 다양화되어 조사의 결과를 쓰는 것과 함께 이유를 쓰는 형식도 출제되고 있습니다. 아래와 같은 형식의 자료에도 익숙해지도록 합니다.

▶ 보통 이 유형의 자료는 '그렇다'와 '아니다'라고 응답한 사람이 얼마나 되는지 알 수 있는 그래프가 먼저 나오고 그 자료와 함께 '그렇다', 또는 '아니다'라고 응답한 이유에 대한 자료가 제시됩니다.

Strategy 4 오류 수정하기

문장의 호응에 주의합니다.

3 전략을 적용한 답안 쓰기 연습

Strategy 2 단락 구조화하기

도입	조사 대상자의 인원도 설명
전개	그래프에 제시된 숫자를 이용하여 설명
마무리	글자 수의 여유가 있다면 구체적으로 작성

TIP

위와 같이 조사 대상별로 차이점을 하나씩 비교하는 방법도 있지만 전략 2(단락의 구조화)의 구성처럼 한 대상에 대한 결과를 모두 설명한 후에 다른 대상의 결과를 설명하는 방법도 있습니다.

원고지 사용법 ▸ p.95

1 첫 줄 쓰기

원고지 쓰기에서 글을 새로 시작할 때는 왼쪽의 제일 첫 칸을 비워야 합니다.

2 한글과 문장 부호 쓰기

마침표(.)와 쉼표(,), 느낌표(!), 물음표(?)도 한 칸에 하나씩 쓰면 됩니다. 그렇지만 느낌표(!)와 물음표(?) 뒤에는 한 칸을 띄어야 합니다.

3 숫자 쓰기

53번 문제는 답안의 자료를 설명할 때 숫자를 많이 사용하므로 꼭 기억합니다.

4 알파벳 쓰기

만약 영어를 써야 하는 경우라면 대문자는 한 칸에 한 개, 소문자는 한 칸에 두 개씩 씁니다.

5 조사 쓰기

조사 '이/가, 은/는, 을/를, 에/에서/에서는, 하고/와/과, 에게/한테, 의' 등은 앞에 명사와 붙여 쓰고 조사 다음은 띄어쓰기합니다.

6 관형형 쓰기 (-은 것, -는 것, -을 것)

'간 곳, 가는 곳, 갈 곳' 등을 원고지에 쓸 때 띄어쓰기를 안 하는 경우가 많은데 주의합니다.

7 마지막 칸에 한글과 문장 부호 함께 쓰기

한 칸에 글자 하나, 숫자 두 개를 써야 하지만 줄을 바꿔야 하는 경우에는 쉼표(,)나 마침표(.)나 퍼센트(%) 등을 한 칸에 같이 씁니다. 원고지의 첫 칸에 쓸 수 없기 때문입니다.

8 유의해야 할 띄어쓰기

특별히 원고지 맨 끝 칸에서 띄어쓰기를 해야 할 때는 줄을 바꿔서 첫 칸에 쓰면 됩니다. 단락을 새로 시작할 때만 줄을 바꾼 후 첫 칸을 비우고 둘째 칸부터 씁니다.

Be careful

답안을 원고지에 틀리게 쓴 경우 이를 수정하느라고 시간을 소모하는 수험생이 많습니다. 시험을 볼 때는 시간 안에 글을 완성하는 것이 제일 중요하다는 것을 잊지 맙시다!

54 제시된 주제로 글쓰기
Writing on a Given Topic

※ 기출문제 확인

(해설)

문제에서 제시된 주제는 칭찬의 영향입니다. 흔히 좋은 것이라고 생각되는 칭찬의 부정적인 영향을 살펴보고 칭찬을 잘하는 방법에 대해 자신의 생각을 써야 합니다. 질문의 순서대로 단락을 구성하는 능력이 요구됩니다.

고득점 전략 배우기 ▸ p.104

Strategy 1 로드맵 짜기

질문을 읽으면서 주제와 유형을 파악하고 어떤 순서로 글을 쓸지 로드맵을 짤 수 있어야 합니다. 특히 54번의 로드맵에는 이 순서에 따라 단락을 어떻게 구성할지 계획하는 것도 포함됩니다.

Strategy 2 단락 구조화하기

도입 단락, 전개 단락, 마무리 단락이 가지는 고유한 기능과 내부 구조를 배워서 글을 쓸 때 적용할 수 있어야 합니다.

Strategy 3 필수 문형 사용하기

유형에 따라 다르게 나타나는 도입 단락, 전개 단락, 마무리 단락의 필수 문형과 표현을 외워서 사용할 수 있어야 합니다.

Strategy 4 어휘 확장하기

답안을 쓸 때 주제와 유형 관련 어휘를 확장하여 풍부하고 다양한 중고급 어휘를 사용할 수 있어야 합니다.

Strategy 5 오류 수정하기

글을 쓰는 동안에는 '-다'형, 문어적 표현을 사용하고 원고지 사용 규칙을 지키도록 해야 하며, 글을 쓴 후에는 맞춤법 등 오류를 수정해야 합니다.

기출문제로 이해하기 ▸ p.105

» 유형 1 중요성 유형

(해설)

핵심 단어는 '중요하다', '필요하다'입니다. 사람들이 흔히 가치를 인정하는 주제를 선택해서 그 중요한 혹은 필요한 이유를 확인하고 향상시키고 증진시키는 방안을 묻습니다. 가장 자주 출제되는 유형입니다.

TIP

질문이 3개 나온 경우에 첫 번째 질문은 도입 단락에서 쓰고 다음 2개의 질문은 각각 전개 단락을 구성해 쓰십시오. 마무리 단락까지 모두 4개의 단락으로 만들면 됩니다.

1 전략의 적용

Strategy 2~4 구조 전략 & 문형, 어휘 전략

(1) 도입 단락 쓰기

③ 필수 문형 사용하기

주제 도입	주제 도입은 배경 상황의 소개로 이루어지는데 사람들의 생각이나 행동을 말하는 경우가 많습니다.
다음 질문	마지막 문장은 문제에 나온 질문을 그대로 써도 괜찮지만 다른 형태의 질문으로 바꿔 쓰면 더 좋습니다.

(2) 전개 1 단락 쓰기

② 전략 적용하기

TIP

전개 단락을 쓰기 위해서는 사고가 풍부해야 합니다. 53번은 자료가 주어진 후 그를 활용하여 답안을 쓰는 반면에 54번은 이러한 자료를 스스로 만들어야 한다는 점에서 큰 차이가 있습니다. 질문에 대한 2개의 답을 꼭 찾아내시기 바랍니다.

③ 필수 문형 사용하기

TIP

일반적으로 중심 문장을 시작할 때에는 〈첨가〉를 더 많이 사용합니다. 이 방식은 생각나는 대로 하나씩 추가하면서 말함으로써 사고의 흐름을 반영하기 때문입니다.

TIP

상술은 어려운 앞 문장의 의미를 다시 쉽게 풀어서 설명해 주는 방법이며, 결과는 그 일로 인해 발생하는 결과적인 상태를 생각해 보는 것입니다.

(3) 전개 2 단락 쓰기

③ 필수 문형 사용하기

TIP

예측은 일어나지 않은 다음 단계를 예상하며 추론해 보는 방식입니다. 긍정적인 예측과 부정적인 예측으로 나눌 수 있습니다. 예측도 뒷받침 문장으로 많이 쓰이므로 꼭 알아 두시기 바랍니다.

(4) 마무리 단락 쓰기

TIP

마무리 단락을 쓰다 보면 700자 제한에 걸려서 짧게 마무리를 해야 할 수 있습니다, 따라서 짧게 쓰기를 배워야 합니다. 이럴 때는 정리를 넣어서 의견을 한 문장으로 쓰고 '기대'의 한 문장을 더 해서 두 문장으로 쓰면 됩니다.

2 전략 적용 답안의 전체 글 확인하기

TIP

토픽 기출문제가 제시하는 모범 답안은 194페이지에 있습니다. 모범 답안을 서로 비교하면서 어떻게 다른지 대조해 보는 것도 좋은 공부가 될 것입니다.

4 전략 적용 예시

TIP

이 외에도 '예술 교육', '독서 교육', '토론 교육', '조기 교육' 등의 주제도 중요성 유형에서 자주 출제되므로 공부해 두면 좋을 것입니다.

≫ 유형 2 조건 유형

(해설)

이 문제는 조건 유형입니다. 조건 유형은 주로 사람들이 대부분 인정하는 개념이나 제도가 주제로 나옵니다. 핵심 단어는 '필요한, 바람직한, 성공적인, 진정한' 등의 형용사로 그 이상적 상태를 실현하기 위한 조건과 방법을 묻습니다.

TIP

- 질문이 2개 나온 경우에 2개의 질문은 각각 전개 단락을 구성해서 쓰십시오.
- 질문들이 무엇을 요구하는지 잘 파악해서 위와 같이 재해석하는 것이 필요합니다.

1 전략의 적용

Strategy 2~4 구조 전략 & 문형, 어휘 전략

(4) 마무리 단락 쓰기

TIP

마무리 단락을 짧게 쓰려면 '정리와 의견'을 한 문장으로 쓴 후에 '기대'의 한 문장을 더 해서 두 문장으로 쓰면 됩니다.

2 전략 적용 답안의 전체 글 확인하기

TIP

토픽 기출문제가 제시하는 모범 답안은 194페이지에 있습니다. 모범 답안을 서로 비교하면서 어떻게 다른지 대조해 보는 것도 좋은 공부가 될 것입니다.

4 전략 적용 예시

TIP

4차 산업혁명은 핫 이슈입니다. 정의와 내용을 간략하게 알아 두고 이에 따른 미래 생활의 변화도 아울러 공부해 두기 바랍니다.

Be careful

사람을 가리키는 명사 뒤에 높임을 나타내는 조사를 붙인다.

》유형 3 영향 유형

(해설)

핵심 단어는 '긍정적인 영향, 부정적인 영향'입니다. 양면성을 가진 주제를 선택하여 양면적 영향을 모두 살펴보게 하는데, 최근에 자주 출제되는 유형입니다.

1 전략의 적용

Strategy 2~4 구조 전략 & 문형, 어휘 전략

(4) 마무리 단락 쓰기

TIP

마무리 단락을 쓸 때 700자 제한으로 인해 답을 짧게 써야 하는 경우가 있습니다. 마무리 단락을 짧게 쓰려면 다음과 같이 '의견'과 '기대'를 넣어 두 문장으로 쓰십시오.

2 전략 적용 답안의 전체 글 확인하기

TIP

토픽 기출문제가 제시하는 모범 답안은 194페이지에 있습니다. 모범 답안을 서로 비교하면서 어떻게 다른지 대조해 보는 것도 좋은 공부가 될 것입니다.

4 전략 적용 예시

TIP

방송 미디어의 순기능과 역기능, 가짜 뉴스 논란, 미디어에 대한 검열 논란, 표절 논란 등 주제에 대해서도 생각을 정리해 보시기 바랍니다.

	주의할 점
맞춤법	긴장해서 **문제에 나온 단어도 틀리게 쓰는 경우**가 있으니까 꼭 맞춤법을 확인합니다.
다음 질문	조사를 잘못 쓰는 경우가 많습니다. 또 **필요한 조사를 안 쓰는 경우**도 있으니까 꼭 확인합니다.

》유형 4 찬반 유형

(해설)

사회적으로 찬반 논란을 불러일으키는 주제가 나옵니다. 자신의 입장을 선택한 후에 그 이유를 논리적으로 써야 합니다. 한 가지 주제에 대한 찬반 주장 중에 하나를 선택하는 문제와, 두 가지 주장 중에 하나의 주장을 선택하는 문제, 이렇게 두 가지 유형이 있습니다.

TIP

찬반 유형에서는 찬반 이유를 2개의 전개 단락으로 구성해서 답을 써야 합니다. 그리고 각각의 단락의 내부 구조는 앞에 나온 3 유형과 완전히 다르므로 주의해야 합니다. 도입 단락부터 자신의 입장을 밝혀야 하며 마무리 단락에서 그 입장을 다시 한번 확인해야 합니다.

1 전략의 적용

Strategy 2~4 구조 전략 & 문형, 어휘 전략

(2) 전개 1 단락 쓰기

② 전략 적용하기

TIP

- 반대/찬성하는 이유를 두 가지 면으로 나누면 쉽게 쓸 수 있습니다. 예를 들어 자연 개발의 반대 이유를 환경적인 면과 경제적인 면으로 나누는 것입니다.
- 가끔 문제에서 상대방의 주장에 반박을 하도록 요구하기도 합니다. 예를 들어 지금처럼 반대론을 선택한 경우라면 찬성하는 사람들의 주장인 경제 발전 효과에 대해서 반박 이유를 말해야 합니다.

(4) 마무리 단락 쓰기

TIP

'의견'과 '기대'를 넣어 두 문장으로 짧은 마무리 단락을 써 보십시오.

2 전략 적용 답안의 전체 글 확인하기

TIP

토픽 기출문제가 제시하는 모범 답안은 194페이지에 있습니다. 모범 답안을 서로 비교하면서 어떻게 다른지 대조해 보는 것도 좋은 공부가 될 것입니다.

4 전략 적용 예시

TIP

위의 CCTV 찬성론을 개인정보 보호와 사생활 보호의 두 가지를 근거로 반대론으로 바꿔 써 보는 것도 좋은 연습이 됩니다. 또한 '인터넷 실명제'나 '개인 정보의 유출' 등도 사회적인 논란이 있는 주제이므로 공부해 두면 좋겠습니다.

답안 쓰기를 위한 선생님 특강

Special Lecture on Writing Answers

어휘 Vocabulary

1 중급 수준의 실용문 단어 Intermediate Level Vocabulary for Practical Sentences

쉬운 단어 Easy Words	중급 수준 단어 Intermediate Level Words	쉬운 단어 Easy Words	중급 수준 단어 Intermediate Level Words
학교에 들어가다	입학하다 to be admitted	회사에 들어가다	입사하다 to join a company
늦게 오다	지각하다 to be late	학교에 안 오다	결석하다 to be absent
일정 기간 학교를 쉬다	휴학하다 to take a leave of absence	자기 나라로 돌아가다	귀국하다 to return
약속을 바꾸다	약속을 변경하다 to change an apppointment	회의 시간을 나중으로 바꾸다	회의 시간을 연기하다 to postpone a meeting
결혼식에 가다/오다	결혼식에 참석하다 to attend a wedding	일자리를 찾다	일자리를 구하다 to search for a job
과제를 내다	과제를 제출하다 to submit an assignment	많이 먹다	과식하다 to overeat
쓰레기를 내놓다	쓰레기를 배출하다 to throw away garbage	쓰레기를 가지고 가다	쓰레기를 수거하다 to collect garbages
미리 공부하다	예습하다 to prepare	배운 것을 다시 공부하다	복습하다 to review
장난감 빌려주는 기간	장난감 대여 기간 lending period for toys	책을 빌리다	책을 대출하다 to borrow a book
물건을 사다	물건을 구입하다 to purchase something	물건을 팔다	물건을 판매하다 to sell something
길이 막히다	길이 정체되다 to be tied up	시간을 만들다	시간을 내다 to make time
비행기를 타다	비행기를 탑승하다 to board a plane	서류를 만들다	서류를 작성하다 to write a document
다 팔리다	매진되다 to be sold out	물건을 잃어버리다	물건을 분실하다 to lose something
물건을 잘 가지고 있다	보관하다 to keep	물건을 바꾸다	교환하다 to exchange

2 중급 수준의 설명문 단어 Intermediate Level Vocabulary for Descriptive Sentences

쉬운 단어 Easy Words	중급 수준 단어 Intermediate Level Words	쉬운 단어 Easy Words	중급 수준 단어 Intermediate Level Words
좋은 점	장점 advantage	나쁜 점	단점 disadvantage
같은 점	공통점 common feature	좋은 방법	비결 secret
계획을 만들다	계획을 세우다 to build a plan	좋게 고치다	개선하다 to improve
더 좋아하다	선호하다 to prefer	자원이 많다	자원이 풍부하다 to be abundant
가격이 오르다	인상되다 to advance	가격이 내리다	인하되다 to reduce
시간을 길게 하다	연장하다 to extend	시간을 짧게 하다	단축하다 to shorten
한 시간쯤	한 시간 가량 about an hour	값이 싸다	값이 저렴하다 to be inexpensive
알다	인식하다 to recognize	미리 생각해보다	예상하다 to expect
방법이 많다	방법이 다양하다 to have various ways	어려움을 이기다	어려움을 극복하다 to overcome a hardship
시험에 붙다	시험에 합격하다 to pass an exam	몸에 나쁘다	몸에 해롭다 to be harmful to the body
할 수 없다	불가능하다 to be impossible	빠르게 행동하다	신속하게 행동하다 to act rapidly
생각이 같다	생각이 동일하다 to have the same thought	기분을 바꾸다	기분을 전환하다 to get refreshed
돕다	도움을 주다 to give help	기쁜 소식	희소식 good news
잘못 알다	착각하다 to misunderstand	우리가 이긴 것과 같다	우리가 이긴 것과 다름없다 not different from winning

유의어 Synonyms			
조심하다	주의하다 to be cautious	끝내다	마치다 to end
표를 사다	표를 끊다 to buy a ticket	공책에 쓰다	공책에 적다 to write something in a note
기다리다	대기하다 to wait	키우다	기르다 to raise
야단치다	혼내다/꾸중하다 to scold	야단맞다	혼나다/꾸중 듣다 to be scolded
이유	원인 reason	효과	효력 efficacy
믿다	신뢰하다 to trust	다르다	상이하다 to be different
옷을 고치다	수선하다 to mend	글을 고치다	글을 수정하다 to correct a text
동의하다	찬성하다 to agree	비슷하다	유사하다 to be similar
의논하다	상의하다 to consult	마련하다	장만하다 to prepare
꿈을 이루다	꿈을 실현하다 to realize a dream	목표를 이루다	목표를 달성하다 to accomplish a goal
없어지다	사라지다 to disappear	자료를 없애다	자료를 삭제하다 to delete data
문제를 없애다	문제를 제거하다 to eliminate a problem	법을 없애다	법을 폐지하다 to abolish a law
예상되다	예측되다 to be expected	권하다	권고하다 to recommend
과하다	지나치다 to be excessive	교만하다	오만하다 to be arrogant
드물다	희귀하다 to be rare	이기다	승리하다 to win
좇다	추구하다 to pursue	예민하다	민감하다 to be sensitive
직원을 뽑다	채용하다 to hire	규칙을 어기다	규칙을 위반하다 to break a rule

반의어 Antonyms			
속 inside	겉 outside	실내 indoors	실외 outdoors
방학 vacation	개학 starting school	수요 demand	공급 supply
친절 kindness	불친절 unkindness	만족 satisfaction	불만족 dissatisfaction
정확 to be accurate	부정확 to be inaccurate	균형 balance	불균형 imbalance
적응 to adapt	부적응 to maladapt	유쾌하다 to be pleasant	불쾌하다 to be offensive
충분 to be sufficient	불충분 to be insufficient	규칙적으로 regularly	불규칙적으로 irregularaly
편하다 to be convenient	불편하다 to be inconvenient	가능하다 to be possible	불가능하다 to be impossible
긍정적 positive	부정적 negative	적극적 active	소극적 passive
외향적 extroverted	내성적 introverted	낙관적, 낙천적 optimistic	비관적 pessimistic
이기적 selfish	이타적 altruistic	능동적 proactive	수동적 passive
이롭다 to be beneficial	해롭다 to be harmful	유리하다 to be advantageous	불리하다 to be disadvantageous
성공 success	실패 failure	이기다 to win	지다 to lose
미래 future	과거 past	강점 strength	약점 weakness
행복 happiness	불행 unhappiness	조상 ancestor	후손 descendant
이익을 주다 to benefit	손해를 끼치다 to damage	희망 hope	절망 despair
최소 minimum	최대 maximum	최저기온 the lowest temperature	최고기온 the highest temperature
찬성 agreement	반대 disagreement	다수 many	소수 few/little
포함하다 to include	제외하다 to exclude	안심하다 to be at ease	걱정하다/불안해하다 to be anxious
절약하다 to save	낭비하다 to waste	겸손하다 to be modest	거만하다 to be arrogant
가입하다 to join	탈퇴하다 to withdraw	신중하다 to be cautious	경솔하다 to be careless

단어 + 단어 word + word	반대어 두 개로 된 단어 a word composed of two antonyms	문장 sentence
낮 + 밤 day + night	밤낮 night and day	밤낮으로 노력한 결과이다. This is a result of your efforts night and day.
남자 + 여자 man + woman	남녀 men and women	남녀 모두에게 인기가 있는 것으로 나타났다. It is shown to be popular with both men and women.
출근 + 퇴근 go to work + leave work	출퇴근 commute	출퇴근 시간에는 길이 막힌다. The road gets congested during commuting times.
장점 + 단점 strength + weakenss	장단점 strengths and weaknesses	장단점을 비교해 보자. Lets compare the strengths and weaknesses.
찬성 + 반대 agreement + disagreement	찬반 agreement and disagreement	찬반 토론의 결과는 다음과 같다. The result of discussing agreement and disagreement is as follows.
승리 + 패배 win + lose	승패 winning and losing	경기의 승패는 아무도 모른다. No one knows the outcome of the match.
성공 + 실패 success + failure	성패 success and failure	일의 성패를 예측할 수 없다. We cannot predict the success and failure of the task.
동양 + 서양 East + West	동서양 East and West	이 점에서는 동서양이 같다. East and West are the same in this respect.
냉방 + 난방 cooling + heating	냉난방 cooling and heating	냉난방이 안 되는 문제가 있다. There is a problem with cooling and heating the room.
왼쪽 + 오른쪽 left + right	좌우 left and right	길을 건널 때는 좌우를 살피는 것이 좋다. It is better to look left and right when crossing a raod.
앞 + 뒤 before + after	앞뒤 before and after	앞뒤를 생각하지 않고 행동하는 사람들도 있다. Some people act without thinking before and after.
몸 + 마음 body + mind	심신 mind and body	심신이 건강한 사람을 찾기 힘들다. It is difficult to find a person with a healthy mind and body.
농촌 + 어촌 farm village + fishing village	농어촌 farming and fishing villages	농어촌 인구가 줄고 있다. Farming and fishing villages are losing their populations.
국내 + 국외 inside the country + outside the country	국내외 inside and outside the country	국내외에 알려진 것이 전혀 없다. Nothing is known inside and outside the country.
수출 + 수입 import + export	수출입 imports and exports	수출입에 대한 국민의 관심이 높다. People are highly interested in imports and exports.
직접 + 간접 direct + indirect	직간접 direct and indirect	직간접적인 영향을 주는 것으로 나타났다. It is shown to have direct and indirect influences.
장기 + 단기 long-term + short-term	장단기 long-term and short-term	장단기적인 대책을 마련해야 한다. We need to prepare long-term and short-term measures.

문법 표현 Grammar Expressions

1 이유 Reasons

목적, 의도 Reasons	활용에서 주의할 점 Cautions
-아/어서	AV-아/어서 ∣ N(이)라서
-(으)니까	AV-(으)니까 ∣ N(이)니까 • 이유를 나타내는 문법 중 유일하게 명령, 청유가 가능하다. You can use only this type of expression to provide reasons when giving orders or making requests.
-기 때문에	AV-기 때문에 ∣ N(이)기 때문에, N 때문에
-느라고	AV-느라고 • 문장의 주어가 같아야 한다. The subjects should be the same. • 주로 동시간대 두 가지 일 중 하나를 선택해서 생긴 부정적 결과를 말한다. This is mainly used when stating a bad result for having chosen one of two options at a certain time. • 순간적인 일이나 의도하지 않은 일에 쓸 수 없다. It cannot be used for instant or unintended events.
-는 바람에	AV-는 바람에 • 나쁜 결과에 대한 이유이며 좋은 결과에는 쓸 수 없다. It can be used only for bad results and cannot be used for good results.

Be careful

- 오늘은 휴일 때문에 차가 막힙니다. (X)
  → 오늘은 **휴일이기 때문에** 길이 막힙니다.
  The road is congested because today is a holiday.
- 수진 씨, 지하철역까지 가까워서 걸어갈까요? (X)
  → 수진 씨, 지하철역까지 **가까우니까/가까운데** 걸어갈까요?
  Sujin, as the subway station is near, how about walking?
- 수진 씨, 제가 몸이 안 좋기 때문에 좀 도와주세요. (X)
  → 수진 씨, 제가 오늘 몸이 안 **좋으니까** 좀 도와주세요.
  Sujin, please help me because I'm not well today.
- 일본에서 친구가 오느라고 제가 오늘 수업에 못 갔어요. (X)
  → 일본에서 친구가 와서 제가 공항에 마중 **가느라고** 오늘 수업에 못 갔어요.
  I couldn't go to class because I went to the airport to pick up a friend from Japan.
- 바빠서 식사를 못 한 바람에 배가 고픕니다. (X)
  → 바빠서 식사를 **못하는 바람에** 배가 고픕니다.
  I'm hungry because I couldn't eat for being busy.

2 목적이나 의도 Purposes or Intentions

목적, 의도 Purposes, Intentions	활용에서 주의할 점 Cautions
-(으)러 가다	V-(으)러 가다 -러 가다/오다/다니다/나가다/내려오다 • 이동을 나타내는 동사가 뒤에 온다. The verb for expressing movements comes after.
-(으)려고	V-(으)려고 • 뒤에 모든 동사 가능, 명령문, 청유문과 함께 쓸 수 없다. All verbs can be used after the expression. Cannot be used when giving orders or requests.
-기 위해서	V-기 위해서 • 명령문이나 청유문과 함께 쓸 수 없다. It cannot be used when giving orders or making requests.
-도록 -게	V-도록, -게 | Some Adjective -도록, -게 • 주로 동사에 쓴다. This is mainly used with verbs.
-고자 하다	V-고자 하다 | N(이)고자 • 주로 연설이나 안내문, 알림 등의 공적인 글에 쓴다 This is mainly used for formal writing such as speeches, announcements, and notices.

Be careful

- 서울의 아름다운 야경을 보려고 가십시오. (X)
  → 서울의 아름다운 야경을 보러 가십시오.
  Please go and enjoy the beautiful nightscape of Seoul.
- 그것은 시간을 절약하기 위해서 방법이 아니다. (X)
  → 그것은 시간을 절약하기 위한 방법이 아니다.
  It's not a way to save time.
- 그 나라의 문화를 배우러 그 나라 사람과 어울리는 것이 좋다. (X)
  → 그 나라의 문화를 배우려면/배우기 위해서는 그 나라 사람과 어울리는 것이 좋다.
  It's good to hang out with the people to learn the culture of a country.

3 가정 Supposition

가정 Supposition	주의할 점 Cautions
-ㄴ/는다면	AV-ㄴ/는다면 ∣ N(이)라면 • '-(으)면'에 비해서 현실 가능성이 없는 상황에서 쓴다. It is used when the possibility of realization is lower than -(으)면 • 문장 앞에 만일 또는 만약에가 있다. (생략 가능) 만일 or 만약에 comes at the front of the sentence (and can be omitted.) • 문어체에서는 '-(으)ㄹ 것이다'와 호응한다. In written form, this corresponds with -(으)ㄹ 것이다.

Be careful

- 만일 내일 지구가 멸망하면 사람들은 지금까지의 삶을 후회할 것이다. (△)
  → **만일** 내일 지구가 **멸망한다면** 사람들은 지금까지의 삶을 **후회할 것이다**.
  If the Earth is destroyed tomorrow, people will regret their lives.

4 부분 부정 Partial negation

부분 부정 Partial Negation	주의할 점 Cautions
-ㄴ/(으)/는 것은 아니다	AV-ㄴ/(으)/는 것은 아니다 ∣ N인 것은 아니다 • 문장 앞에 '그러나, 그렇지만, 하지만' 등이 있다. 그러나, 그렇지만, 하지만, etc. come at the front of the sentence. • '-ㄴ/는다고 해서'와 호응된다. It corresponds with -ㄴ/는다고 해서.

Be careful

- 그러나 약의 부작용이 있다고 해서 일부 사람에게 나타난다. (X)
  → **그러나** 부작용이 있다고 해서 모든 사람에게 **나타나는 것은 아니다**.
  However, the existence of side effects does not necessarily mean that everyone will suffer from them.
  = **그러나** 약의 부작용이 모든 사람에게 **나타나는 것은 아니다**.
  However, the side effects do not necessarily affect everyone.
  = **그러나** 약의 부작용이 모든 사람에게 **나타나지는 않는다**.
  However, the side effects do not always affect everyone.
  = 약의 부작용이 있다고 해도 일부 사람에게만 나타난다.
  Even if there are some side effects, they affect only a few people.

5 당위 Necessity

당위 Necessity	주의할 점 Cautions
-아/어야(만) 하다	AV-아/어야(만) 하다 ǀ N이어야/여야 • '-(으)려면'이나 '-기 위해서는'과 호응된다. It corresponds with -(으)려면 or -기 위해서는.
-(으)ㄹ 필요가 있다	AV-(으)ㄹ 필요가 있다 ǀ N일 필요가 있다 • '-(으)려면'이나 '-기 위해서는'과 호응된다. It corresponds with -(으)려면 or -기 위해서는.

Be careful

- 캠프 참가를 위해서 미리 접수해야 한다. (X)
  → 캠프에 참가하려면 미리 접수해야 한다.
  You need to register in advance if you want to participate in the camp.
  = 참가하기 위해서는 미리 접수해야 한다.
  You need to register in advance to participate in the camp.
- 꿈을 이루려고 끊임없이 노력할 필요가 있다. (X)
  → 꿈을 이루려면 끊임없이 노력할 필요가 있다.
  You need to do your best constantly if you want to achieve your dream.
  → 꿈을 이루려면 끊임없는 노력이 필요하다.
  You need to do your best constantly to achieve your goal.
  → 꿈을 이루기 위해서는 끊임없이 노력해야만 한다.
  You have to do your best constantly to achieve your goal.

문형 Typical Patterns

1 53번 쓰기 유형별 필수 문형 정리 Typical patterns needed for number 53

유형1 분류하고 특징 쓰기 Categorizing and Noting Features

(1) 정의 Definition

내용 Contents	대중 매체: 많은 사람에게 대량으로 정보를 전달하는 수단 Mass media: a measure to convey a large amount of information to massive number of people.
➡	• 대중 매체란 많은 사람에게 대량으로 정보를 전달하는 수단이다. • 대중 매체는 많은 사람에게 대량으로 정보를 전달하는 수단이다. • 대중 매체란 많은 사람에게 대량으로 정보를 전달하는 수단을 말한다. Mass media is a measure to convey a large amount of information to a massive number of people.

(2) 분류 Categorizing

내용 Contents	대중 매체의 종류 ① 인쇄 매체 ② 전파 매체 ③ 통신 매체 Types of mass media: ① print media ② broadcast media ③ communication media
➡	• 대중 매체는 크게 인쇄 매체, 전파 매체, 통신 매체로 나눌 수 있다. • 대중 매체는 크게 인쇄 매체, 전파 매체, 통신 매체로 나뉜다. • 대중 매체는 크게 인쇄 매체, 전파 매체, 통신 매체의 세 가지로 구분된다. Mass media can be largely divided into print media, broadcast media, and communication media.

(3) 예시 Examples

내용 Contents	전파 매체의 예: 텔레비전, 라디오 Examples of broadcast media: televisions, radios
➡	• 텔레비전, 라디오 등이 전파 매체에 속한다. • 전파 매체에는 텔레비전과 라디오 등이 있다. • 전파 매체에는 텔레비전과 라디오 등이 포함된다. The category of broadcast media includes television, radio, etc.

(4) 순차 Orders

내용 Contents	① 인쇄 매체 → ② 전파 매체 → ③ 통신 매체 ① Print media → ② Broadcasting media → ③ Communication media
	• 먼저 인쇄 매체에는 ~. 다음으로 전파 매체가 있다. 마지막으로 통신 매체가 있다. • 첫째(로), 인쇄 매체는 ~. 둘째(로), 전파 매체가 있다. 셋째(로), 통신 매체는 ~. • 첫 번째(로) 인쇄 매체는 ~. 두 번째(로) 전파 매체는 ~. 세 번째(로) 통신 매체는 ~.

(5) 정리(요약) Summary

내용 Contents	지금까지 내용을 한 문장으로 요약하고 마무리하기 Summarizing the contents above and finishing the writing.
	• 이처럼 대중 매체는 종류가 다양하며 각각의 특징이 있다. In this way, there are many kinds of mass media, and each has its own features. 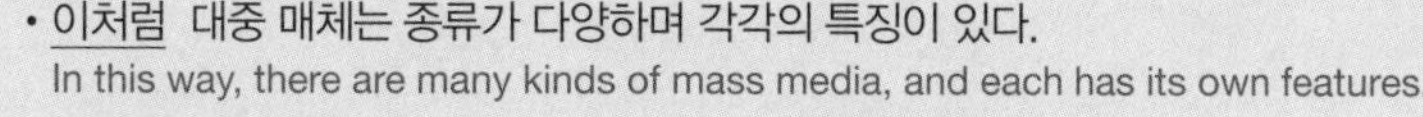 • 이와 같이 대중 매체는 종류가 다양하며 각각의 특징이 있다. Like this, there are many kinds of mass media, and each has its own features. • 살펴본 바와 같이 대중 매체는 종류가 다양하며 각각의 특징이 있다. As shown above, there are many kinds of mass media, and each has its own features.

유형2 장점과 단점 쓰기 Writing about Strengths and Weaknesses

(1) 현상 소개 Introducing phenomena

내용 Contents	인터넷 이용자의 증가 현상 Phenomena of increasing number of Internet users
	• 요즘 인터넷을 이용하는 사람들이 증가하고 있다. Lately, the number of people using the Internet is increasing. • 최근 인터넷을 이용하는 사람들이 증가 추세를 보이고 있다. Recently, the number of people using the Internet tends to increase.

(2) 나열(첨가) Listing (Adding)

내용 Contents	인터넷 정보에는 거짓 정보가 많다 + 생각 없이 하다 보면 중독이 될 수도 있다 There is a lot of false information on the Internet. + You can be addicted to the Internet if you use it unwisely.
	• 인터넷 정보에는 거짓 정보가 많다. 또한 생각 없이 하다 보면 중독이 될 수 있다. There is a lot of false information on the Internet. Also, you can be addicted to the Internet if you use it unwisely. • 인터넷 정보에는 거짓 정보가 많다. 뿐만 아니라 생각 없이 하다 보면 중독이 될 수 있다. There is a lot of false information on the Internet. Furthermore, you can be addicted to the Internet if you use it unwisely.

(3) 대조 Contrasting

내용 Contents	장점이 있다 ↔ 단점이 있다 There are some strengths ↔ There are some weaknesses
	• 장점이 있는 반면에 단점도 있다. There are some weaknesses as well as strengths. • 장점이 있는데 반해 단점도 있다. There are some strengths while there are some weaknesses, too.

(4) 정리(결론) Summary (Conclusion)

내용 Contents	결론: 이러한 단점에 유의하며 인터넷을 이용하자. Conclusion: Let's pay attention to these weaknesses while using the Internet.
	• 그러므로 이러한 단점에 유의하며 인터넷을 이용해야 할 것이다. Therefore, we need to pay attention to these weaknesses when using the Internet. • 따라서 우리는 이러한 단점에 유의하며 인터넷을 이용해야 한다. So we need to pay attention to these weaknesses when using the Internet. • 따라서 이러한 단점에 유의하며 인터넷을 이용하는 것이 바람직하다. So it is desirable to pay attention to these weaknesses when using the Internet.

현황과 원인, 전망 쓰기 Writing about Current Situations, Reasons, and Prospects

(1) 현황 Current situations

내용 Contents	2016년 유학생의 숫자: 10만 명 The number of international students in 2016: one hundred thousand
	• 유학생 수는 2016년에 10만 명에 달했다. The number of international students in 2016 reached a hundred thousand. • 유학생 수는 2016년에 10만 명으로 나타났다. The number of international students in 2016 appeared to be a hundred thousand.

(2) 현황 비교 Comparing current situations

내용 Contents	2011년 25,000명 vs. 2019년 10만 명 (4배 증가) 25,000 in 2011 vs. 100,000 in 2016 (increased by four times)
	• 2011년에 비해서 2019년에는 4배 증가했다. The number of 2019 has increased by four times compared to that of 2011. • 2011년에 25,000명이던 유학생이 2019년에는 4배 증가했다. International students, who were 25,000 in 2011, increased by four times in 2019. • 2011년과 비교하면 2019년에는 4배 증가한 것으로 나타났다. Compared to 2011, the number appears to have increased by four times in 2019.

(3) 출처와 정보 Sources and information

내용 Contents	출처: 교육부 조사 → 결과: 외국인 유학생 중에 중국 유학생이 제일 많다 Source: a survey conducted by the Ministry of Education → result: among the international students, Chinese students are the largest in numbers.
➡	• 교육부에 따르면 외국인 유학생 중에 중국 유학생이 제일 많다고 한다. According to the Ministry of Education, Chinese students are said to be the largest in number among the international students. • 교육부의 조사에 의하면 외국인 유학생 중에 중국 유학생이 제일 많은 것으로 나타났다. According to a survey conducted by the Ministry of Education, Chinese students appear to be the largest in number among the international students.

(4) 원인 Reasons

내용 Contents	유학생 증가의 원인: 한국에 대한 관심의 증가 The reason of increasing international students: increasing interest in Korea.
	• 유학생 증가의 원인으로 한국에 대한 관심의 증가를 들 수 있다. • 유학생 증가 현상은 한국에 대한 관심이 높아진 데에서 기인한 것으로 보인다. The reason of the increasing number of international students can be said to be the increasing interest in Korea.

(5) 전망 Prospects

내용 Contents	2023년 외국인 유학생 수 전망: 20만 명 Prospecting the number of international students in 2023: two hundred thousands
	• 2023년에는 외국인 유학생이 20만 명에 이를 것으로 기대된다. In 2023, the number of international students is expected to reach two hundred thousands. • 2023년에는 외국인 유학생이 20만 명에 달할 전망이다. In 2023, the number of international students is likely to reach two hundred thousands.

유형4 설문 결과 비교, 분석 쓰기 Comparing Results of Surveys, Writing Analysis

(1) 설문 조사의 대상과 주제 Subjects and topics of the survey

내용 Contents	조사 대상: 30대와 60대 성인 남녀 주제: 필요한 공공시설 Subjects: men and women from their 30s to 60s Topic: Needed public facilities
➡	• 30대와 60대 성인 남녀를 대상으로 필요한 공공시설이 무엇인지 조사하였다. • 30대와 60대 성인 남녀를 대상으로 필요한 공공시설에 대해 설문 조사를 하였다. A survey was done on men and women from their 30s to 60s about the public facilities they need.

(2) 설문 조사 결과 수치 The result of the survey in numbers

내용 Contents	'공원이 필요하다'고 응답한 사람: 22% The number of people who responded they needed 'park': 22%
	• 응답자의 22%가 '공원이 필요하다'고 답했다. • '공원이 필요하다'고 응답한 사람이 22%로 나타났다. People who responded that they needed 'park' occupied 22%.

(3) 그래프 수치 Numbers in a graph

내용 Contents	30대가 필요하다고 생각하는 공공시설 1위: 공연장, 문화 센터 (40%) The most needed public facility of people in their 30s: concert halls, cultural centers (40%)
➡	• 30대의 경우 공연장, 문화 센터가 40%로 1위를 차지했다. Among the people in their 30s, concert halls and cultural centers occupied the top of the list with 40% of respondents. • 30대의 경우 공연장, 문화 센터라고 응답한 사람이 40%로 제일 많았다. Among the people in their 30s, concert halls and cultural centers were the most needed with 40% of respondents.

(4) 그래프 순위 Ranking in a graph

내용 Contents	1순위: 병원, 약국 (50%) 2순위: 공연장(23%), 3순위: 공원 (22%) First: hospitals, pharmacies (50%) Second: concert halls (23%), Third: parks (22%)
	• 병원이 50%로 1위를 차지했고, 공연장이 23%로 뒤를 이었다. Hospitals occupied the top of the list with 50%, followed by concert halls with 23%. • 병원이 50%로 가장 많았고, 다음으로 공연장(23%), 공원(22%) 순이었다. Hospitals were the most with 50%, with concert halls (23%) and parks (22%) following in order. • 병원과 공연장이 각각 50%, 23%로 1, 2위를 차지하였다. Hospitals and concert halls occupied the first and second ranks with 50% and 23% of respondents, respectively.

(5) 정리 (조사 결과) Summary (the Result of the survey)

내용 Contents	조사 결과: 30대와 60대는 필요로 하는 공공시설이 다르다 Result of the Survey: people in their 30s and 60s differ in their most needed public facilities.
	• 이를 통해 30대와 60대는 필요로 하는 공공시설이 일치하지 않는 것을 알 수 있다. • 이 결과를 통해 30대와 60대는 필요로 하는 공공시설이 다름을 알 수 있다. From this result, we can tell that people in their 30s and 60s differ in their most needed public facilities.

2 54번 쓰기 유형별 필수 문형 정리 Typical Patterns needed for number 54

중요성 유형 Importance Type

(1) 중요성, 필요성 (= 중요한 이유, 필요한 이유)

Importance, necessity (=The reason why it is important or necessary)

질문 Question	의사소통은 왜 중요한가? Why is communication important?
	• 의사소통 능력은 인간관계를 원활하게 해 주기 때문에 매우 중요/필요하다. Communication skill is very important/necessary because it smooths out human relationships. • 의사소통 능력은 인간관계를 원활하게 해 준다는 점에서 중요성을 가진다. Communication skill has its importance in that it smooths out human relationships. • 의사소통 능력은 인간관계를 원활하게 해 주는 데에 중요한 역할을 한다. Communication skill has an important role in smoothing out human relationships.

(2) 정의 Definition

질문 Question	인재란 어떤 사람을 말하는가? Who is a talented person?
	• 인재란 뛰어난 재능을 가진 사람을 말한다. A talented person is someone with an outstanding ability. • 인재는 뛰어난 재능을 가지고 있어 사회를 발전시키는 데 기여한다. A talented person has an outstanding ability and contributes to improve society with it. • 인재는 뛰어난 능력을 가지고 사회 발전에 공헌하는 중요한 존재이다. A talented person is an important person who contributes to improve the society with his or her outstanding ability.

유형2 조건 유형 Conditions Type

(1) 조건 Condition

질문 Question	인재가 되기 위해서 충족되어야 할 조건은 무엇인가? What is the necessary condition to be a talented person?
	• 새 시대의 인재가 되기 위해서는 리더십이 필요하다. You need leadership to be a talented person in the new era. • 새 시대의 인재가 되려면 우선 리더십을 갖춰야 한다./가지고 있어야 한다. If you want to be a talented person in the new era, you need to have leadership first. • 새 시대의 인재가 되려면 리더십을 갖추는 것이 필요하다./필수적이다. If you want to be a talented person in the new era, it is necessary to have leadership.

(2) 방안 Measures

질문 Question	의사소통을 원활하게 하는 방법은 무엇인가? What is a way to communicate smoothly?
	• 원활한 의사소통을 하기 위해서는 적극적인 노력이 필요하다. An active effort is needed to communicate smoothly. • 원활한 의사소통을 하려면 무엇보다도 적극적으로 노력을 해야 한다. In order to communicate smoothly, you need to put efforts actively first. • 의사소통을 원활하게 하려면 적극적으로 노력하는 자세가 필수적이다. In order to communicate smoothly, active attitude is necessary.

유형3 **영향 유형** Influences Type

(1) 관계 설정 Setting relationships

질문 Question	경제적 조건과 행복 만족도의 관계는 어떠한가? What is the relationship between economic conditions and happiness?
	• 경제적 조건이 행복에 큰/지대한 영향을 미친다고 생각한다. I think economic conditions affect happiness greatly. • 경제적 조건과 행복은 큰 상관 관계가 없다고 생각한다. I think economic conditions are not greatly relevant to happiness. • 행복의 크기는 경제력과 비례 관계에 있다고 볼 수 있다. Happiness can be seen as proportionate to economic abilities.

(2) 긍정적 영향 Positive influences

질문 Question	칭찬이 미치는 긍정적인 영향은 무엇인가? What is the positive influence of compliment?
	• 칭찬은 우리에게 자신감을 불러일으킴으로써 긍정적인 영향을 미친다. Compliments influence positively by encouraging confidence. • 칭찬은 우리에게 자신감을 가지게 해 준다는 점에서 긍정적인 역할을 한다. Compliments have a positive role in that it lets us have confidence. • 칭찬은 우리에게 긍정적인 영향을 준다. 칭찬을 받으면 자신감이 생기고 더 잘해 보고 싶은 의욕을 불러일으킬 수 있기 때문이다. Compliments influence us positively. It is because being complimented can let us be confident and have a drive to do better.

(3) 부정적 영향 Negative influences

질문 Question	칭찬이 미치는 부정적인 영향은 무엇인가? What is the negative influence of compliment?
	• 지나친 칭찬은 우리에게 심리적 부담을 줌으로써 부정적인 영향을 미친다. Excessive compliments influence us negatively by burdening us psychologically. • 지나친 칭찬은 우리에게 심리적인 부담을 주는 부작용을 낳기도 한다. Excessive compliments sometimes have side effects of burdening us psychologically. • 지나친 칭찬은 우리에게 부정적인 영향을 끼치기도 한다. 칭찬에서 오는 부담 때문에 우리는 압박감을 받아 실력을 발휘하지 못하는 경우도 있기 때문이다. Excessive compliments sometimes influence us negatively. That is because the burden from compliments can sometimes cause stress to prevent us from demonstrating our abilities.

유형4 찬반 유형 Agreement and Disagreement Type

(1) 찬반 입장 선택 Choosing between agreement and disagreement

질문 Question	자연 보존과 자연 개발 중 어느 것이 더 중요한가? Between preserving the nature and developing it, what is more important?
	• 나는 자연을 무분별하게 개발하는 것에 대해서 반대하는 입장이다. I am against developing nature thoughtlessly. • 나는 자연을 개발해서 경제 성장을 이뤄야 한다는 의견에 동의할 수 없다. I cannot agree with the opinion that we should achieve economic growth by developing nature. • 나는 자연을 무분별하게 개발하는 것이 바람직하다고 생각하지 않는다. I don't think it is desirable to develop nature thoughtlessly.

(2) 찬성하는 이유 (= 긍정적 영향) Reasons for agreeing (= Positive influence)

질문 Question	자연 개발에 찬성하는 이유는 무엇인가? What is the reason you are for developing nature?
	• 자연을 지속적으로 개발함으로써 인류는 큰 경제 발전을 이루며 성장해 왔다. Humankind has achieved great economic development and grown by developing nature constantly. • 자연 개발은 우리에게 경제 성장과 문명 발달을 가능하게 해 주었다. Developing nature enabled us to achieve economic growth and civilization. • 자연 개발을 찬성하는 이유는 자연 개발을 통해 경제가 성장하고 그로 인해 문명의 발달이 촉진될 수 있기 때문이다. The reason I am for developing nature is that we can grow economically and promote our civilization by developing nature.

(3) 반대하는 이유 (= 부정적 영향) Reasons for disagreeing (= Negative influence)

질문 Question	자연 개발에 반대하는 이유는 무엇인가? What is the reason you are against developing nature?
	• 자연 개발은 생태계를 파괴하기 때문에 결코 동의할 수 없다. I can never agree to develop nature because it will destroy our ecosystem. • 자연 개발은 생태계를 파괴함으로써 우리에게 악영향을 끼치기 때문이다. That is because developing nature harms us by destroying our ecosystem. • 자연 개발을 반대하는 이유는 자연개발이 생태계를 파괴함으로써 우리의 생존을 위협하고 있기 때문이다. The reason I am against developing nature is because it is threatening our survival by destroying the ecosystem.

문장 Sentences

물결의 의미는 틀리지는 않았지만 더 적절한 표현으로 바꾼 부분입니다.
The underline is the part where the awkward but not wrong vocabulary is changed into a more appropriate one.

1 실용문 문장 바꾸기 Correcting wrong practical sentences

(1) 자연스럽지 않은 부분을 다음과 같이 바꾸어 보기 Changing awkward parts as follows.

문장 Sentences

한국 영화를 사랑하는 사람은 ~~아무나~~ 오십시오.

- 한국 영화를 사랑하는 사람은 누구든지 오십시오.
  I ask anyone who loves Korean movies to come.
- 한국 영화를 사랑하는 사람은 누구라도 환영합니다.
  Anyone who loves Korean movies are welcome.

▸ '영화를 좋아하는 사람' 누구나 다 라는 의미로 '누구든지'나 '누구라도'가 맞습니다.
As the meaning is anyone 'who likes movie', 누구든지 or 누구라도 is appropriate.

고향에 ~~있는~~ 부모님께 제가 잘 지낸다는 소식을 알려 주십시오.

- 고향에 계시는 부모님께 제가 잘 지낸다는 소식을 전해 주십시오.
  Please tell my parents in my hometown that I am doing fine.
- 고향에 계시는 부모님께 제 안부를 전해 주시기 바랍니다.
  I want you to tell my parents in my hometown that I am doing fine.

▸ 고향에 있는 분이 부모님이므로 존대어 '계시다'를 써야 합니다.
As the people in the hometown are parents, you should use an honorific term 계시다.

동호회 사람들은 12시까지 학교 정문 앞~~에~~ 오세요.

- 동호회 회원들은 12시까지 학교 정문 앞으로 오세요.
  Members of the club should come to the front of the school gate at 12:00.
- 동호회 회원들은 12시까지 학교 정문 앞으로 모여 주세요.
  Members of the club should gather in front of the school gate at 12:00.

▸ '-(으)세요' 문장에는 방향을 나타내는 '-(으)로'를 씁니다.
You should use -(으)로 to express directions in -(으)세요 sentences.

중요한 약속이니까 ~~절대로 기억한다면~~ 좋겠어요.

- 중요한 약속이니까 반드시 기억하면 좋겠어요.
  I need you to remember it no matter what as it is an important promise.
- 중요한 약속이니까 절대로 잊어버리지 않았으면 좋겠어요.
  I need you not to forget it no matter what as it is an important promise.

▸ '반드시'는 긍정문에, '절대로'나 '결코'는 부정문에 씁니다. 또한 바람을 말하는 것이므로 가정법에 쓰는 '-다면'보다는 '-(으)면'으로 바꾸는 것이 자연스럽습니다.
You should use 반드시 in positive sentences while using 절대로 or 결코 in negative sentences. Also, as you are stating your wishes, it is more appropriate to change the expression used in a supposition -다면 into -(으)면.

잘 모르겠지만 그분도 ~~초대하면~~ 아마 ~~옵니다~~.

• 잘 모르겠지만 그분도 초대를 받으면 아마 올 겁니다.
I don't know for sure, but he might come if invited.

• 확실하지 않지만 그분도 초대를 받으면 아마 올 겁니다.
I am not certain, but he might come if invited.

▸ '그분'은 주어가 아니라 초대를 받는 사람이며 '아마'는 '–(으)ㄹ 거다'와 호응합니다.
그분 is not the subject of the sentence but the person being invited, and 아마 corresponds with –(으)ㄹ 거다.

긴장을 ~~해 가지고~~ 발표할 때 실수할 것 같아서 걱정이에요.

• 긴장을 해서 발표할 때 실수할 것 같아서 걱정이에요.
I'm worried that I might make mistakes in the presentation for getting nervous.

• 긴장을 한 탓에 발표할 때 실수할까 봐 걱정이에요.
I'm worried that I might make mistakes in the presentation because I might get nervous.

▸ –'아/어 가지고'는 구어적 표현입니다. 글쓰기 문장에 적합하지 않습니다.
–아/어 가지고 is an informal expression. It is not appropriate for written sentences.

친구가 자기 나라로 ~~돌아가느라고~~ 제가 ~~마중하러~~ 공항에 가야 했습니다.

• 친구가 자기 나라로 돌아가기 때문에 제가 배웅하러 공항에 가야 했습니다.
I had to go to the airport and see my friend off because he returned to his country.

• 친구가 귀국하기 때문에 제가 배웅하러 공항에 가야 했습니다.
I had to go to the airport and see my friend off as he returned to his country.

▸ '–느라고'는 주어가 일치할 때만 쓸 수 있습니다.
You can use –느라고 only when the subjects are the same.

7세보다 어린 아이들은 부모님~~이랑~~ 함께여야 ~~입장하실 수 있습니다~~.

• 7세 미만 아이들은 부모님과 함께여야 입장할 수 있습니다.
Children under seven can enter only when they are with their parents.

• 7세 미만 아이들은 부모님과 동반하여야만 입장이 가능합니다.
Children under seven are possible to enter only when they are with their parents.

▸ '(이)랑'은 문어체로 바꿔 써야 하고 문장의 주어가 '아이들'이므로 존대 문장을 쓰지 않습니다.
(이)랑 should be changed into written forms, and honorifics are not used as the subject of the sentence is "children."

외국인 등록증을 ~~만들실~~ 분은 신분증을 가지고 와요.

• 외국인 등록증을 만드실 분은 신분증을 가지고 와 주세요.
You need to bring your ID if you want to obtain certificate of alien registration.

• 외국인 등록증을 만드실 분은 신분증을 지참해 주시기 바랍니다.
If you want to obtain certificate of alien registration, please bring your ID.

▸ '만들다'는 뒤에 'ㅅ'이 오면 'ㄹ'이 탈락하는 불규칙 동사입니다.
만들다 is an irregular verb, which omits ㄹ when ㅅ comes after.

~~어결~~ 여기저기에 효과가 ~~있으니까~~ 특별히 ~~나이가 많은 분에게~~ 추천합니다.

• 이건 여기저기에 효과가 있기 때문에 연세가 많으신 분께 추천합니다.
This is effective in various parts, so I recommend it to the senior.

• 이것은 다양한 효과가 있으므로 연세가 많으신 분께 추천해 드립니다.
As this has various effects, I recommend it to the senior.

▸ 'N은/는 ~에 효과가 있다'입니다. 그리고 나이의 존대어는 '연세'입니다.
This sentence means N은/는 ~에 효과가 있다. Also, the honorific of 나이 is 연세.

2 설명문 문장 바꾸기 Correcting wrong descriptive sentences

(1) 구어체를 다음과 같이 문어체로 바꾸어 보기
Changing colloquial sentences into written sentences as follows

인터넷은 좋은 점~~이랑~~ 나쁜 점이 다 ~~있어요~~.

• 인터넷은 장점도 있고 단점도 있다.
Internet has its strengths and weaknesses.

요즘 아래층과 위층 사이에 소음이 문제~~래요~~.

• 요즘 층간 소음이 문제가 되고 있다고 한다.
They say noise between floors is becoming a problem.

~~이러니까~~ 현대 사회에는 ~~안 필요하다~~.

• 이런 면에서 현대 사회에는 필요하지 않다.
In this way, it is not necessary in modern society.

많이 배웠다고 지혜가 있는 ~~건~~ 아니에요.

• 많이 배웠다고 해서 지혜로운 것은 아니다.
People cannot be wise only because they have learned a lot.

생활 습관은 사람들이 먹는 음식에도 영향을 ~~줘요~~.

• 생활 습관은 사람들이 섭취하는 음식에도 영향을 끼친다.
Life style also affects the food people intake.

일을 ~~하면서~~ 스트레스를 풀 수도 ~~있어요~~.

• 일을 하며 스트레스를 해소할 수도 있다.
People can relieve their stress by working, too.

건강해지고 ~~싶으세요?~~ 잠자는 습관을 ~~바꿔 보세요~~.

• 건강해지기 위해서는 수면 습관을 바꾸는 것이 좋다.
It's better to change sleeping patterns to be healthy.

큰 도시는 작은 도시보다 ~~엄청~~ 복잡해요.

• 대도시는 소도시에 비해서 매우 복잡하다.
Big cities are far more complicated than small ones.

첫 번째 할 일은 갈등을 해결하는 ~~일인 것 같아요~~.

• 첫 번째 과제는 갈등을 해결하는 일일 것이다.
The first task is to resolve conflicts.

학생들의 실력이 점점 ~~좋아지는 거 같아요~~.

• 학생들의 실력이 점차 향상되는 것 같다.
Students' competence seem to improve gradually.

(2) 자연스럽지 않은 문장을 다음과 같이 맞는 문장으로 바꾸기

Correcting wrong sentences into the right ones as follows

자료 1 Data 1	여름이 길어지는 원인 ㉠ 지구 온난화 ㉡ 도시 인구 집중 The reasons of longer summers ㉠ global warming ㉡ population concentration in cities

여름이 길어지는 ~~원인으로~~ 지구 온난화와 도시 인구 집중~~에 관련이 있다~~.

• 여름이 길어지는 원인으로 지구 온난화와 도시 인구 집중을 들 수 있다.
Global warming and population concentration in cities can be seen as the reasons of longer summers.

• 여름이 길어지는 현상은 지구 온난화와 도시 인구 집중과 관계가 있다.
The phenomenon of longer summers is related to global warming and population concentration in cities.

• 여름이 길어지는 현상은 지구 온난화와 도시 인구 집중이 원인인 것으로 보인다.
The phenomenon of longer summers seems to result from global warming and population concentration in cities.

자료 2 Data 2	스마트폰 사용 중 보행자와 차량 간 사고 ㉠2011년 624건 ㉡2018년 2410건 Accidents between pedestrians and cars while using smartphones ㉠ 624 in 2011 ㉡ 2,410 in 2018

최근 보행 중 스마트폰 사용과 사고 발생 ~~현황이 급증한다~~.

• 최근 보행 중 스마트폰 사용으로 인한 사고 발생이 급증했다.
Recently, accidents resulting from using smartphones while walking rapidly increased.

• 최근 스마트폰 사용 중인 보행자와 차량 간의 사고가 급증하고 있다.
Recently, accidents between pedestrians using smartphone snad cars are rapidly increasing.

▸ 최근 –고 있다, 최근 –았/었다
Recently –ing, recently have been-

▸ 현황: 현재 상황이라는 의미로 '급증하다'와 쓸 수 없음.
Current situations: it means current situations, so it cannot be used with 급증하다 (increasing rapidly).

2011년에 ~~624건이던 2018년에 달해서~~ 2410건이 되었다.

- 2011년에 624건이던 사고 건수가 2018년에 이르러 2,410건으로 증가했다.
  The number of accidents, which has been 624 in 2011, increased to be 2,410 in 2018.
- 2011년에는 624건에 불과했는데 2018년에는 2,410건으로 4배 정도 증가했다.
  Although the number was only 624 in 2011, it has increased by about four times in 2018 to be 2,410.
- 2011년 624건에서 2018년에는 2,410으로 지난 7년간 큰 폭으로 증가했다.
  The number has increased greatly from 624 in 2011 to 2,410 in 2018.

▶ 이던 + N

▶ 달하다: 목표나 일정한 수준 등을 이룰 때 쓰며 연도에 쓰지 않음
달하다: used when a goal or level is reached, and not used with certain year.

스마트폰 때문에 ~~사고가~~ 계속 급증할 것으로 ~~기대된다~~.

- 스마트폰으로 인한 사고가 증가할 것으로 예상된다.
  Accidents from using smartphones are expected to increase.

▶ 부정적 내용은 '기대되다'가 아닌 '예상하다'가 적절함
Negative results go well with 예상하다, not with 기대되다.

3 54번 쓰기 단락별 오류 수정하기

Correcting errors paragraph by paragraph for number 54 practical sentences

(1) 도입 단락에서 자주 하는 오류 수정하기 Correcting frequent errors in introduction paragraph

유형 3 **고난의 영향** The Influence of Hardships

우리 주변에는 예상하지 못한 시련이 닥쳐와 고난을 당하는 사람들이 많다. 인생을 살아가면서 그 누구도 고난을 피해 갈 수는 없는데, 과연 우리에게 이러한 고난은 어떤 의미가 있을까? 이에 대한 자신의 견해를 쓰라.

- 고난의 부정적인 영향은 무엇인가?
- 고난이 주는 긍정적인 측면은 무엇인가?
- 고난을 극복하려면 어떻게 해야 하는가?

해설 Explanation

이 문제는 고난과 실패의 가치를 묻는 문제입니다. 일반적인 생각은 부정적 견해이므로 [부정적 견해 – 긍정적 가치 – 대처 방안–마무리]의 네 단락을 구성하여 답을 쓰면 됩니다.

This is a question asking you the worth of hardships and failures. As the common idea about hardships is negative, you can structure your answer with four paragraphs of [negative opinions – positive influences – plan of reactions – conclusion].

학생 답안 ① Student Answer ①

▶ **앞의 지문을 똑같이 베껴 쓴 경우** Copying the Sample Word for Word

우리 주변에는 예상하지 못한 시련이 닥쳐와 고난을 당하는 사람들이 많다. 인생을 살아가면서 그 누구도 고난을 피해 갈 수는 없는데, 그러면 과연 우리에게 고난은 어떤 의미가 있을까? 우리는 왜 이렇게 고난을 당해야 할까?

→ 질문의 배경 설명 문장을 그대로 썼습니다. 이것은 감점 요인이 되므로 다음과 같이 첫 문장을 다른 표현으로 바꿔 써야 합니다.
The student above wrote down the same background explanation sentences word for word. As this can cause you get some minus points, you should change the first sentence into another expression as follows.

- 우리는 살아가면서 많은 고난을 겪게 된다.
- 사람들은 누구나 크고 작은 고난에 직면해서 괴로움과 어려움을 겪으면서 살아간다.

학생 답안 ② Student Answer ②

▶ **너무 주관적으로 답안을 서술한 경우** Excessively Subjective Answers

사람들은 살아가다 보면 고난을 당하는 일이 많다. 나도 정말 그런 일이 많았다. 그럴 때마다 정말 기분이 좋지 않고 우울하고 정말 속상했다. 처음에 너무 괴로웠다. 잠도 오지 않았고 바보처럼 눈물만 났다.

→ '나'를 주어로 사용함으로써 개인적인 경험을 주관적으로 감정적으로 서술했습니다. '우리는'이나 '사람들은'을 주어로 하여 일반적인 경험, 일반적인 정서로 바꿔 써야 합니다.
By using the subject 나, the student wrote down his/her individual experiences subjectively and emotionally. By using 우리는 or 사람들은, you should change generally and objectively.

학생 답안 ③ Student Answer ③

▶ **두 번째 질문의 답을 도입 단락에서 미리 써 버린 경우**
Writing the Answer for the Second Question in the Introduction Paragraph

경쟁이 심한 현대 사회에서 살아가다 보면 많은 고난과 시련을 겪게 되고, 실패도 하고 좌절도 하게 된다. 고난과 시련은 어떤 의미가 있을까? 나는 분명히 의미가 있다고 생각한다. 〈고난은 우리에게 경험과 교훈을 주어 나를 돌아볼 수 있게 해 준다.〉

→ 두 번째 질문에 대해 질문과 대답을 썼습니다. 그러나 도입 단락에서는 다음 내용에 대해 질문만 해야 하고 답을 쓰면 안 됩니다. 〈 〉 부분은 다음 단락에서 써야 합니다.
This student wrote down the question and answer of the second question. However, in the introduction, you must ask the question only and not write down the answer. Part in 〈 〉 should come in the next paragraph.

모범 답안 Sample Answer

	사	람	들	은		누	구	나		살	아	가	면	서		크	고		작	은		고	난	을
겪	고		또		그	것	을		극	복	하	며		살	아	간	다	.	고	난	과		시	련
이		닥	쳐	올		때		사	람	들	은		괴	로	움	을		맛	보	며		자	신	감
을		잃	어	버	리	고		실	의	에		빠	지	게		된	다	.	이	처	럼		고	난
은		우	리	에	게		부	정	적	인		영	향	을		미	친	다	.	그	러	면		고
난	이		주	는		긍	정	적	인		영	향	은		없	을	까	?		고	난	을		통
해		우	리	가		배	울		수		있	는		것	은		무	엇	일	까	?			

 **스마트폰 사용 찬반론** Agreements and Disagreements on Using Smartphones

최근 스마트폰 사용자가 급증하면서 학습에 방해가 된다고 보는 반대론과 학습에 도움을 준다는 찬성론이 대립하고 있습니다. 스마트폰 사용에 대한 자신의 생각을 쓰십시오.
(1) 두 가지 중에서 어느 의견이 옳다고 생각합니까?
(2) 왜 그렇게 생각하는 지 이유를 쓰십시오.

학생 답안 Student Answer

▶ **질문에서 자신의 생각을 쓰도록 요구했는데 안 쓴 경우**
Omitting the Student's Opinion When the Question Demanded

스마트폰은 언제든지 가지고 다니면서 자유롭게 정보를 찾을 수 있기 때문에 스마트폰은 공부할 때도 도움이 된다. 그러나 스마트폰 사용자가 빠르게 많아지면서 사회 문제도 나타났다. 이런 현상이 계속 존재하면 심각한 문제로 될 가능성이 있다. 스마트폰은 장점도 있고 단점도 있다.

→ (1)번 질문의 답이 없습니다. 자신의 생각을 말하라는 질문이 나오면 다음과 같은 문형을 써서 자신의 생각을 도입 단락에 써야 합니다. 따라서 질문을 잘 읽고 답을 쓰기 바랍니다.
There's no answer for the question (1). When the question demands you to suggest your opinion, you should write down that opinion in the introduction using the following typical patterns. So, be careful when reading the question and writing the answer.

- 나는 스마트폰은 학습에 도움이 되므로 적극적으로 활용해야 한다고 생각한다.
- 나는 스마트폰이 학습에 방해가 되므로 공부할 때는 쓰지 말아야 한다고 생각한다.

(2) 전개 단락에서 자주하는 오류 수정하기
Correcting frequent errors in the development paragraph

 **조기 교육의 양면성** Double Sides of Early Education

최근 많은 부모들이 자녀에게 조기 교육을 시키고 있습니다. 이러한 조기 교육을 바람직한 것이라고 생각하는 사람도 많지만 아이들에게 바람직하지 않다고 우려하는 시각도 있습니다. 조기 교육의 양면성에 대해 자신의 견해를 서술하십시오. 단 아래에 제시한 내용이 모두 포함되어야 합니다.
- 조기 교육의 긍정적인 측면은 무엇인가?
- 조기 교육의 부정적인 측면은 무엇인가?
- 효율적인 조기 교육을 시키기 위해 어떻게 해야 하는가?

→ 이 문제는 조기 교육의 장단점을 묻는 문제입니다. 먼저 [조기 교육의 장점 – 단점 – 효율적 방안–마무리]의 네 단락을 구성하여 글을 쓰면 됩니다.
The question is asking about strengths and weaknesses of early education. Firstly, you need to compose four paragraphs of [strengths of early education – weaknesses – effective measures – conclusion].

학생 답안 ① Student Answer ①

▶ **한 단락에 두 가지 내용이 섞여 있는 경우**
Two Separate Contents Mixed in One Paragraph

조기 교육은 우리 아이들 생활에 부정적인 영향을 준다. 아이들은 항상 지식을 배우러 다니고 피아노, 그림, 운동도 배우러 다녀야 해서 바쁘고 피곤하다. 아이들이 스트레스를 엄청 심하게 받는다. 그런데 지식도 배우고 음악이랑 운동이랑 하면 즐겁게 생활하고 안 심심해서 좋다. 또 친구가 많아지니까 이것은 좋은 점이다.

→ 전개 단락은 단점을 쓰는 부분입니다. 그런데 한 단락 안에 긍정적 내용과 부정적 내용이 함께 섞여서 논지를 흐리고 있습니다. 이처럼 다른 내용은 두 단락으로 구분해야 합니다.

This is a development paragraph where weaknesses are described. However, there are positive and negative arguments mixed in one paragraph to cloud the point. You should divide different contents into two separate paragrphs.

학생 답안 ② Student Answer ②

▶ **구어체로 서술한 경우**
Using Colloquial Sentences

조기 교육에 대한 문제점이 많다. 어렸을 때는 남자나 여자나 할 것 없이 친구랑 놀고 싶다. 근데 친구랑 축구하고 놀고 게임을 하고 싶지만 엄마한테 혼나고 공부를 해야 돼서 스트레스를 받을 거다. 이렇게 가끔 자살까지 하는 애도 있는데, 스트레스를 참다 못해 자살할 수도 있다. 이렇게 문제가 얼마나 크냐? 앞으로 이런 문제가 없어야지.

→ 보시는 바와 같이 구어체 표현을 많이 쓰고 있습니다. '친구랑 → 친구와, 근데 → 그런데, 엄마한테 → 어머니에게, 크냐? → 클까? 없어야지 → 없어야 한다' 등으로 고쳐야 합니다. 또한 어휘와 문장의 수준도 낮으므로 보다 수준 높은 문장을 사용해야 합니다.

As you can see, this paragraph uses a lot of colloquial sentences. You should correct them as follows; "친구랑 → 친구와, 근데 → 그런데, 엄마한테 → 어머니에게, 크냐? → 클까? 없어야지 → 없어야 한다." Also, the level of vocabulary and sentences should be more advanced.

학생 답안 ③ Student Answer ③

▶ **주제에서 벗어난 내용을 길게 쓴 경우**
Deviating from the Topic

조기 교육은 부정적인 영향이 많다. 〈그런데 조기 교육은 부모들의 자기중심적인 이기주의에서 비롯된 것이다. 사교육에 투자를 통해 학생들은 자기 자녀만 능력이 좋아지면 다 된다고 생각하는 부모 때문에〉 조기 교육을 받아서 심리적으로 스트레스를 받는 것은 물론이거니와 신체적으로도 발육에 방해가 될 수도 있다. 〈하지만 대부분 부모들은 자녀에게 사교육을 시키기로 결정했다. 이렇게 하면 가난한 가정 때문에 사교육을 받을 수 없는 학생들에게 사회적으로 불공평한 것 같다.〉

→ 〈 〉 부분은 '조기 교육의 원인' 과 '사교육 기회의 불평등성'에 대한 이야기라서 주제에서 벗어난 부분입니다. 이러한 불필요한 부분 때문에 단락이 길어지고 복잡해졌습니다.

Parts in 〈 〉 are about the reasons of early education and unfairness in opportunities of private education, and they deviate from the topic. These unnecessary parts make the paragraph longer and more complicated.

학생 답안 ④ Student Answer ④

▶ 자기 느낌과 생각을 습관처럼 붙이는 경우
Adding the Student's Feelings and Thoughts Habitually

조기 교육의 단점은 스트레스를 많이 받을 수 있다는 점이다. 어린 시절은 아무 생각 없이 즐겁게 밖에서 뛰어 놀아야 한다. 그런데 밖에 나갈 수 없고 책상 앞에서 공부만 해야 한다면 아이들이 너무 답답하고 속상할 것 같다. 또한 방 안에서 공부만 하니까 건강이 나빠질 수 있다. 나는 그래서 조기 교육이 안 좋다고 생각한다.

→ 단점을 쓴 후에 자기 느낌을 한 문장 뒤에 붙이고 있습니다. 자기 생각은 모아서 마무리 단락에서 써야 합니다. 또한 첫 문장은 오류문이므로 다음과 같이 고쳐야 합니다. → "조기 교육의 단점은 아이들이 스트레스를 많이 받는다는 점이다."

After writing down the weaknesses, the student is adding his/her own feelings. You should suggest your own thoughts in the conclusion. Also, as the first sentence should be corrected of its errors as follows; → "조기 교육의 단점은 아이들이 스트레스를 많이 받는다는 점이다."

모범 답안 Sample Answer

	조	기		교	육	의		단	점	은		먼	저		아	이	들	이		스	트	레	스	를
많	이		받	을		수		있	다	는		것	이	다	.	어	린		시	절	은		밖	에
서		즐	겁	게		뛰	어		놀	아	야		하	는		시	기	인	데	,	실	내	에	서
공	부	만		하	다		보	면		스	트	레	스	를		받	기		십	상	이	다	.	이
로		인	해		아	이	들	의		건	강	과		신	체		발	달	,	대	인		관	계
에	도		부	정	적	인		영	향	을		끼	친	다	.	게	다	가		공	부	의		흥
미	를		떨	어	뜨	리	는		역	효	과	도		초	래	할		수		있	다	.		

(3) 마무리 단계에서 자주하는 오류 수정하기

Correcting frequent errors in Conclusions

 **토론의 필요성** The Necessity of Debate Paragraph

> 사람들이 공동체에서 생활하다 보면 토론을 하게 되는 일이 많습니다. 그러나 토론을 잘하는 것은 아주 어려워서 토론을 하다 보면 문제가 생길 때가 많습니다. 토론은 꼭 필요한 것일까요? 다음을 넣어 토론의 필요성에 대한 견해를 쓰십시오.
> - 토론이 필요한 이유는 무엇입니까?
> - 토론이 실패하는 이유는 무엇입니까?
> - 토론이 잘 이루어지려면 어떻게 해야 합니까?

→ 이 문제는 토론의 필요성을 묻는 문제입니다. 먼저 [토론의 필요성-실패하는 이유-잘하기 위한 방안-마무리]의 네 단락을 구성하여 글을 쓰면 됩니다.

This question asks about the necessity of debates. Compose a roadmap of four paragraphs with [the necessity of debates-reasons for failures-measures to be better-conclusion] and write the answer.

학생 답안 ① Student Answer ①

▶ **마무리 문장이 없는 경우**
Lacking Conclusion

또한 토론을 잘하기 위해서 주의할 점은 상대방의 의견을 제대로 경청하려고 노력해야 한다는 것이다. 내 주장만 옳다고 생각해서는 안 되며 상대방의 시각에서 보고 귀를 기울여야 한다. 그래야 상대방의 논리에서 부족한 점이 보이기 때문이다.

→ 단락의 내용은 '토론을 잘하는 방안'입니다. 글을 이렇게 끝낸다면 마무리 단락이 빠져 있게 됩니다. 따라서 전체 글자 수를 고려하여 적절한 길이로 마무리 단락을 붙이도록 연습해야 합니다.

This paragraph is about a way to be a better debater. If the text ends this way, you lack the conclusion paragraph. Therefore, you should practice adding the conclusion paragraph in proper length by considering the overall number of characters.

학생 답안 ② Student Answer ②

▶ **마무리 문장이 있으나 주제와 관련 없는 내용을 쓴 경우**
A Conclusion Not Related to the Subject

내가 생각하기에는 우리 사회가 더 평등한 관계로 변화해야 한다. 그래서 의사소통을 할 때도 차별없이 평등하게 화합을 이루도록 노력해야 한다. 앞으로 자유롭고 행복한 사회를 만들도록 모두 노력해야 할 것이다.

→ 토론의 마무리 단락이므로 토론의 중요성이라는 주제와 관련시켜 자신의 생각을 써야 합니다. 마무리 단락에 주제와 관련 없는 이야기를 쓰면 안 됩니다.

As this is the last paragraph about the debate, you should write down your own opinion related to the subject: the importance of debates. You should NOT write something unrelated to the subject in your conclusion.

학생 답안 ③ Student Answer ③

▶ 마무리 문장이 있으나 구조 없이 한 문장으로 쓴 경우
The Finishing Sentence without Any Structure

토론은 여러 가지 장점이 있으면서 잘하면 사회를 계속 발전시킬 수 있도록 도와준다고 생각하지만 단점도 있을 수 있기 때문에 앞으로 큰 공동체나 작은 공동체나 할 것 없이 모두가 토론을 잘할 수 있도록 연습하고 노력하기 바란다.

→ 주제와 관련시켜 토론에 대하여 쓴 마무리이나 전체가 길고 복잡한 한 문장으로 이루어져 있습니다. 한 문장 안에 많은 내용이 섞여 있어서 의미가 제대로 전달되지 않습니다.
Although this conclusion is related to the subject, it consists of only one sentence which is long and complicated. Also, the meaning is not conveyed clearly as various messages are mixed into one sentence.

학생 답안 ④ Student Answer ④

▶ 자기 생각을 썼으나 잘못된 형식과 표현을 쓴 경우
Wrong Form and Expressions for the Opinion

~~저는~~ 토론을 잘할 수 있도록 노력해야 한다고 생각한다. (×)

• 우리는 토론을 잘할 수 있도록 노력해야 한다.
We should make efforts to be a better debater.

그래서 토론을 잘하려면 전략이 ~~필요하다는~~ 생각한다. (×)

• 그래서 토론을 잘 하려면 전략이 필요하다고 생각한다.
So, I think we need a strategy to be a better debater.

~~여러분은~~ 토론 전에 잘 생각해야 ~~돼요~~. 토론할 때는 다른 사람 말을 ~~잘 들으세요~~.(×)

• 우리는 토론 전에 잘 생각해야 하며 토론할 때는 다른 사람의 말을 경청해야 한다.
We should think deeply before the debate and listen to the other when debating.

학생 답안 ⑤ Student Answer ⑤

▶ 문장을 구분하여 썼으나 구조화가 잘못된 경우
An Answer Divided into Sentences but Lacking Proper Structures

내 생각에는 토론할 때 상대방의 말을 경청해야만 상대방을 설득할 수 있는 힘이 생긴다. 우리 사회는 토론을 통해 성숙하고 진보된 사회로 한 걸음 더 나아갈 수 있다. 그래서 토론을 잘하는 기술과 전략이 필요하다.

→ 마무리 단락은 [① 요약 ② 의견 ③ 기대]의 순서로 구조화가 되어야 하는데, 이 답안은 [② 의견 ③ 기대 ① 요약]의 순서로 썼습니다. 아래와 같이 재구성되어야 합니다.
The conclusion paragraph should be structured in the order of [①. summary, ②. opinion, and ③.] expectation. However, this answer is in the order of [②. opinion, ③. expectation, and ①.] summary. It should be restructured as follows.

모범 답안 Sample Answer

(길게 쓰기) (Longer Version)

이처럼 토론을 잘하기 위해서는 기술과 전략이 필요하다. 토론할 때 상대방의 말을 경청해야만 상대방을 설득할 수 있는 힘이 생긴다고 생각한다. 앞으로 우리 사회가 토론을 통해 성숙하고 진보된 사회로 한 걸음 더 나아가기 바란다.

(짧게 쓰기) (Shorter Version)

이처럼 토론을 잘하기 위해서는 상대방의 말을 경청하는 것이 필요하다. 앞으로 토론을 통해 성숙하고 진보된 사회를 만들어 가야 할 것이다.

→ 토픽 54번은 700자 내로 써야 하므로 마무리 단락의 길이를 길게 혹은 짧게 조절할 수 있어야 합니다.

As the answer for the TOPIK question number 54 should not exceed 700 characters, you should be able to write either longer or shorter conclusions.

연습용 **한국어능력시험**

TOPIK II

1 교시 (쓰기)

성 명 (Name)	한 국 어 (Korean)	
	영 어 (English)	

수	험	번	호								
					8						
0	0	0	0	0		0	0	0	0	0	0
1	1	1	1	1		1	1	1	1	1	1
2	2	2	2	2		2	2	2	2	2	2
3	3	3	3	3		3	3	3	3	3	3
4	4	4	4	4		4	4	4	4	4	4
5	5	5	5	5		5	5	5	5	5	5
6	6	6	6	6		6	6	6	6	6	6
7	7	7	7	7		7	7	7	7	7	7
8	8	8	8	8	●	8	8	8	8	8	8
9	9	9	9	9		9	9	9	9	9	9

문제지 유형 (Type)	
홀수형 (Odd number type)	○
짝수형 (Even number type)	○

※결 시 확인란	결시자의 영어 성명 및 수험번호 기재 후 표기	○

※ 위 사항을 지키지 않아 발생하는 불이익은 응시자에게 있습니다.

※감독관 확 인	본인 및 수험번호 표기가 정확한지 확인	(인)

주관식 답안은 정해진 답란을 벗어나거나 답란을 바꿔서 쓸 경우 점수를 받을 수 없습니다.
(Answers written outside the box or in the wrong box will not be graded.)

51	㉠
	㉡
52	㉠
	㉡
53	아래 빈칸에 200자에서 300자 이내로 작문하십시오 (띄어쓰기 포함). (Please write your answer below; your answer must be between 200 and 300 letters including spaces.)

53

※ 54번은 뒷면에 작성하십시오. (Please write your answer for question number 54 at the back.)

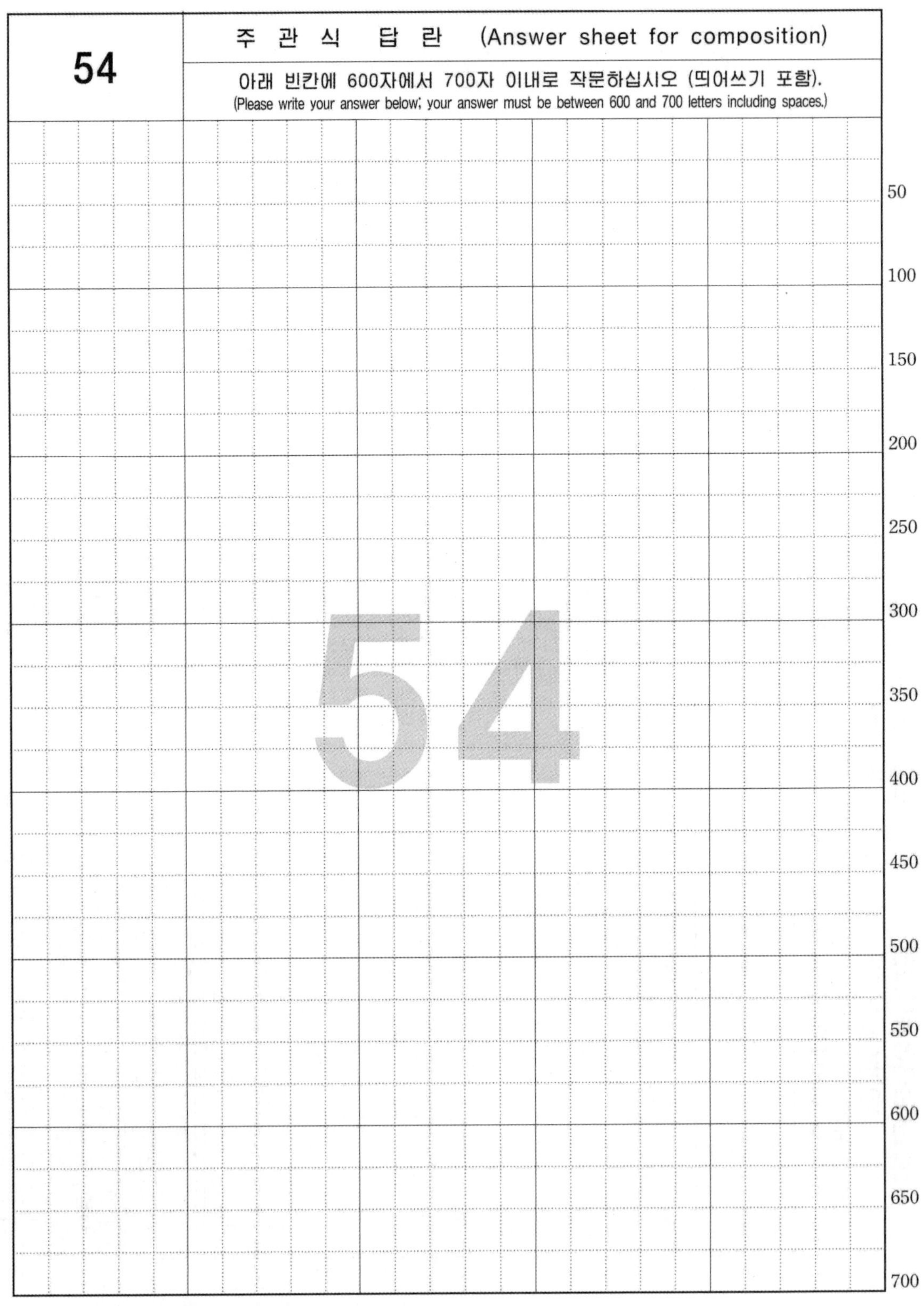

54	주 관 식 답 란 (Answer sheet for composition)
	아래 빈칸에 600자에서 700자 이내로 작문하십시오 (띄어쓰기 포함). (Please write your answer below; your answer must be between 600 and 700 letters including spaces.)

※ 주어진 답란의 방향을 바꿔서 답안을 쓰면 '0' 점 처리됩니다.
(Please do not turn the answer sheet horizontally. No points will be given.)

연습용 **한국어능력시험**

TOPIK II

1 교시 (쓰기)

성 명 (Name)	한 국 어 (Korean)	
	영 어 (English)	

수 험 번 호											
					8						
0	0	0	0	0		0	0	0	0	0	0
1	1	1	1	1		1	1	1	1	1	1
2	2	2	2	2		2	2	2	2	2	2
3	3	3	3	3		3	3	3	3	3	3
4	4	4	4	4		4	4	4	4	4	4
5	5	5	5	5		5	5	5	5	5	5
6	6	6	6	6		6	6	6	6	6	6
7	7	7	7	7		7	7	7	7	7	7
8	8	8	8	8	●	8	8	8	8	8	8
9	9	9	9	9		9	9	9	9	9	9

문제지 유형 (Type)	
홀수형 (Odd number type)	○
짝수형 (Even number type)	○

※결 시 확인란	결시자의 영어 성명 및 수험번호 기재 후 표기	○

※ 위 사항을 지키지 않아 발생하는 불이익은 응시자에게 있습니다.

※감독관 확 인	본인 및 수험번호 표기가 정확한지 확인	(인)

주관식 답안은 정해진 답란을 벗어나거나 답란을 바꿔서 쓸 경우 점수를 받을 수 없습니다.
(Answers written outside the box or in the wrong box will not be graded.)

51	㉠
	㉡
52	㉠
	㉡
53	아래 빈칸에 200자에서 300자 이내로 작문하십시오 (띄어쓰기 포함). (Please write your answer below; your answer must be between 200 and 300 letters including spaces.)

53

※ **54번은 뒷면에 작성하십시오.** (Please write your answer for question number 54 at the back.)

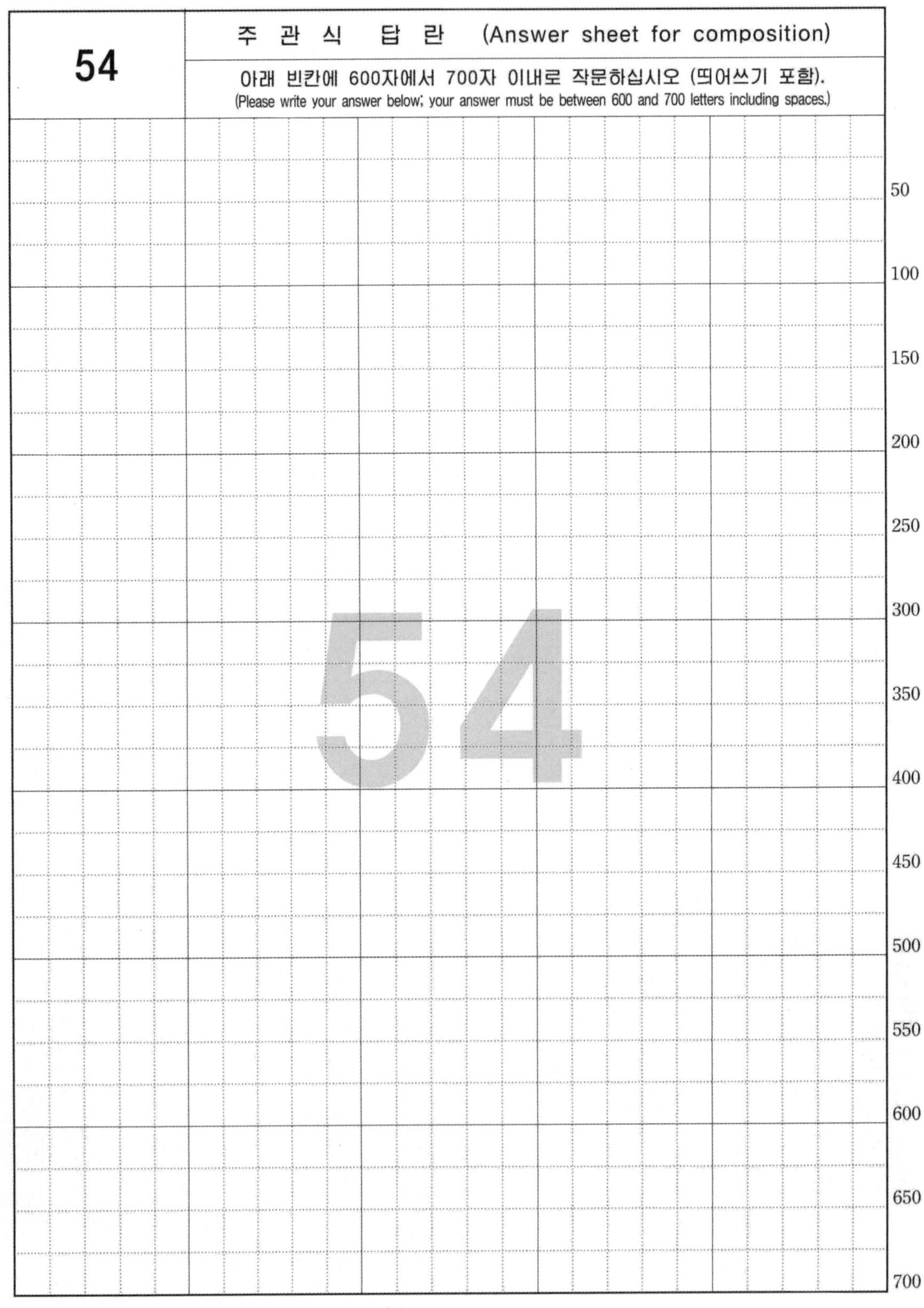

※ 주어진 답란의 방향을 바꿔서 답안을 쓰면 '0' 점 처리됩니다.
(Please do not turn the answer sheet horizontally. No points will be given.)

연습용 한국어능력시험

TOPIK II

1 교시 (쓰기)

성 명 (Name)	한 국 어 (Korean)	
	영 어 (English)	

수	험	번	호								
					8						
0	0	0	0	0		0	0	0	0	0	0
1	1	1	1	1		1	1	1	1	1	1
2	2	2	2	2		2	2	2	2	2	2
3	3	3	3	3		3	3	3	3	3	3
4	4	4	4	4		4	4	4	4	4	4
5	5	5	5	5		5	5	5	5	5	5
6	6	6	6	6		6	6	6	6	6	6
7	7	7	7	7		7	7	7	7	7	7
8	8	8	8	8	●	8	8	8	8	8	8
9	9	9	9	9		9	9	9	9	9	9

문제지 유형 (Type)	
홀수형 (Odd number type)	○
짝수형 (Even number type)	○

※결 시 확인란	결시자의 영어 성명 및 수험번호 기재 후 표기	○

※ 위 사항을 지키지 않아 발생하는 불이익은 응시자에게 있습니다.

※감독관 확 인	본인 및 수험번호 표기가 정확한지 확인	(인)

주관식 답안은 정해진 답란을 벗어나거나 답란을 바꿔서 쓸 경우 점수를 받을 수 없습니다.
(Answers written outside the box or in the wrong box will not be graded.)

51	㉠
	㉡
52	㉠
	㉡
53	아래 빈칸에 200자에서 300자 이내로 작문하십시오 (띄어쓰기 포함). (Please write your answer below; your answer must be between 200 and 300 letters including spaces.)

53

※ 54번은 뒷면에 작성하십시오. (Please write your answer for question number 54 at the back.)

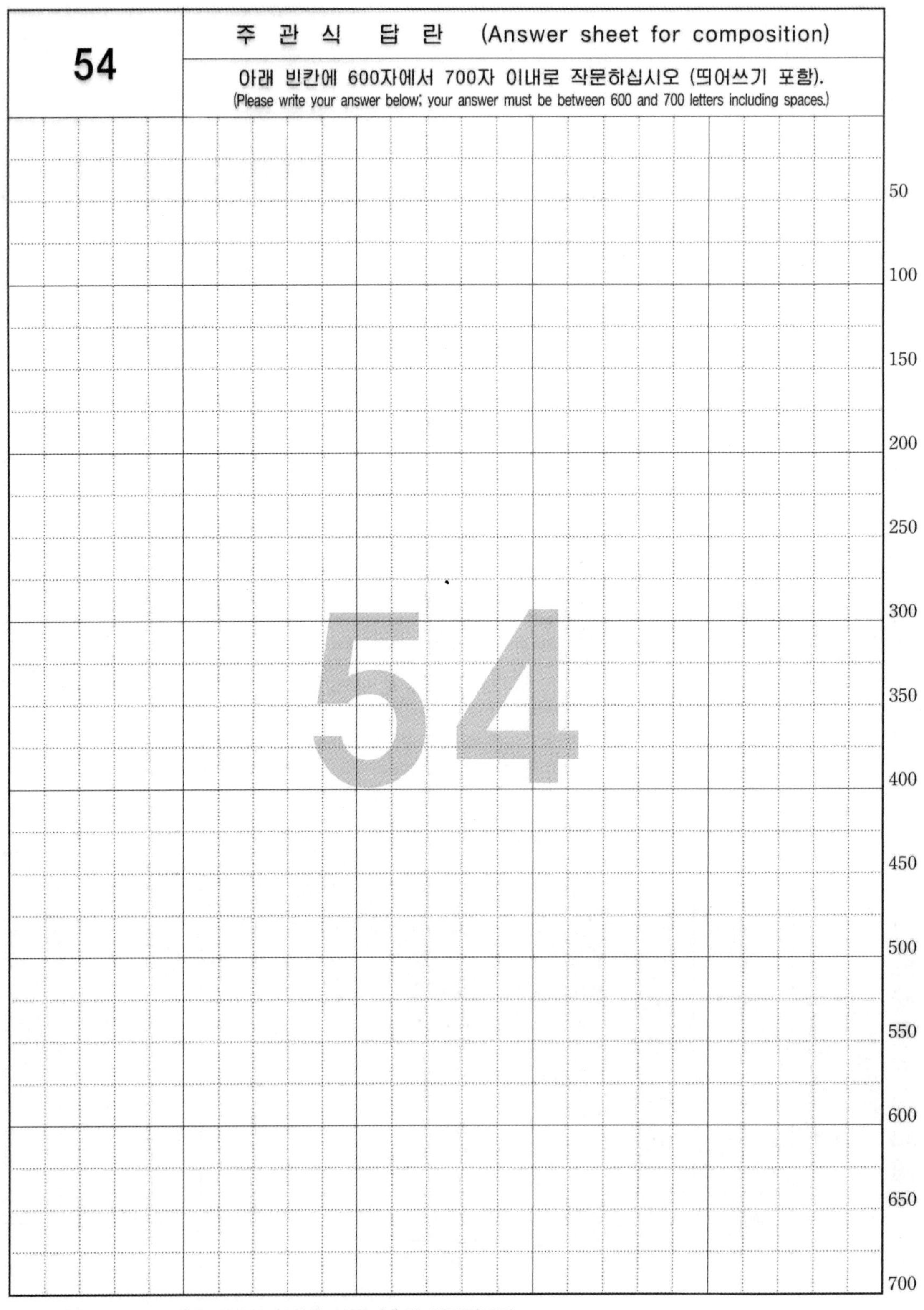

※ 주어진 답란의 방향을 바꿔서 답안을 쓰면 '0' 점 처리됩니다.
(Please do not turn the answer sheet horizontally. No points will be given.)

연습용 한국어능력시험
TOPIK II
1 교시 (쓰기)

성 명 (Name)	한 국 어 (Korean)	
	영 어 (English)	

수	험	번	호								
					8						
0	0	0	0	0		0	0	0	0	0	0
1	1	1	1	1		1	1	1	1	1	1
2	2	2	2	2		2	2	2	2	2	2
3	3	3	3	3		3	3	3	3	3	3
4	4	4	4	4		4	4	4	4	4	4
5	5	5	5	5		5	5	5	5	5	5
6	6	6	6	6		6	6	6	6	6	6
7	7	7	7	7		7	7	7	7	7	7
8	8	8	8	8	●	8	8	8	8	8	8
9	9	9	9	9		9	9	9	9	9	9

문제지 유형 (Type)	
홀수형 (Odd number type)	○
짝수형 (Even number type)	○

※결 시 확인란	결시자의 영어 성명 및 수험번호 기재 후 표기	○

※ 위 사항을 지키지 않아 발생하는 불이익은 응시자에게 있습니다.

※감독관 확 인	본인 및 수험번호 표기가 정확한지 확인	(인)

주관식 답안은 정해진 답란을 벗어나거나 답란을 바꿔서 쓸 경우 점수를 받을 수 없습니다.
(Answers written outside the box or in the wrong box will not be graded.)

51	㉠
	㉡
52	㉠
	㉡
53	아래 빈칸에 200자에서 300자 이내로 작문하십시오 (띄어쓰기 포함). (Please write your answer below; your answer must be between 200 and 300 letters including spaces.)

53

50
100
150
200
250
300

※ **54번은 뒷면에 작성하십시오.** (Please write your answer for question number 54 at the back.)

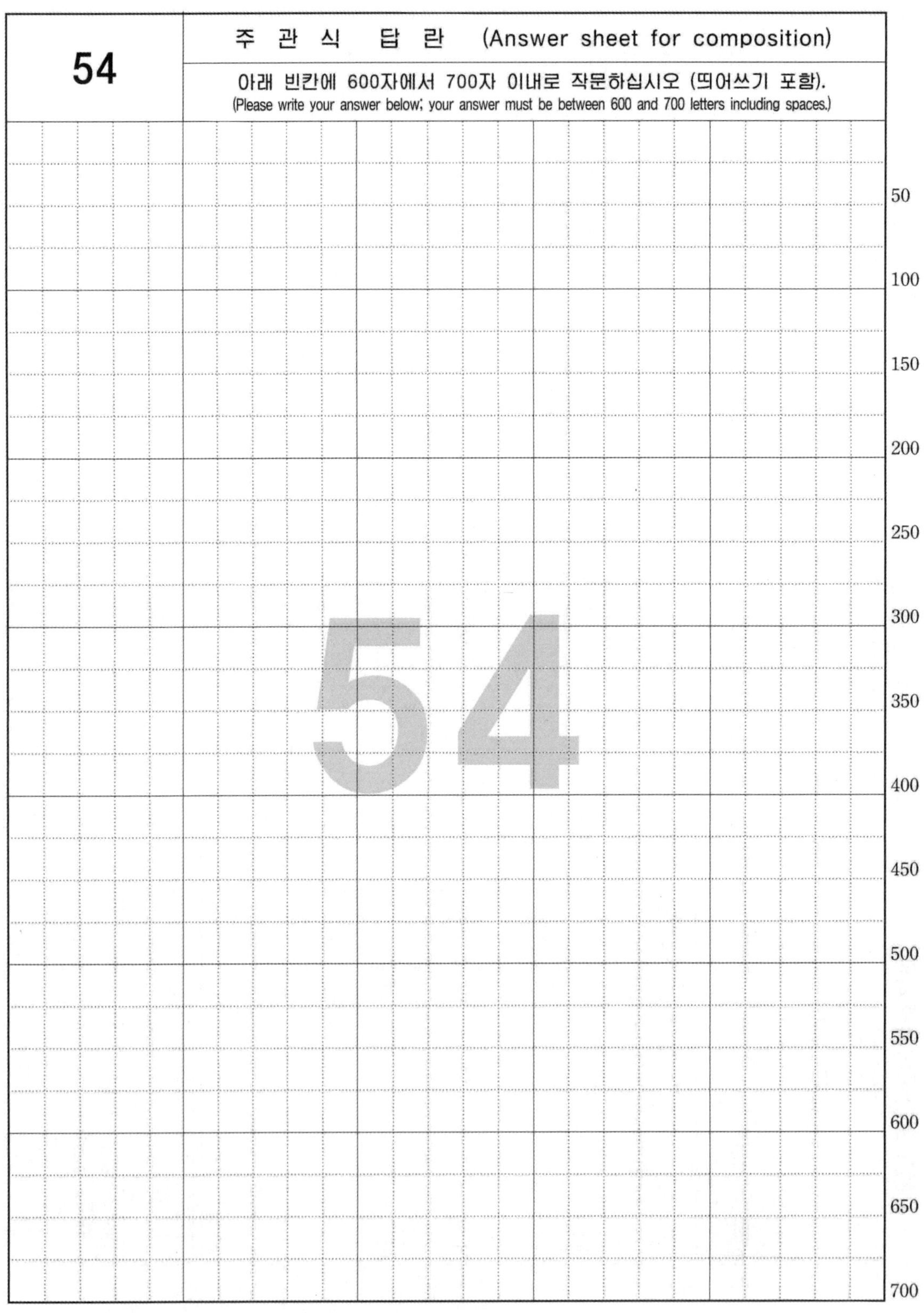

54

주 관 식 답 란 (Answer sheet for composition)

아래 빈칸에 600자에서 700자 이내로 작문하십시오 (띄어쓰기 포함).
(Please write your answer below; your answer must be between 600 and 700 letters including spaces.)

※ 주어진 답란의 방향을 바꿔서 답안을 쓰면 '0'점 처리됩니다.
(Please do not turn the answer sheet horizontally. No points will be given.)

연습용 한국어능력시험

TOPIK II

1 교시 (쓰기)

성 명 (Name)	한 국 어 (Korean)	
	영 어 (English)	

수	험	번	호								
					8						
0	0	0	0	0		0	0	0	0	0	0
1	1	1	1	1		1	1	1	1	1	1
2	2	2	2	2		2	2	2	2	2	2
3	3	3	3	3		3	3	3	3	3	3
4	4	4	4	4		4	4	4	4	4	4
5	5	5	5	5		5	5	5	5	5	5
6	6	6	6	6		6	6	6	6	6	6
7	7	7	7	7		7	7	7	7	7	7
8	8	8	8	8	●	8	8	8	8	8	8
9	9	9	9	9		9	9	9	9	9	9

문제지 유형 (Type)	
홀수형 (Odd number type)	○
짝수형 (Even number type)	○

※결 시 확인란	결시자의 영어 성명 및 수험번호 기재 후 표기	○

※ 위 사항을 지키지 않아 발생하는 불이익은 응시자에게 있습니다.

※감독관 확 인	본인 및 수험번호 표기가 정확한지 확인	(인)

주관식 답안은 정해진 답란을 벗어나거나 답란을 바꿔서 쓸 경우 점수를 받을 수 없습니다.
(Answers written outside the box or in the wrong box will not be graded.)

51	㉠
	㉡
52	㉠
	㉡
53	아래 빈칸에 200자에서 300자 이내로 작문하십시오 (띄어쓰기 포함). (Please write your answer below; your answer must be between 200 and 300 letters including spaces.)

53

50

100

150

200

250

300

※ 54번은 뒷면에 작성하십시오. (Please write your answer for question number 54 at the back.)

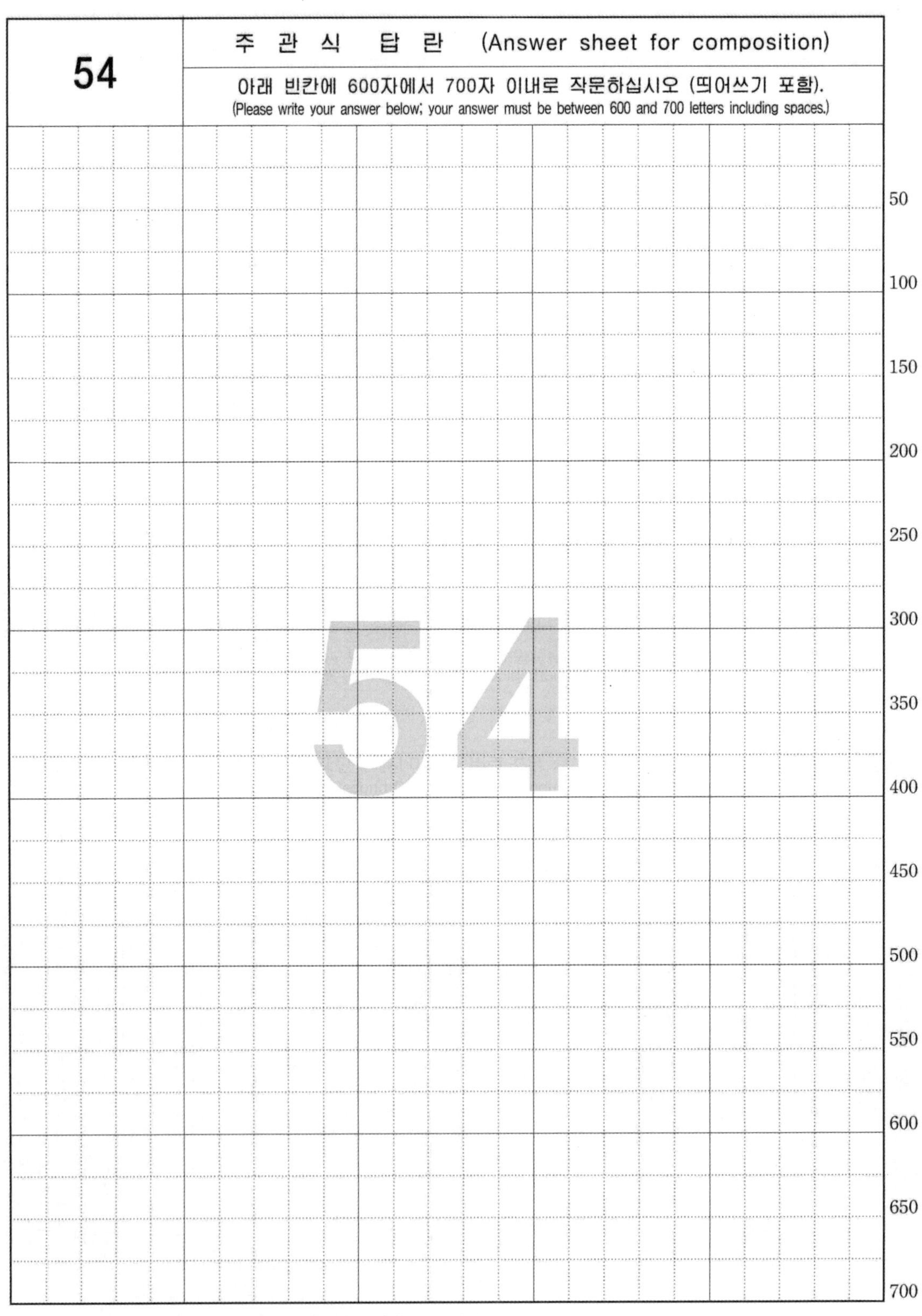

54

주 관 식 답 란 (Answer sheet for composition)

아래 빈칸에 600자에서 700자 이내로 작문하십시오 (띄어쓰기 포함).
(Please write your answer below; your answer must be between 600 and 700 letters including spaces.)

※ 주어진 답란의 방향을 바꿔서 답안을 쓰면 '0'점 처리됩니다.
(Please do not turn the answer sheet horizontally. No points will be given.)